T0163976

Alain Cambier est docteur en philosophie, chercheur associé au laboratoire « Savoirs, Textes, Langage » (UMR 8163-CNRS / Université de Lille).

LE DÉPLI DU SENS

DANS LA MÊME COLLECTION

ANDRIEU B., *Sentir son corps vivant. Emersiologie 1*, 2016.

ANDRIEU B., *La langue du corps vivant. Emersiologie 2*, 2018.

ANDRIEU B., *Au contact du vivant. Emersiologie 3*, 2023.

BARBARAS R., *La perception. Essai sur le sensible*, 2009.

BENOIST J., *Éléments de philosophie réaliste*, 2011.

BENOIST J., *L'adresse du réel*, 2017.

BINOCHE B., *Opinion privée, religion publique*, 2011.

BOURGEOIS B., *Sept questions politiques du jour*, 2017.

CASTILLO M., *Faire renaissance. Une éthique publique pour demain*, 2016.

CHAUVIER S., *Éthique sans visage*, 2013.

FISCHBACH F., *Philosophies de Marx*, 2015.

FISCHBACH F., *Après la production. Travail, nature et capital*, 2019.

GABRIEL M., *Propos réalistes*, 2020.

GODDARD J.-Ch., *Violence et subjectivité. Derrida, Deleuze, Maldiney*, 2008.

HOTTOIS G., *Le signe et la technique. La philosophie à l'épreuve de la technique*, 2018.

KERVÉGAN J.-Fr., *La raison des normes. Essai sur Kant*, 2015.

LAUGIER S., *Wittgenstein. Les sens de l'usage*, 2009.

MEYER M., *Qu'est-ce que la philosophie ?*, 2018.

POUIVET R., *Après Wittgenstein, saint Thomas ?*, 2014.

DU MÊME AUTEUR

Qu'est-ce que L'Etat ?, Paris, Vrin, 2004 ; 2ᵉ éd., 2012.

Qu'est-ce qu'une ville ?, Paris, Vrin, 2005 ; 2ᵉ éd., 2014.

Montesquieu et la liberté, Paris, Hermann, 2010.

Qu'est-ce qu'une civilisation ?, Paris, Vrin, 2012.

Questions contemporaines de culture générale, Paris, Ellipses, 2016.

Qu'est-ce que la métaphysique ?, Paris, Vrin, 2016.

Philosophie de la post-vérité, Paris, Hermann, 2019.

MOMENTS PHILOSOPHIQUES

Alain CAMBIER

LE DÉPLI DU SENS
Généalogie de la vie phénoménale

PARIS
LIBRAIRIE PHILOSOPHIQUE J. VRIN
6 place de la Sorbonne, V^e
2023

© *Librairie Philosophique J. VRIN*, 2023
Imprimé en France
ISSN 1968-1178
ISBN 978-2-7116-3122-3
www.vrin.fr

À Isabelle K., mon épouse,
et F-X, Ulysse, Faustine, Apolline

Mes remerciements les plus chaleureux à Charles Capet,
professeur de philosophie, pour sa relecture attentive

L'EXISTENCE HUMAINE ENTRE SENS
ET SIGNIFICATIONS

*Les hommes qui ne pensent pas
sont comme des somnambules*,
Hannah Arendt

La notion de sens présente une telle polysémie qu'elle semble rester insaisissable : sa labilité peut être une source potentielle de quiproquos et d'incompréhensions. Elle désigne d'abord la fonction sensorielle, la faculté d'éprouver des sensations et cette aptitude vitale se décline en cinq sens. Dans le même registre, on peut ajouter le sens kinesthésique qui renvoie au mouvement d'adaptation du corps propre. On parle aussi d'un sixième sens, comme d'une capacité à anticiper de manière fine, d'aller au-delà de la simple réception passive des impressions sensibles. De même, on invoque le sens de l'équilibre, mais aussi le sens de la répartie, de l'humour, de l'efficacité, etc., voire tout simplement le sens de l'humain dans le cas de l'empathie, comme s'il s'agissait à chaque fois de manifester la capacité de s'adapter de manière pertinente aux diverses situations auxquelles est confrontée notre existence vécue… À un degré plus abstrait, le sens désigne une manière particulière de voir, un avis, une opinion, un sentiment propre à une personne, mais censé exprimer une vision, voire une conception du monde. La notion de sens peut donc renvoyer à des enjeux qui s'écartent de ceux de l'expérience vécue immédiatement et qui relèvent davantage de la conscience réflexive. Ainsi invoque-t-on le bon sens ou le sens commun comme faculté de comprendre, de bien juger, de bien interpréter. Bien plus, le sens implique plus précisément la signification, soit la capacité que représente un signe ou un ensemble de signes de vouloir dire quelque chose et d'être intelligible, par opposition à l'insensé. Le sens relève alors du champ ouvert par la faculté langagière et garantit à celle-ci d'être l'expression du *Logos*. Parce qu'elle requiert l'intelligibilité d'un propos, la signification permet de distinguer du simple verbiage un discours cohérent, dénotant un référent précis et relevant du « parler sérieux » : celui qui tient un discours sensé ne nous parle pas pour ne rien dire. On s'aperçoit alors qu'avec le sens se pose également la question de la vérité ou de la fausseté et le problème de la discrimination entre ce qui relève de nos fantasmes et la réalité objective. La notion de sens peut même prendre une tournure scientifique, voire métaphysique, quand il s'agit de rendre compte d'un phénomène ou de justifier l'existence de quelque chose, sa raison d'être. Le sens se caractérise donc par l'amplitude du domaine dans lequel il se déploie : il peut s'enraciner dans la sensibilité, mais il peut aussi bien mobiliser l'entendement comme faculté de discernement et même prétendre répondre au rôle de principe métaphysique de raison suffisante. Pourtant, entre ces deux pôles apparemment contraires, une acception de la notion de sens semble s'imposer comme une médiation charnière : il s'agit de l'idée de direction, d'orientation dans l'existence où l'exigence de sens sert de pivot à notre façon d'être au monde. Cette dernière acception peut concerner aussi bien l'adaptation de notre corps propre à son milieu environnant qu'une interrogation existentielle plus profonde, comme celle de Gaspard Hauser se demandant : « *Suis-je né trop tôt ou trop tard ? Qu'est-ce que je fais en ce monde ?* »[1]. Dans cette dernière acception, le sens relève aussi bien d'une attitude propre à notre sensibilité organique, cénesthésique, de ressentir la relation de notre corps au monde que d'un questionnement métaphysique bien plus abstrait. Avec l'idée d'orientation, le sens est donc devenu synonyme d'une direction à prendre autant au sens littéral qu'au sens figuré, lorsque s'impose la question de savoir comment mener à bien sa vie.

Ainsi, pour cerner ce qui fait la spécificité de la notion de sens, nous sommes contraints d'envisager nécessairement un jeu de va-et-vient entre le concret et l'abstrait, entre la sensibilité et la pensée, le particulier et l'universel, intuition et langage, référence singulière et prédication générale. Ce jeu de va-et-vient se cristallise, en chacun d'entre nous, dans la formation de jugements, dont le caractère plus ou moins judicieux permet de mesurer notre ajustement au réel, notre adaptation au monde. La question du sens soulève toujours corrélativement celle de l'absurde qui surgit quand l'univers des significations auquel on se réfère s'avère défaillant et qu'est mise en péril notre orientation existentielle.

L'homme est à la fois « animal symbolicum » *et* « animal worldly »

La spécificité du sens tient en ce qu'il est tributaire d'un dépli qui va de son émergence inchoative à partir de la vie phénoménale jusqu'à la recherche de l'ancrage nécessaire pour garantir notre existence objective dans le monde. Or,

---

1. *Cf.* P. Verlaine, *Gaspard Hauser chante* dans son recueil *Sagesse*.

une telle garantie n'est possible qu'en accédant à des objets
de pensée voués à être déclinés ensuite en objets mondains.
La question du sens s'enracine donc dans la question de
l'aménagement de notre être-au-monde et il en va alors
de la détermination de notre existence.

  L'exigence de sens s'articule toujours à partir d'une
conscience incarnée qui cherche à se situer par rapport au
débordement d'elle-même qu'elle subit nécessairement
et qui l'oblige à se projeter hors d'elle-même. Toute
conscience est « *conscience de…* »[1] : cela constitue à la
fois sa force et sa faiblesse, puisque la préposition est ici
la marque d'une dépendance qui toujours la taraude. Toute
conscience est tributaire d'autre chose qu'elle-même vis-
à-vis de quoi elle a à se positionner pour s'orienter dans
l'existence. Toute prise de conscience est à la fois faite de
grandeur et d'humilité : les lumières de la conscience ne
peuvent dissiper le fond d'opacité duquel elles émergent.
Car toute prise de conscience implique l'expérience d'un
rapport, et donc d'une distanciation entre elle et ce qui n'est
pas elle, c'est-à-dire la prise en compte qu'il y a quelque
chose d'autre que nous et dont il faut tenir compte. Certes,
ce « quelque chose » ne peut être considéré comme la réalité
en soi, puisque la conscience ne le saisit qu'à travers les
images ou les idéalités qu'elle y projette, mais il s'impose
pourtant à la conscience en quête d'objectivité comme étant
un incontournable objet-de-pensée. Si toute conscience
est conscience de « quelque chose », toute conscience est
donc conscience qu'il y a quelque chose plutôt que rien et
cela constitue sa première découverte : expérience à la fois
rassurante puisqu'elle lui permet d'y trouver la garantie de

---

  1. *Cf.* Husserl, *Méditations cartésiennes*, trad. fr. E. Levinas, Paris,
Vrin, 1966, p. 28.

sa propre existence, l'indice que celle-ci n'est pas un rêve, mais aussi déroutante puisqu'elle se heurte à une résistance énigmatique qui lui révèle sa finitude. Or, c'est ce « *y* » du « *Il y a* » qui prime avant toute détermination d'un objet mondain et qu'il lui faut prendre en compte, en dépit de son indétermination foncière. Certes, le premier geste est de tendre à en opérer le recouvrement, tout animés que nous sommes par les désirs qui nous portent, mais qui en même temps brouillent la perception de notre environnement. Si la prise de conscience fait l'expérience d'une altérité radicale, celle-ci n'apparaît d'abord que sous couvert des projections forgées par une imagination primordiale. Aussi, la conscience a plutôt tendance à gommer l'étrangeté de cette altérité revêche pour y dessiner les contours d'un monde qui lui semble familier parce que d'abord construit à l'aune de son imagination. Toute conscience s'éveille à un monde qui est d'abord vécu comme étant « son » monde propre, même si elle devra ensuite déchanter. La réalité n'existe jamais en soi pour une conscience, puisqu'elle est toujours prise en considération par un sujet : aussi, tend-elle d'abord à ne la voir qu'à travers le prisme de l'imaginaire. Il est vrai que l'existence n'est pas pour l'homme du registre de l'instinct : elle n'est pas faite de réactions immédiates à des *stimuli*, comme chez l'animal. Notre rapport à la réalité est toujours médiatisé : d'abord par notre puissance de figuration[1], qui correspond à une première ébauche de sens ; mais seuls l'entendement et les objets de pensée lui garantissent ensuite une objectivité et permettent d'instaurer effectivement notre être-au-monde. Certes, l'humain ne fait pas exception aux lois biologiques

---

1. Dérivée du verbe latin *fingere*, la notion de figuration renvoie étymologiquement à un *faire créatif*.

qui régissent tous les organismes vivants, mais son être-au-monde ne se réduit pas simplement à la nature, puisqu'il y introduit une nouvelle dimension qui est celle de l'univers des images, des signes et des symboles. Comme l'a souligné Hannah Arendt, l'homme est un animal *worldly*[1], c'est-à-dire qui ne peut s'épanouir qu'en s'arrachant aux meules de la nécessité aveugle qui régit le donné naturel, pour édifier son propre espace d'existence. L'être humain est donc voué à inventer son monde, d'abord par le biais de l'imagination qui agit comme une force formatrice, puis par la pensée et la connaissance différenciante pour lui assurer objectivité et effectivité. Car il n'y a d'être-au-monde effectif qu'en se confrontant à ce « quelque chose d'autre » qui nous résiste, que nous ne pouvons pas ne pas penser parce qu'il est le point d'appui archimédien obligé pour une conscience qui aura cependant à se le réapproprier, pour donner un sens objectif à son existence. En nous heurtant à cette altérité rétive, nous faisons l'expérience de l'inimaginable, de ce qui déroute notre imagination et que seule la pensée peut sérieusement prendre en compte.

L'être-au-monde de l'homme n'est possible que parce que ce dernier se projette toujours hors de lui-même, fût-ce d'abord sous une forme d'abord fantasmatique. Cette nouvelle dimension qu'offre déjà le prisme de l'imagination dans l'ébauche d'un être-au-monde ne relève pas de la raison. Elle renvoie à cette fonction fondamentale de représentation, prise au sens large, qui chez l'homme offre différents degrés de sophistication qui vont de la puissance affective de l'image jusqu'aux symboles exprimant le pouvoir de la pensée. Comme l'a clairement souligné Cassirer, l'homme peut être défini

---

1. Soit un « animal *du-monde* », *cf.* H. Arendt, *Condition de l'homme moderne*, trad. fr. G. Fradier, dans *L'Humaine condition*, Paris, Gallimard, 2012, p. 65-323.

comme un *animal symbolicum*, plus encore que comme un *animal rationale*[1]. Cette fonction proprement humaine créatrice de formes présente effectivement plusieurs facettes. Nous pouvons d'abord repérer un type primordial d'imagination inhérent à l'existence vécue qui consiste à lier spontanément les données sensorielles entre elles, à les synthétiser en une expérience. Ainsi, un contenu de conscience peut renvoyer à d'autres contenus de conscience mis ensemble en relation, par la médiation de l'imagination, pour en faire un scénario. Par cette entremise, de cette première mise en scène émerge un premier soupçon de monde – fût-ce une représentation encore surchargée d'affects et marquée du sceau des appétits subjectifs. Ce pouvoir originaire de l'imagination est bien sûr tributaire de la sensibilité et de sa capacité réceptrice, mais fort de sa vigueur formatrice, il s'en émancipe déjà, en prodiguant la pré-figuration de mondes en puissance. Mais, pour le sens, l'enjeu est alors de gagner en fiabilité à proportion même de son accès à l'objectivité. Or, ceci n'est possible que si l'imagination se fait l'auxiliaire de l'entendement et de la pensée.

La nécessaire détermination d'objets
pour donner consistance à notre être-au-monde

Pour habiter un monde humain, le défi est bien de passer du fantasme à la distinction d'objets caractéristiques qui garantissent au sujet un rapport objectivement établi avec son milieu. Encore faut-il avoir compris que l'objectivité

1. « Le terme de raison est fort peu adéquat pour englober les formes de la vie culturelle de l'homme dans leur richesse et leur diversité. Or ce sont toutes des formes symboliques. Dès lors, plutôt que de définir l'homme comme *animal rationale*, nous le définirons comme *animal symbolicum* », E. Cassirer, *Essai sur l'homme*, Paris, Minuit, 1975, p. 44-45.

du sens qu'il veut donner à son existence est tributaire d'une pensée qui ne soit pas simplement l'expression d'une simple subjectivité. Celle-ci a, au contraire, à investir ce qui n'est pas elle, par le biais d'objets-de-pensée qui émergent comme autant de problèmes à affronter : l'étymologie nous rappelle qu'en grec *problema* signifie ce qui se trouve devant nous et fait obstacle... C'est donc seulement à partir de là que le recours à un processus de signification permet de cerner des configurations saillantes, de les repérer, de les signifier, et même souvent de les façonner – après se les être figurés – pour en faire autant d'artefacts fabriqués de notre main qui viennent peupler notre monde. Ce n'est qu'à travers un tel processus de discernement d'objets qu'un être-au-monde nous apparaît objectivement garanti : « Vivre ensemble dans le monde : c'est dire essentiellement qu'un monde d'objets se tient entre ceux qui l'ont en commun, comme une table est située entre ceux qui s'assoient autour d'elle ; le monde, comme tout entre-deux, relie et sépare en même temps les hommes »[1]. Aussi, l'imagination primordiale d'abord tâtonnante est vouée elle-même à être dépassée, maîtrisée, comme c'est le cas quand elle est mise au service de l'entendement pour créer des réseaux de significations nous permettant de nous arrimer au réel. La fonction du processus de signification est bien de donner corps à cet être-au-monde, de faire en sorte que l'imagination comme fonction primordiale de figuration ne se perde pas dans le labyrinthe nébuleux de nos fantasmes, mais nous permette d'ancrer notre être-au-monde dans une réalité qui fasse objectivement sens. Ainsi, seul le recours au sens et à la signification peut nous permettre de reconnaître des objets qui accordent

1. H. Arendt, *Condition de l'homme moderne*, *op. cit.*, p. 101.

consistance à notre être-au-monde. Notre subjectivité ne s'y retrouve effectivement qu'à condition de pouvoir orienter son existence à partir d'objets-pivots clairement identifiés qui permettent de se situer dans un monde peu à peu jalonné de repères significatifs et familiers. Pour s'interroger sur ce qu'est « s'orienter dans la pensée », Kant avait établi une analogie avec l'orientation dans l'espace et avait admis que l'on ne pouvait pas simplement s'en remettre à un sentiment subjectif, mais qu'il fallait nécessairement nous repérer en reconnaissant l'existence d'objets : « Pour m'orienter dans l'obscurité en une pièce que je connais, il me suffit de pouvoir saisir un seul objet dont la place est présente à ma mémoire »[1]. Le réquisit du sens de l'orientation est donc bien la reconnaissance d'objets bien déterminés : ce qui n'est d'abord possible qu'à l'initiative d'une imagination schématisante, sous la houlette de l'entendement, permettant de caractériser ces objets. Par imagination schématisante, il faut comprendre une imagination productive telle que l'entendait Kant : non pas une imagination qui ne serait qu'un décalque tardif de l'expérience perceptive, un rappel de ce qui a été d'abord offert à la sensibilité, mais plutôt une imagination qui configure déjà des objets, grâce aux concepts de l'entendement qui s'avèrent nécessaires pour construire l'expérience d'un monde commun et y déterminer des significations. Ce deuxième type d'imagination opère donc l'assomption de l'imagination primordiale et pré-figurante, en contribuant à une appréhension cognitive du monde pour

---

1. Kant, *Qu'est-ce que s'orienter dans la pensée ?*, trad. fr. A. Philonenko, Paris, Vrin, 1967, p. 77-78. Heidegger insiste aussi sur cette nécessité d'identifier des objets pour garantir notre *In-der-Welt-Sein*, cf. *Être et Temps*, § 23, trad. fr. E. Martineau, Paris, Authentica, 1985, p. 96.

mieux le structurer : nous passons alors d'un soupçon de
monde vécu sur un mode strictement subjectif à un monde
connu et reconnu objectivement.

À la source du dépli du sens de l'existence

Tout notre effort est de montrer que, s'il semble
d'abord relever d'une intentionnalité de la conscience
aux prises avec une imagination primordiale prolifique, le
sens ne peut se réduire à une expérience inchoative qui se
complaît dans un régime hallucinatoire de l'existence. Il
ne peut se réduire à la projection fantasmatique des désirs
de la conscience subjective. D'ailleurs, l'homme ne peut
prendre la mesure de l'absurde qu'en ayant pris la mesure
de la nécessité pragmatique de fonder objectivement la
recherche de sens. L'absurde n'est pas le contradictoire
du sens, mais seulement son contraire, puisque l'absurde
ne se révèle qu'au fur et à mesure que se précise pour la
conscience l'exigence de s'en tenir à un sens objectif.
L'expérience de l'absurde est toujours le risque que fait
courir une involution de la conscience quand celle-ci
perd contact avec la réalité objective. S'il s'amorce à
l'occasion de la tension qui pousse une subjectivité à
se projeter hors d'elle-même – fût-ce par le biais de
l'intentionnalité tâtonnante d'une conscience balbutiante –,
le sens implique que celle-ci s'arrime à des objets effectifs
qui deviennent alors son centre de gravité. Dans le régime
hallucinatoire de l'existence, l'imagination primordiale
ne féconde encore que des fantaisies et la conscience se
complaît dans des pseudo-objets. L'homme ne s'arrache à
l'absurde qu'en se réglant sur des objets dûment reconnus
dans leur adversité et qui ne peuvent donc être réduits à
de simples représentations subjectives. Le sens n'émerge

qu'en s'extirpant de ce pli de la conscience imageante qui ne cherche encore dans l'expérience de l'altérité du « *Il y a* » qu'à y retrouver ses propres projections imaginaires. Ce pli est au cœur de notre condition incarnée, de notre existence pathique, quand l'imagination voit son élan limité par la résonance de nos affects. Au pli de cette imagination primordiale où le physiologique et le psychologique se mêlent, la conscience est sous l'empire de ce qui, dans son intimité, biaise son rapport aux objets du monde : à son insu, son être-au-monde se limite encore à l'expression de ses souhaits[1], bref à la poursuite de sa propre ombre. Le sens se déplie au fur et à mesure que la conscience corrige cette fantaisie primordiale qui certes constitue déjà des esquisses de monde, mais ne garantit en aucun cas un être-au-monde objectif. Ainsi, le dépli du sens permet cette transition entre une subjectivité encore imbue d'elle-même, narcissique, et une subjectivité qui ne peut s'avérer pleinement consciente qu'en reconnaissant un « hors de soi » effectif. Et ce n'est qu'en s'abstrayant de l'imagination subjective, qu'en accédant à la pensée que la conscience peut prendre en compte un tel objet aussi problématique, qui est pourtant la clé de voûte de toute objectivité du sens et qu'elle décline ensuite en significations. Mais le sens ne se confond pas pour autant avec la raison qui prétendrait que tout ce qui est réel est rationnel et inversement que seul ce qui est rationnel serait pleinement réel, surtout quand il ne s'agit que d'une rationalité instrumentale, calculatoire. La recherche du sens ne peut être le souci que d'une conscience immergée dans la vie phénoménale, même si cette recherche oblige cette conscience à se

---

1. Ce que les Anglo-Saxons appellent le *wishful thinking*, c'est-à-dire une pensée (*thinking*) encore investie de vœux (*wishes*) subjectifs.

départir d'elle-même. Le dépli du sens implique donc une véritable révolution « copernicienne » de décentrement de la conscience, pour opérer un renversement du sujet vers l'objet autour duquel elle va désormais graviter. Ce mouvement de bascule revient à reconnaître que l'objet est le pôle attractif pour donner du poids à l'intentionnalité qui caractérise formellement la conscience et qui la pousse à chercher hors d'elle-même sa raison d'être. Le sens se joue dans ce renversement du rapport entre sujet et objet qui sous-tend toute conscience, en visant l'accomplissement effectif de son intentionnalité, plutôt que de s'enfermer dans ses fantasmes et de s'y complaire jusqu'à l'absurde. Mais si la question du sens se ramène à celle de la lucidité de la conscience, il ne s'agit pas pour autant de la mise au jour de l'essence fondamentale du réel. Nous ne pouvons jamais savoir ce qu'est l'essence de la réalité, même si la recherche du sens nous conduit à discerner des objets significatifs. Le sens ne peut toujours se déployer que dans le cadre du rapport entre sujet et objet et à condition qu'il soit proportionné à la donation d'objets effectifs à la conscience : aussi ne peut-il avoir la prétention d'une raison métaphysique qui voudrait nous révéler le fondement ultime des choses. L'incomplétude du sens est le lot d'une conscience incarnée qui cherche à mener à bien son existence. C'est pourquoi le dépli du sens[1] peut aller jusqu'à chevaucher les limites de la vie phénoménale sans pourtant s'en affranchir, puisqu'il en

---

1. Là où M. Heidegger invoque un pli différenciant (*Die Faltung*) entre l'Être et l'étant – jusqu'à évoquer une distension (*Die Spaltung*) radicale (cf. *La Chose. Post-scriptum*, dans *Essais et conférences*, trad. fr. A. Préau, Paris, Tel-Gallimard, 1990, p. 57) –, nous parlons à l'inverse d'un *dé-pli* comme déploiement du sens en significations pragmatiques et dispositifs symboliques.

va toujours avec lui de notre place et de notre orientation dans un monde humain.

Du sens à la signification

Le sens chemine au fil des objets que nous nous donnons dans l'existence. Même si sans eux nous ne pourrions nous orienter, il serait pourtant tout à fait réducteur de s'en tenir à des objets de nature strictement empirique. Aussi, ce cheminement du sens se présente sous une double direction en distinguant des objets mondains de nature opposée : d'une part, les objets porteurs de significations empiriques et, d'autre part, ceux vecteurs d'interprétations symboliques qui excèdent toute vision strictement pragmatique de l'existence humaine. En premier lieu, pour déterminer l'existence d'un objet empirique, il faut partir de concepts fournis par l'entendement pour aller investir de significations les données de l'expérience sensible. Nous allons alors d'objets-de-pensée problématiques et donc in-déterminés jusqu'à la configuration par l'imagination schématisante d'un objet empirique aux angles nets, aux arêtes bien tranchées. Le sens comme processus de signification ou de désignation s'exprime alors sous la forme d'un jugement déterminant de l'entendement qui permet de caractériser les propriétés d'un tel objet empirique. Car des concepts formels restent vides s'ils sont pensés à l'écart de toute expérience, privés de toute donnée offerte par la sensibilité. Une signification est toujours autre chose qu'une simple représentation, puisqu'elle implique un travail de détermination explicative qui permet de dire ce qui est, de préciser de quoi l'on parle, de tenir un discours référentiel. Le concept ne se réduit pas à une abréviation des données de l'expérience sensible : il conditionne ce processus de détermination explicative par quoi des objets sont reconnus comme tels. En revanche, nous sommes alors nécessairement confrontés au hiatus entre, d'une part, le sens d'un prédicat que l'on utilise dans une proposition pour désigner quelque chose et, d'autre part, l'entité concrète sur laquelle est voué à s'appliquer un tel prédicat pour la décrire. Les concepts qui sont mobilisés comme prédicats permettent pragmatiquement de catégoriser les propriétés de ce qui s'offre à nous dans l'expérience, mais parce qu'ils dérivent de l'activité de la pensée, ces concepts à prétention universelle apparaissent nécessairement abstraits puisqu'ils sont censés faire rentrer l'entité particulière à définir dans des classes de propriétés communes, qui pourraient être implémentées sur d'autres entités singulières. Ces catégories conceptuelles sont vectrices de significations, mais comme elles ne peuvent rester que générales, elles laissent de côté une indétermination résiduelle, inhérente à la singularité, voire à l'étrangeté d'une telle entité. La fonction pragmatique des catégories qui consiste à signifier par la médiation de l'imagination schématisante ne peut donc s'exercer qu'en référence à une entité qui demeure toujours marquée par l'altérité obscure de son idiosyncrasie intrinsèque. Aussi une telle entité référentielle ne peut que rester en elle-même rétive à tout classement provenant d'une logique abstractive. Inversement, cette même logique abstractive tournerait à vide si elle n'entrait pas dans une démarche concrétisante pour cerner les propriétés caractéristiques d'un référent particulier. C'est donc par un cheminement qui va de l'abstrait au concret que s'effectue le processus de signification, en ce qu'il passe de l'in-détermination à la détermination, à propos d'un référent qui gagne alors son statut d'objet à part entière : cette détermination donne lieu aux jugements censés nous signifier ce qu'est cet objet. Les concepts de l'entendement fonctionnent comme des emporte-pièces. Ainsi, distinguer une collection d'étoiles comme étant une « constellation » est le fruit du travail à la fois de l'entendement abstrait qui mobilise le concept d'un « ensemble » et de l'imagination qui suppose que telles étoiles seraient d'avance reliées entre elles pour former une figure, même si cette figure peut par analogie être interprétée de manière symbolique : par exemple, soit comme une « Grande ourse », soit comme un « Grand chariot ». Cette conjonction synthétique d'un concept général prédiqué par l'entendement et d'une entité singulière offerte à la sensibilité n'est donc d'abord possible que par le biais de l'imagination schématisante qui fait appel à l'objectivité structurante revendiquée par l'entendement pour fournir la configuration de l'entité initialement in-définie et en faire un objet d'expérience. Seule l'imagination schématisante ou configurante permet d'aller de l'abstrait au concret, en sensibilisant le concept et en dotant d'intelligibilité nos données sensorielles. L'apport de l'entendement discriminant est de pouvoir formuler des jugements à fonction explicative qui nous procurent alors un gain cognitif, en nous faisant passer du simplement vécu à l'objectivement connu. Mais l'imagination peut aussi s'émanciper de la tutelle de l'entendement catégorisant pour s'ouvrir à une autre dimension plus spirituelle. Elle s'exerce alors à un troisième degré : dans la fonction symbolique.

Les objets symboliques
donnent de la profondeur au monde

Nous avons parlé d'un double cheminement du sens, parce que celui-ci peut aussi renvoyer à un cheminement inverse de celui propre au processus de signification, en dotant les objets mondains d'une dimension symbolique qui ressource la puissance de penser. Ce cheminement inverse consiste à partir d'un objet empirique déterminé, mais qui est lui-même susceptible de renvoyer à autre chose qu'à lui-même et contribue à opérer une dilatation de notre être-au-monde. Cette opération de renvoi à autre chose conduit à dédoubler la référence en, d'une part, sa réalité littérale en tant qu'objet physico-phénoménal et, d'autre part, en objet purement symbolique, au point que ce dernier aspect vienne prendre le pas sur le premier et l'éclipse. Ainsi en est-il, par exemple, des institutions humaines qui valent pour ce qu'elles symbolisent et font par là autorité, tout comme des œuvres d'art qui relèvent alors d'une expérience esthétique. Ce type d'objets à dimension symbolique ne peut se réduire à être soumis à des jugements strictement descriptifs, mais invite aux jugements réflexifs appréciatifs. Certes, en tant qu'ils possèdent malgré tout une réalité empirique qui les inscrit dans le monde, un tel type d'objets reste offert à un jugement constatif, susceptible de répertorier leurs propriétés physico-phénoménales, mais il suscite en même temps un jugement de valeur appréciatif, comme si ces objets pouvaient se dédoubler : un jugement caractérisant ou explicatif nous permet, par exemple, d'affirmer que le corps humain est pesant, puisque tous les corps physiques sont pesants en ce bas monde, mais de par ses formes esthétiques ou parce qu'il est en train de danser, il peut être alors l'objet d'un jugement de valeur et évoquer la grâce. Ici, il ne s'agit plus de fournir une étiquette abstraite pour venir catégoriser une entité concrète, mais c'est au contraire l'objet empirique qui, ne se réduisant pas à la signification littérale qu'on peut lui assigner, se montre sous un autre angle, dont le sens apparaît problématique et ne s'offre qu'à l'interprétation. Ainsi, l'objet empirique ne nous apparaît plus simplement subsumé sous l'étiquette fournie par l'entendement, mais comme l'échantillon d'un autre type d'objet, de nature non-empirique, qui en lui-même n'est plus simplement destiné à être appréhendé sur un mode cognitif, mais plutôt sur un mode appréciatif. Le cas des œuvres d'art illustre bien cet autre cheminement possible du sens qui assure non seulement la dilatation de notre être-au-monde, mais aussi une remontée néguentropique du sens : celui-ci ne peut se réduire à une dimension strictement pragmatique. Certes, chaque œuvre d'art présente une existence réique et prosaïque comme chose spatio-temporelle, mais en tant que telle, elle renvoie surtout à un autre objet aux contours ambigus, à dimension symbolique, qui vaut pour ce qu'il inspire comme idées esthétiques. Lorsque nous apprécions une œuvre d'art, nous dépassons ce qui ne constitue en elle que sa réalité empirique littérale – celle-ci étant pourtant nécessaire pour faire partie de notre monde. Ainsi, par rapport à la démarche concrétisante exigée pour les concepts de l'entendement, nous cheminons de manière inverse : nous remontons de la signification littérale proprement dite vers le sens et son incomplétude, puisque, au-delà de toute signification précise, nous sommes entraînés à penser esthétiquement l'objet fictif qui transcende la réalité physico-phénoménale d'une œuvre d'art, comme dans le cas d'un paysage peint sur un tableau : nous estimons y voir symboliquement un « paysage » qui pourtant ne peut en être un, au sens strict.

Deux façons divergentes d'être-au-monde

Si un tel type d'objet à dimension symbolique implique encore l'imagination, il ne peut plus s'agir simplement d'une imagination schématisante visant à configurer des objets et à les identifier en les chargeant de significations, car il en va ici plutôt de la trans-figuration de ces objets empiriques. On sait que Kant avait distingué deux sortes d'hypotypose[1] (*subjectio sub aspectum*), c'est-à-dire deux façons de présenter, de mettre sous les yeux, de nous « faire voir » notre monde. Le premier type d'hypotypose relève de l'imagination configurante qui, se mettant au service de l'entendement cognitif, nous permet de discerner des objets dotés de significations et de garantir ainsi leur objectivité. Mais l'hypotypose symbolique nous « fait voir » autrement, de manière indirecte, par analogie simplement avec le schématisme, en nous suggérant du sens qui peut demeurer invisible à ceux qui souffrent de « cécité à l'aspect »[2] : tous ceux qui s'en tiennent à une approche utilitariste du monde risquent de déconsidérer les objets à dimension symbolique comme n'étant que des fictions fumeuses et leur pragmatisme étroit conduit au philistinisme. Avec ce type d'objets, l'équivocité du sens grandit et peut désemparer : tout en prétendant « supposer pour » quelque chose, l'hypotypose symbolique indique en même temps son échappement et fait signe vers un retrait, au point de nous vouer à interpréter… Ainsi, Nelson Goodman parle alors d'exemplification métaphorique, à l'opposé de la simple dénotation, et une telle exemplification équivaut à une expression spirituelle[3]. Comme le souligne Goodman :

1. Kant, *Critique de la faculté de juger*, § 59, trad. fr. J.-R. Ladmiral, M. B. de Launay, J.-M. Vaysse, « Bibliothèque de la Pléiade », Paris, Gallimard, 1985, t. III, p. 1142 (désormais *CFJ*).

2. *Cf.* L. Wittgenstein, *Investigations philosophiques*, trad. fr. P. Klossowski, Paris, Tel-Gallimard, 1986 p. 346.

3. *Cf.* N. Goodman, *Langages de l'art*, II, chap. 3 et 4, trad. fr. J. Morizot, Nîmes, Jacqueline Chambon, 1990 ; N. Goodman et C.Z. Elgin, « La Signification en architecture », dans *Reconceptions en philosophie*, trad. fr. J.-P. Cometti et R. Pouivet, Paris, P.U.F., 1994, p. 37.

« La symbolisation fonctionne ici en sens inverse de la dénotation ; elle remonte à partir du dénoté plutôt qu'elle ne descend vers lui ». L'hypotypose schématisante ou configurante joue un rôle clé dans la démarche descendante qui va des concepts de l'entendement jusqu'à l'objet empirique particulier, en en établissant la signification. En revanche, l'hypotypose symbolique part de l'objet ainsi dénoté pour lui faire exprimer autre chose que ce à quoi il se réduit empiriquement : nous avons alors affaire à un objet virtuel, symbolique, qui a pour vertu d'élargir notre monde humain. Dans *L'Emploi du temps*, le plan que Michel Butor joint à son œuvre littéraire, ne possède plus de fonction dénotative, mais exemplifie métaphoriquement la ville de Bleston, conçue par l'écrivain. Alors qu'un plan présente une dimension transitive, puisqu'il est censé représenter fidèlement quelque chose d'empirique, il présente ici, chez Butor, une dimension intransitive ou réflexive, puisqu'il porte sur un objet fictif, donné sur le mode d'un « voir comme », mais qui ne se réduit pourtant pas à une hallucination. Le cheminement inverse que prend ici le sens nous fait remonter de la détermination empirique de la signification à l'in-détermination symbolique, dans la mesure où la référence indirecte à laquelle renvoie l'exemplification métaphorique stimule la réflexion. C'est pourquoi, il y a aussi toujours à interpréter dans le cas des objets de notre monde qui s'offrent au jugement appréciatif, même si la disposition empirique initiale de cet objet implique nécessairement, au bout du compte, des limites à l'interprétation, voire permet sa correction.

Sens et signification
vont pourtant nécessairement de pair

Pour reprendre la célèbre distinction formulée par Frege entre sens et signification[1], le sens ne se réduit pas à la signification entendue comme dénotation empirique. Mais, dans les deux cas, il y va de la donation d'objets, puisque seul l'arrimage à des objets considérés comme tels permet à la subjectivité d'être ancrée dans un monde durable et de garantir son existence. Par le processus de signification, nous apprenons à désigner des objets et à nous les rendre familiers : à partir de là nous pouvons effectivement nous orienter dans l'existence. Or, la plupart des objets qui disposent d'une existence réique en tant que choses empiriques se dédoublent également et exemplifient des objets symboliques dont ils ne sont que le support physico-phénoménal. Une autre dimension de la réalité est alors indiquée dans l'objet empirique, pourtant lui-même susceptible d'être décrit avec précision et établi comme tel par le processus de signification. S'il n'y a d'être-au-monde pour un sujet que si ce monde est constitué d'objets lui assurant une réalité effective, les objets à caractère symbolique contribuent à le déployer autrement. Le sens symbolique est la condition pour assurer aux objets mondains une profondeur spirituelle. Certes, notre être-au-monde peut aussi être entravé par les objets à vocation pragmatique lorsqu'ils rétrécissent notre vision, voire nous aliènent, puisque leur adversité est toujours une sorte de risque pour l'épanouissement de notre existence. Cependant, la dimension symbolique de nos objets mondains donne une nouvelle amplitude au dépli du sens et favorise la dilatation de notre être-au-

---

1. *Cf.* G. Frege, « Sens et dénotation », dans *Écrits logiques et philosophiques*, trad. fr. C. Imbert, Paris, Points-Seuil, 1994.

monde. Les objets à vocation symbolique forment autant d'arcs réflexifs qui nous élèvent et élargissent par la pensée nos horizons : leur sens échappe à la signification comme dénotation ou description précise et n'est délivré que par des jugements interprétatifs. Parfois, le lien peut être très étroit entre la dénotation d'objets empiriques et leur transfiguration en objets symboliques, mais il peut aussi être beaucoup plus lâche et ténu. Si, par exemple, l'architecture implique nécessairement – à moins de mettre en péril l'assise de l'édifice – une intrication étroite entre schématisation déterminante et exemplification symbolique, il n'en va pas de même quand un orchestre est réuni dans une salle dotée de propriétés acoustiques que vient exploiter le professionnalisme scrupuleux des musiciens et, d'autre part, la symphonie comme objet symbolique qui va en émaner et charmer un public où chacun pourra alors se livrer à ses libres réflexions. Si c'est bien par le biais de la signification que l'homme déploie un être-au-monde effectif, c'est à travers les objets symboliques que le sens nous ouvre d'autres mondes dans ce monde. Certes, pour sortir du régime hallucinatoire de l'existence et s'ancrer dans le réel, il nous faut d'abord procéder à la détermination des propriétés des objets qui étoffent notre être-au-monde. Par le travail de signification nous pouvons ainsi sortir des affres d'une subjectivité monadique qui se complaît dans ses fantasmes. Mais la signification n'est pas le tout du sens. Le sens traverse lui-même les objets bien déterminés de notre monde pour y faire découvrir autre chose et, grâce au symbolique, nous faire regarder au-dessus de notre horizon empirique, en tournant nos yeux vers l'Ouvert[1].

---

1. *Cf.* R. M. Rilke, *Élégies de Duino*, VIII, trad. fr. J.-P. Lefebvre et M. Regnaut, Paris, Gallimard, 1994, p. 89.

*La saturation des significations ne peut
occulter l'irréductible incomplétude du sens*

Si sens et signification vont donc nécessairement
de pair, leurs rapports présentent aussi nécessairement
des tensions. Dans les deux cas, l'imagination y joue
un rôle essentiel : non l'imagination de rétention, mais
celle de production, même si le rôle de celle-ci se
répartit entre préfiguration antéprédicative, configuration
catégorisante et transfiguration symbolique. Qu'elle soit
hypotypose directe ou indirecte, l'imagination concourt à
la figuration d'objets qui peuvent cependant différer dans
leur destination : ceux-ci peuvent être soit strictement
empiriques et ne répondre qu'à une fonction pragmatique
comme dans le cas de la détermination d'un ustensile à
portée de main, mais ils peuvent être également à vocation
symbolique au point de nous élever par la pensée à la
frontière paroxystique de l'inimaginable, de l'infigurable.
L'exigence de sens s'investit nécessairement dans ces
différentes modalités de notre être-au-monde : que ce soit
dans ses degrés les plus prosaïques comme dans la visée
d'idéalités, c'est-à-dire de purs objets de pensée. Mais ces
deux modalités du « faire voir » que sont l'hypotypose
schématique et l'hypotypose symbolique se croisent
nécessairement et ne peuvent faire l'une sans l'autre. La vie
du sens se nourrit de leur tension, de ce dynamisme entre
les deux modalités qu'implique leur chiasme, voire leur
synchronisation. Il serait tout à fait erroné de considérer que
jugement déterminant descriptif et jugement interprétatif
puissent s'exclure l'un de l'autre[1]. Au contraire, la

---

1. Les deux trouvent leur racine dans l'aptitude humaine à la
réflexivité comme puissance de la conscience pensante : « Toutes les
activités mentales elles-mêmes témoignent, de par leur nature *réflexive*,
d'une *dualité* inséparable de la conscience », H. Arendt, *La Vie de l'esprit*,
trad. fr. L. Lotringer, Paris, P.U.F., 1981, p. 92.

signifiance implique une concomitance irréductible entre ces deux types de jugement. Ainsi, les deux cheminements qui vont du concept vers l'étant empirique ou de l'étant empirique vers un objet symbolique se chevauchent et ce chevauchement imprime une dynamique qui approfondit notre être-au-monde. Car un tel chevauchement témoigne que le sens ne peut être limité dans des formes bien thématisées ou structurées comme peut le prétendre un système rationnel clos sur lui-même : il ne vaut que parce qu'il porte en lui une part non déterminée qui donne toujours à penser davantage et autrement. L'incomplétude du sens témoigne de notre finitude, mais permet en même temps de la rédimer, tout au moins en partie… Benveniste avait déjà souligné l'équivalence étroite entre « rythme » et « schème »[1], mais il précisait que la notion de rythme met davantage l'accent sur un processus dynamique : figuration ou formation plutôt que « forme » arrêtée. Le rythme exprime non la forme accomplie, mais cette modalité particulière du cours mouvant de son accomplissement, même s'il demeure dans l'inachevé… Ce rythme bat entre la dissémination diastolique des significations pragmatiques – où l'homme peut parfois y perdre le fil de son existence – et la réflexivité systolique que favorisent les arcs symboliques pour faire gagner en profondeur spirituelle notre être-au-monde. Ce rythme bat entre transitivité du signe censé signifier toujours quelque chose de manière arrêtée et intransitivité des formations symboliques où se ressource la vie métastable du sens[2].

---

1. « ῥυθμὸς a pour équivalent σχῆμά », E. Benveniste, « La Notion de "rythme" dans son expression linguistique », dans *Problèmes de linguistique générale*, t. I, Paris, Gallimard, 1966, chap. 27, p. 328-329.
2. « Le signe signifie, la forme se signifie », H. Focillon, *La Vie des formes*, Paris, P.U.F., 2013, p. 10.

Le sens est lui-même toujours se faisant et ne peut être réduit à la transitivité de la signification : parce qu'il se prête à la réflexivité, à l'interprétation, il se nourrit, en quelque sorte, toujours de lui-même. Le sens ne peut se limiter à être le fruit d'une connaissance précise et définitive, puisqu'il se donne sans cesse des objets à penser, fût-ce hors des sentiers battus ou à l'encontre des préoccupations strictement utilitaires. La destination spirituelle de l'homme se joue entre signification et sens, entre détermination fixante et in-détermination mouvante, non pas que cette dernière nous apparaisse finalement comme un manque, mais plutôt comme cette puissance dynamique et stimulante, capable d'approfondir sans cesse notre être-au-monde. L'incomplétude du sens vient toujours subvertir la saturation des significations. Le sens est marqué du sceau de l'équivocité parce que nous ne pouvons jamais aller directement au réel, mais toujours de manière asymptotique à travers des schèmes, des signes, des symboles qui sont la clé du déchiffrement de notre être-au-monde. Le balancement entre sens et signification rythme la vie phénoménale humaine et, sans lui, l'existence se retrouverait en état d'arythmie spirituelle. La généalogie de la vie phénoménale est aussi celle de la vie de l'esprit[1].

---

1. Une telle généalogie participe donc nécessairement d'une « philosophie centrée sur l'objet » (« *object-oriented philosophy* » : *cf.* G. Harman, *L'objet quadruple*, trad. fr. O. Dubouclez, Paris, P.U.F., 2010) et se tient à équidistance du réalisme absolutiste et du relativisme « corrélationniste » que Q. Meillassoux attribue à la phénoménologie (*cf.* son ouvrage, *Après la finitude. Essai sur la nécessité de la contingence*, Paris, Seuil, 2006).

CHAPITRE PREMIER

L'IMAGINATION PRIMORDIALE

« Est-ce ainsi que les hommes vivent ? Et leurs baisers au loin les suivent comme des soleils révolus »[1]. Quand le poète s'étonne et s'interroge sur le sens de la vie humaine, il ne fait évidemment pas référence à la vie organique, à l'être vivant que nous sommes, mais à notre vie vécue, à la façon dont nous menons notre existence en nous projetant toujours au-delà de nous-mêmes, au point de faire de nos meilleurs moments les passagers fugaces de notre histoire intime. Même si notre condition humaine est toujours marquée du sceau de notre finitude, la vie est vécue la plupart du temps avec une insoutenable légèreté, sans souci du poids de l'existence. Car on ne peut confondre le vivant et le vécu, c'est-à-dire l'architecture organique de notre corps et notre façon d'avoir conscience de mener notre existence, d'un côté les fonctions vitales de l'organisme – « *Lebensfunktionen* » – et de l'autre, l'histoire d'une vie personnelle – « *Lebensgeschichte* »[2]. Alors que l'une relève de la biologie, avec l'autre s'écrivent les biographies.

---

1. L. Aragon, « *Bierstube* Magie allemande », dans *Le Roman inachevé*, Paris, Gallimard, 1956.
2. *Cf.* L. Binswanger, « Fonction vitale et histoire intérieure de la vie », dans *Introduction à l'analyse existentielle*, trad. fr. J. Verdeaux et R. Kuhn, Paris, Minuit, 1971.

Il en va pourtant ici de leur intrication, de leur imbrication initiale, puisque cette existence que nous ressentons et que nous nous représentons au gré des aléas de notre conscience ne serait rien sans ce corps organique qui constitue chacun d'entre nous comme un être vivant. Comme tous les biosystèmes, nous sommes d'abord tributaires d'un organisme qui est animé d'une force de vie, d'un *conatus*, c'est-à-dire d'une puissance d'agir et de persévérer dans son être, quand bien même notre état d'âme ne le souhaiterait pas. Personne ne peut s'abstraire de ce corps qui est le pivot initial de notre existence et qui se caractérise par un vouloir-vivre, par un élan vital qui lui permet de résister aux forces contraires et de s'épanouir de manière résiliente. Les Grecs avaient parlé d'« *hormè* »[1] ou d'« *entéléchie* » pour désigner cette tension ardente de la « nature naturante » qui taraude chaque corps organique. Spinoza quant à lui recourt à la notion de *conatus* – du verbe *conari* qui donne *conatur* : « *ça pousse* ». D'autres encore font appel à des notions aux connotations voisines : *impetus, Trieb, endeavour, force vitale*, etc. Mais chaque être naturel possède cette même capacité qui lui est propre de résister et de s'affirmer. Chaque être naturel recèle – même le plus élémentaire – cette *vis existendi* qui assure son intégrité contre vents et marées et garantit sa survie : elle se manifeste d'abord comme une *vis inertiae* qui se traduit, dans sa dimension conservatoire, comme une impulsion pour se maintenir et persévérer à exister, en dépit de tous les facteurs qui peuvent lui porter atteinte et de tous les obstacles mortifères. Cette puissance d'agir est à la fois commune à tous les êtres vivants naturels

---

1. En Grèce antique, la déesse *Hormè* personnifiait l'activité énergétique, l'impulsion.

et, pour chacun, singulière : elle relève d'une causalité intransitive et circulaire qui lui permet, par elle-même, de s'auto-développer, de s'auto-réparer, bref d'exprimer déjà à son niveau une ébauche d'ipséité, les prémices d'un soi-même. Le « *ça pousse* » de la « nature naturante » ne se trouve nulle part ailleurs que décliné d'une manière singulière et obstinée dans chacun des êtres vivants, mais le plus souvent de la manière la plus aveugle. Le « *ça pousse* » de cette « nature naturante » ne peut donc être considéré comme renvoyant à une substance absolue dont chaque individu ne serait qu'un mode, comme si nous ne serions qu'une partie d'un tout qui nous constituerait : ce serait là franchir un pas dans le dogmatisme métaphysique. Même si chacun fait toujours très vite l'expérience qu'il ne peut se suffire à lui-même, il ne faut pas confondre notre dépendance vis-à-vis d'un milieu environnant et l'inhérence à une substance donnée d'avance qui formerait déjà un tout. À l'échelle des corps organiques, chacun possède physiologiquement sa propre mémoire, sa propre intelligence adaptative, sa propre identité singulière, sans pour autant pouvoir se couper de son environnement : on dit que chaque organisme est semi-ouvert. Mais les êtres vivants organiques persévèrent dans leur être le plus souvent de manière obscure, inconsciente, tout préoccupés qu'ils sont de se maintenir obstinément dans leur être, quitte à s'ignorer en tant que tels les uns les autres. En revanche, avec l'émergence de la vie psychique, un nouveau degré est franchi qui fait basculer le vivant organique dans le vécu existentiel, même si ce dernier demeure le plus souvent en résonance avec l'exubérance des pressions organiques… Or, ce basculement implique un autre déploiement qui possède lui-même sa propre puissance conative : celle d'une imagination primordiale qui constitue l'authentique amorce de la vie spirituelle et marque l'émergence encore balbutiante de la conscience.

LE SOUPÇON DE MONDE
OFFERT PAR L'IMAGINATION PRIMORDIALE

Si tout vivant organique exprime la force de son *conatus*, il demeure toujours immergé dans un milieu dont il est tributaire et qui l'affecte constamment – de même qu'il peut également s'auto-affecter –, puisqu'il n'est en aucun cas un empire dans un empire et qu'il reste aussi sous l'emprise de ses propres constituants. Cette exposition aux affections est le lot naturel de tout être organique, mais chez les êtres vivants dotés de sensibilité, ces affections physiologiques sont susceptibles de résonner en affects psychologiques. Ces derniers dérivent des premières, sans pourtant se réduire à de simples effets mécaniques. Nous pouvons, par exemple, être affectés par un son – au sens où nous l'entendons en fonction de la disposition organique de nos oreilles – sans pour autant en avoir psychologiquement le cœur remué : une chose est d'entendre, autre chose est d'être ému par des sons[1]. Ici, au pli du *soma* et de la *psukhè* qui caractérise notre existence pathique, se joue l'ébauche d'une vie spirituelle quand les affections subies par le corps physiologique suscitent des affects psychologiques qui traduisent la mise en œuvre d'une imagination primordiale : celle-ci est certes tributaire de notre incarnation et donc d'un pâtir, mais elle est en même temps un puissant principe actif qui ne se réduit pas au *conatus* de notre vie organique

---

1. *Cf.* Montesquieu, *Essai sur les causes qui peuvent affecter les esprits et les caractères*, t. II, « Bibliothèque de la Pléiade », Paris, Gallimard, 1951, p. 47 : « Il a été nécessaire que chacun entendit les sons ; non que chacun fût sensible à la musique ».

et qui inaugure plutôt la force conative propre à une vie spirituelle susceptible de gagner une relative autonomie. Avec l'imagination primordiale, nous passons d'une vie organique relevant de la « nature naturante » à l'amorce d'un horizon de monde qui constitue alors les prémices de notre être-au-monde, même si cet horizon n'est encore qu'un vague tracé en pointillé : un premier scintillement, un semblant de monde, à la fois apparaissant, surgissant, et en même temps, limité à n'être encore qu'un monde à l'ombre de ce qui nous tenaille intimement, un monde propre à chacun, comme ce que les Allemands appellent *Eigenwelt*. L'obscur travail de la nature[1] commence à céder le pas à des formes esquissées que projette de manière tâtonnante l'imagination primordiale émergeante. Certes, il ne s'agit encore que d'un « soupçon » de monde, pris à la fois au sens étymologique de suspecter – du latin *suspicere* qui signifie regarder –, mais aussi au sens d'une simple touche, une première tournure. Il s'agit donc plutôt d'une pré-figuration, où l'imagination ici esquisse sans concepts, sans le concours de l'entendement, un premier jet, une fulguration : ce n'est donc encore qu'une imagination qui « se figure » en jouant de la feinte, de la fiction, de la fantasmagorie, mais qui en « se figurant » confère néanmoins une libre unité au divers des sensations et opère les premières synthèses qui surmontent la disparité des affections subies. L'imagination se présente simplement comme un pouvoir de lier un divers sensible pour en forger à sa façon une unité qui n'est encore que celle de « son » monde imaginaire : pouvoir encore fruste, surchargé d'affects psychologiques. Liée aux émotions ressenties, l'imagination primordiale fait affleurer une ambiance

---

1. *Cf.* Héraclite : « La nature aime se cacher ».

de monde : ce que Heidegger appelle *Stimmung*, une atmosphère, une tonalité. En ce sens, l'exercice de cette imagination primordiale porte en elle les prémices d'une conscience qui ne s'imposera cependant que bien plus tard, au fur et à mesure de la distinction de ses objets. La nature dans laquelle le vivant organique est immergé fait alors place à l'offrande d'un aperçu de monde possible entrevu à travers la trame fine d'une imagination débordante de subjonctifs qui nous ouvrent les rives de l'imaginaire.

William Blake le reconnaissait : « L'imagination n'est pas un état, c'est l'existence humaine elle-même »[1]. Et pour reprendre une hypothèse formulée par Nicéphore le Patriarche dans ses *Antirrhétiques*[2], nous dirons que s'il n'y a pas d'imagination primordiale, c'est la possibilité même de faire des mondes qui s'effondre. L'image que produit cette imagination primordiale n'est donc en aucun cas une image idole, une image *ré-plique* – antithèse du dépli –, mais plutôt une image iconique, au sens où elle n'est pas une simple reproduction ou imitation[3] d'un objet déjà connu, mais nous fait entrevoir ce qui jusqu'alors ne se laissait pas voir : la phénoménalité d'un monde en prospective. Une image idole présuppose toujours l'existence d'un monde déjà constitué dont elle est censée

1. Cité par G. Bachelard, *L'Air et les songes, Essai sur l'imagination en mouvement*, Paris, José Corti, 1972, p. 8.
2. « C'est l'univers entier qui disparaît s'il n'y a plus ni circonscriptibilité ni image », Nicéphore, cité par M.-J. Mondzain, dans *Image, icône, économie. Les sources byzantines de l'imaginaire contemporain*, Paris, Klincksieck, 1990, p. 7.
3. « L'essence de l'image est de faire voir quelque chose. Par contre, les copies et les imitations sont déjà des variétés dégénérées de la vraie image qui, comme aspect, fait voir l'invisible et ainsi l'imagine », M. Heidegger, « L'homme habite en poète… », dans *Essais et conférences*, Paris, Tel-Gallimard, 1990, p. 240-241.

célébrer après coup un aspect, comme la statue d'Athéna
que l'on apercevait en mer en s'éloignant du cap Sounion
et qui constituait l'ultime rappel du monde athénien.
Quant à l'image iconique qui est censée nous faire voir
un invisible, n'allons pas ici la réduire à une image
sacrée – comme celle du Christ présenté comme « *Eikon
tou theou oratou* » – par laquelle une substance divine
se manifesterait, selon saint Paul ou comme l'entend la
religion orthodoxe. S'il y a bien un caractère ontophanique
d'une telle image, elle est loin d'être ici théophanique,
mais plutôt prototypale d'un monde qui n'est d'abord forgé
que sur un mode imaginaire, fruit de synthèses encore
sauvages que produit à foison l'imagination primordiale.
La fonction de l'imagination primordiale est le « porter
au paraître », comme hypotypose censée porter au regard,
donner à voir : l'apparaître même de la déhiscence de bribes
de mondes, même si celles-ci relèvent d'approximations
imaginaires. L'imagination primordiale est cette faculté
de former ces images qui instaurent la vie phénoménale,
annoncent la phénoménalité du réel comme monde : elle a
une fonction d'éveil. Même dans les nuits les plus sombres
où se blottissent nos rêves, sa luminescence surgit des
tréfonds du pli du physiologique et du psychologique et
fait apparaître des *scenarii* de mondes possibles. Car nos
rêves les plus intimes témoignent moins de la mémoire
que de cette capacité de l'imagination primordiale à
improviser subrepticement des synthèses inattendues
– à notre insu – qui sont autant d'esquisses de mondes
parallèles. Comme l'imagination primordiale est l'*energeia*
de la visibilité du réel, son action dynamique la pousse,
même dans notre vie diurne, à déborder les images qu'elle
enfante, à les excéder par sa prodigalité, d'où son caractère
foncièrement métastable qui traduit déjà une effervescence

spirituelle[1]. Cette capacité pléthorique de préfiguration témoigne que nous sommes toujours libres de nous figurer le monde autrement et que sa fantaisie nous émancipe des métabolismes organiques cycliques. La « nature naturante » est à l'œuvre dans nos organismes jusque dans nos âmes, mais celles-ci expérimentent leur propre force conative pour dépasser ce qui ne relève que de la nature et enclencher des processus de mondification, fussent-ils tissés d'imaginaire.

*A*D FONTES : DE SPINOZA À KANT

Tour à tour, des penseurs fondamentaux comme Aristote[2] ont pointé ce rôle d'une imagination primordiale constitutive de notre accès à un être-au-monde. Mais plus particulièrement, Spinoza a explicité la dynamique propre de l'imagination, même si, pour lui, celle-ci demeure effectivement articulée sur le pouvoir d'être affecté que possède le corps. Car, comme il l'a souligné, nous ne percevons jamais les choses telles qu'elles sont, mais des images des choses (*rerum images*)[3], qui réfractent les dispositions de notre corps quand il est affecté par les corps extérieurs. Nous ne percevons pas, par exemple, une personne telle qu'elle est, mais en fonction de notre ressenti. Notre activité mentale est d'abord tributaire de

---

1. « Grâce à l'imaginaire, l'imagination est essentiellement ouverte, évasive [...]. L'imagination est, avant tout, un type de mobilité spirituelle, le type de la mobilité spirituelle la plus grande, la plus vive, la plus vivante », G. Bachelard, *L'Air et les songes*, *op. cit.*, p. 7-8.

2. Aristote, *Traité de l'âme*, trad. fr. J. Tricot, Vrin, 1969, p. 163-198 : l'imagination (*phantasia*) renvoie au processus mental qui permet l'apparaître (*phainesthaï*) d'un objet et sa perception. Elle intervient même dans la fonction la plus haute de l'esprit : la *noésis*.

3. *Cf.* Spinoza, *Éthique*, II, prop. 17, scolie, trad. fr. P.-Fr. Moreau, Paris, P.U.F., 2020, p. 194.

l'affectivité, c'est-à-dire des idées – certes confuses – des affections de notre corps qui, dans ce cas, donnent lieu à des projections psychologiques. Aussi percevoir revient toujours d'abord à imaginer. Toute perception s'effectue sur fond d'imaginaire sans pour autant que cet imaginaire soit irréel, puisqu'il est la condition même à travers laquelle une perception est offerte. Ainsi, pour Spinoza, au gré des rencontres de notre corps propre avec les corps extérieurs, des affections sont subies et cette passivité est l'indice de notre finitude, mais leur retentissement dans l'âme relève de l'imagination qui dispose alors d'une certaine autonomie, grâce au décalage entre le niveau des affections proprement physiologiques et celui psychologique des idées concernant ces affections. L'être humain imagine nécessairement quand il considère les corps extérieurs à travers ces idées confuses qui émergent concomitamment des affections de son propre corps[1]. Mais parce qu'elle inaugure l'univers du mental, l'imagination dispose de sa propre force conative : elle n'est pas condamnée à subir passivement les événements, mais par exemple, cherche spontanément à éviter ce qui semble pouvoir la contrarier et se tourne plutôt vers ce qui pourrait lui procurer satisfaction, lui paraître agréable. Ainsi, pour Spinoza, l'homme a spontanément en aversion ce qui risque de diminuer sa propre puissance d'agir. Si l'imagination s'enracine au tréfonds de notre âme qui vit au rythme de notre condition corporelle, elle est cependant capable de s'en émanciper suffisamment pour en gérer les impacts. Elle n'est pas en résonance mécanique avec les affections du corps physiologique : elle produit ses propres affects psychologiques, c'est-à-

---

1. « Lorsque l'âme humaine se représente les corps extérieurs par des idées des affections de son propre corps, nous disons alors qu'elle imagine », Spinoza, *Éthique*, II, corollaire de la prop. 26, *op. cit.*, p. 203.

dire des sentiments qui disposent de leur propre ressort,
et de cette façon, elle anticipe des situations possibles. En
présence, par exemple, du soleil, ce dernier affecte d'abord
notre corps par sa puissance de rayonnement qui alors en
enregistre les effets[1], mais l'imagination qui se développe
en homologie avec l'état de notre corps relève malgré tout
d'une force conative propre qui peut à son tour susciter
des sentiments contradictoires : soit une aversion vis-à-
vis du soleil puisqu'il peut nous brûler ou nous aveugler,
soit une attirance s'il nous apparaît comme une source de
réchauffement et de lumière. Pourtant, à ce niveau, nous
n'avons aucune connaissance adéquate de ce qu'est la
véritable nature du soleil, mais notre imagination en fait
une sorte de personnage familier de notre monde quotidien
que nous sommes en mesure de fréquenter alors à notre
convenance. Sans souci d'objectivité, elle se représente,
par exemple, comme s'il ne se situait qu'à une distance très
réduite : cette illusion tient au fait que notre imagination
ne nous le fait apparaître qu'à travers les sentiments que
l'on éprouve à partir des effets directs qu'il provoque sur
certains de nos sens. Sans avoir aucune connaissance exacte
de la nature de ce corps extérieur qu'est le soleil, notre
imagination régit malgré tout, au gré des affects d'aversion
ou d'attirance éprouvés, les degrés et les modalités de notre
héliotropisme : ainsi se dessine la préfiguration de notre
être-au-monde. Pourtant, si nous connaissions vraiment la
nature photonique du rayonnement du soleil, nous nous
méfierions de ce sentiment agréable que nous éprouvons
souvent en nous exposant à lui. Dans notre vécu existentiel,
le sentiment de proximité du soleil, même s'il est fondé sur
des illusions, peut nous sembler soit source d'augmentation
ou soit source de diminution de notre puissance d'agir et

---

1. *Cf.* Spinoza, *Éthique*, II, scolie de la prop. 35, p. 211.

ainsi motiver une certaine façon de nous orienter dans notre environnement. Nous ne disposons encore d'aucune garantie objective sur les bienfaits escomptés, mais la question n'est pourtant pas de vouloir se passer de cette imagination sous prétexte qu'elle ignore la vraie nature du soleil. La présence de ce dernier est vécue comme celle d'un proche dans le milieu environnant que nous déployons et nous sommes capables d'imaginer jusqu'à un certain point les conditions requises pour qu'il nous soit plutôt source de bienfait que de nocivité. Spinoza a bien pointé le rôle central, mais ambivalent que joue l'imagination dans notre existence vécue, puisqu'elle peut permettre d'anticiper des conduites, mais aussi nous faire commettre des écarts…

Débarrassé de toute conception métaphysique dogmatique, le rôle fondamental d'une imagination primordiale a également été souligné par Kant : son criticisme le conduit à définir sa fonction comme étant transcendantale[1], parce qu'elle lui apparaît comme la condition même de possibilité de l'expérience. Kant établit donc une nette différence entre une imagination reproductive (*exhibitio derivata*) qui ne fait que ramener dans l'esprit une intuition empirique que l'on a eue auparavant et une imagination productive (*exhibitio originaria*) comme faculté de présentation originaire d'un objet : il précise même que les intuitions pures de l'espace et du temps relèvent de cette dernière forme d'imagination. C'est dire que celle-ci est bien la clé de la phénoménalité de notre expérience, la condition par laquelle se manifeste notre existence vécue. Mais c'est surtout dans la première

---

1. Kant, *Anthropologie du point de vue pragmatique*, § 28, trad. fr. M. Foucault, Paris, Vrin, 2019, p. 123. *Cf.* également *Critique de la faculté de juger*, § 49 : « L'imagination […] dispose d'une grande puissance pour créer en quelque sorte une autre nature », *op. cit.*, p. 1097.

édition de la *Critique de la raison pure* que Kant définit l'imagination comme « un art caché dans les profondeurs de l'âme humaine dont nous aurons de la peine à arracher à la nature les secrets du fonctionnement pour les mettre à découvert sous les yeux »[1] : l'imagination transcendantale est bien ce qui nous permet de percevoir ce qui existe dans la réalité phénoménale. Par transcendantal, il faut entendre ici cette puissance opératoire et autonome de l'imagination qui se traduit – du point de vue empirique, en proportion de notre exposition aux affections – par la production d'images comme esquisses de mondes. La caractéristique fondamentale de l'imagination n'est pas tant la fiction que la fonction qu'elle exerce primordialement, en l'occurrence ce pouvoir de synthétiser la multiplicité des impacts sensoriels pour les tramer en une figure, une première ébauche de mise en intrigue. Or, ce pouvoir de synthèse s'effectue d'abord de manière empirique et aveugle, avant même l'intervention de la conscience et de l'entendement : « La synthèse en général est [...] le simple effet de l'imagination, une fonction de l'âme, aveugle mais indispensable, sans laquelle nous n'aurions absolument aucune connaissance, mais dont nous ne prenons que rarement quelque conscience »[2]. Certes, pour Kant, ce pouvoir de synthèse ne garantit pas non plus une connaissance au sens strict, mais il en est pourtant le soubassement, la condition préalable[3].

---

1. Kant, *Critique de la Raison pure*, trad. fr. J.-L. Delamarre et F. Marty, dans *Œuvres Philosophiques*, t. I, « Bibliothèque de la Pléiade », Paris, Gallimard, 1980, p. 887 (désormais *CRPure*).

2. *Ibid.*, p. 833.

3. « Ramener cette synthèse à des concepts est une fonction qui revient à l'entendement et par laquelle d'abord il nous procure la connaissance », *ibid.*, p. 833.

Paradoxalement, l'imagination porte au paraître, donne à voir, alors qu'elle se cache dans les profondeurs cryptées de l'âme. Cette imagination primordiale apparaît comme la racine commune[1] aussi bien de la sensibilité que de l'entendement. Elle détient donc une force ontologisante, puisqu'elle est condition de possibilité de l'expérience vécue. Cette puissance de former des images (*Einbildungskraft*) apparaît donc comme condition pour appréhender le réel, mais en même temps signifie que celui-ci ne peut jamais être pris pour la réalité absolue, puisqu'il ne présente qu'une dimension phénoménale. L'imagination effectue – de manière d'abord subjective et débridée – des synthèses primordiales qui fournissent des images de mondes en gestation :

« Puisque tout phénomène contient un divers, et que par conséquent il se trouve dans l'esprit (*Gemüt*) des perceptions diverses, de soi disséminées et isolées, il est nécessaire que s'établisse entre elles une liaison qu'elles ne peuvent avoir dans le sens même. Il y a donc en nous une faculté active de la synthèse de ce divers, que nous nommons l'imagination, et l'acte de cette faculté s'exerçant immédiatement dans les perceptions est ce que j'appelle l'appréhension. L'imagination doit en effet amener le divers de l'intuition à former une image »[2].

Dans la « *Table du Rien* (*Nichts*) » qui se trouve à la fin de l'*Analytique transcendantale* dans la *Critique de la raison pure*, Kant fait une place spécifique à l'*ens imaginarium* : l'« être imaginaire » est présenté comme possédant une positivité, puisqu'il permet de scruter

---

1. « Racine commune, mais inconnue de nous », Hegel, *Foi et savoir*, trad. fr. A. Philonenko et C. Lecouteux, Paris, Vrin, 1988, p. 106.
2. *CRPure*, p. 1421. « L'image est un produit de la faculté empirique de l'imagination productive », *ibid.*, p. 887.

l'inscrutable et correspond à une intuition sensible encore vide de tout objet déterminé. Kant souligne alors que si l'*ens imaginarium* n'a pas d'objet, il détient pourtant la condition formelle de tout phénomène, la clé grâce à laquelle s'esquisse la figure d'un monde vécu : il donne à voir là où il n'y a encore rien d'étant à voir. L'imagination détient le pouvoir de préfigurer un monde, avant même de pouvoir y distinguer des objets bien déterminés.

Bild vient de l'ancien haut allemand *bilidi* qui signifie « puissance » et cette puissance n'est pas productrice simplement d'apparences, mais de ce qu'est l'apparition même, le faire montre[1]. Ce qui est en jeu avec l'imaginaire n'est pas encore le monde en tant que tel, mais la mondanéité du monde : avec lui, se constitue la condition même d'apparition des phénomènes du monde. L'imagination transcendantale instaure une entrevision : elle est le pédoncule du visible et inaugure le champ de la vie phénoménale, avec toute l'ambivalence que cela comporte, puisque l'imagination sauvage peut aussi bien nous abreuver de fantasmagories que nous faire accéder aux rivages de la lumière où affleurent les objets de la connaissance[2].

Même si Kant n'a pas approfondi cette piste dans la deuxième édition de la *Critique de la raison pure*, il y revient dans le § 49 de la *Critique de la faculté de juger* intitulé *Von den Vermogen des Gemüts, welche das*

---

1. « L'"image" kantienne […] n'est la reproduction de rien, mais la production de cela même qui n'est rien, qui n'est aucun étant : le *paraître du paraissant*. L'imagination kantienne est la "faculté" de la *Darstellung* (présentation) ou *exhibitio* », E. Escoubas, *Imago Mundi*, Paris, Galilée, 1986, p. 20.

2. Étant entendu que la connaissance des choses en soi est en dehors du champ de l'expérience phénoménale.

Genie ausmachen (*Des facultés de l'esprit, qui constituent le génie*). Le passage qui nous intéresse n'est pas sans ambiguïté : « Au sens esthétique, l'âme (*Geist*) désigne le principe qui insuffle sa vie à l'esprit (*Gemüt*). Ce qui permet au principe d'animer ainsi l'esprit (*Seele*), la matière qu'il y emploie, est ce qui déclenche l'élan, orienté par rapport à une fin, des facultés de l'esprit (*Gemütskrafte*), c'est-à-dire déclenche leur jeu, qui se maintient de lui-même et va jusqu'à renforcer les facultés qui y sont adonnées »[1]. La notion centrale de ce passage n'est pas tant celle de *Geist* que celle de *Gemüt* et la notion d'esprit utilisée par Kant ne prend ici – comme plus tard dans l'*Anthropologie du point de vue pragmatique* – aucun tour abstrait ou purement spéculatif, encore moins mystique. Car il ne faut pas se méprendre sur ce qui est d'abord traduit ici par âme et ensuite par esprit : l'essentiel est que Kant nous dit clairement que le *Geist* dont il parle est étroitement relié et assimilé à ce qui est désigné par ce mot de *Gemüt* difficilement traduisible qui peut signifier aussi bien âme que cœur (*thymos*) ou caractère, soit l'aspect « sentant » de la psychè mêlée à l'affectivité... Ainsi, c'est donc bien ce *Gemüt* qui vivifie : Kant parle à ce propos d'un principe vivifiant en son sein (« *belebende Prinzip im Gemüte* »). Ce *Gemüt* qui se situe au pli de l'âme et du corps est aussi à l'interface de la passivité – puisqu'il est tributaire, comme chez Spinoza, de ce qui nous est donné par l'affectivité – et de l'activité susceptible de s'arracher au simple mécanisme de la nature : de là ce caractère hybride, à la fois transcendantal et empirique, puisqu'il ne

1. *CFJ*, p. 1097. J. Garelli pointe ce « principe vivifiant de l'esprit (*Geist*) que Kant nomme âme (*Gemüt*) [...] il apparaît, selon cette distinction, que l'âme vivifie l'esprit et donne un influx », *Rythmes et mondes*, Grenoble, J. Million, 1991, p. 44.

s'exerce que dans le champ d'une expérience vécue. Or, cet influx à vocation spirituelle qui caractérise le *Gemüt* n'est autre que l'ébranlement de l'imagination transcendantale qui permet de substituer un horizon de monde et de liberté aux meules implacables des cycles de la nature et de la vie organique. Kant souligne que ce *Gemüt* enclenche un jeu (*Spiel*) entre les facultés[1], mais ce *spielen* est d'abord un *bilden*. De ce jeu, l'homme peut lui-même en être victime lorsque l'imagination productive qui s'enracine dans ce *Gemüt* se joue de nous et nous entraîne dans l'illusion ou la fantasmagorie, mais l'homme peut également se jouer de la nature et de sa propre passivité, au point de devenir maître du jeu et de sublimer son immersion dans le donné naturel : alors naissent les « feintes passions »[2] qui permettent de régir notre existence pathique… Ainsi, à l'activité de l'imagination empirico-transcendantale qui relève du *Gemüt* peut venir « s'adjoindre » cette dimension spirituelle qui anime alors notre vie humaine : comme Kant le souligne dans son *Annonce de la proche conclusion d'un traité de paix perpétuelle en philosophie*, l'enjeu est bien celui d'un « fondement hyperphysique de la vie de l'homme à l'usage d'une philosophie de cette vie »[3]. En raccordant la destination spirituelle de l'âme au pouvoir de l'imagination transcendantale dont la source relève du *Gemüt*, de son intensité, de son énergie, Kant nous indique que nous ne pouvons pas nous dispenser d'anthropologie,

---

1. Sur l'imagination : « Cette reine des facultés ! Elle touche à toutes les autres ; elle les excite, elle les envoie au combat » Baudelaire, « Salon de 1859 », dans *Œuvres complètes*, t. II, « Bibliothèque de la Pléiade », Paris, Gallimard, 1976, p. 619.

2. *Cf.* N. Grimaldi, *L'Art ou la feinte passion*, Paris, P.U.F., 1983, chap. 13, p. 245-288.

3. *Cf.* Kant, *Annonce de la prochaine conclusion d'un traité de paix perpétuelle en philosophie*, trad. fr. L. Guillermit, Paris, Vrin, 1968, p. 118.

même en métaphysique, puisqu'il nous faut prendre en charge les problèmes psycho-physiologiques qui en constituent le soubassement pour les dépasser vers une ontologie. L'imagination est bien la racine commune de notre sensibilité et de notre entendement, au sens où ils en procèdent et qu'elle les anime, même s'ils prennent des directions différentes : l'une psycho-physiologique, l'autre ontologique.

L'IMAGINATION EST LA SOURCE
DE LA VIE PHÉNOMÉNALE

Ce pouvoir ambigu de l'imagination est à entendre aussi bien comme une source de méconnaissance que comme une condition de la connaissance, en tant qu'il nous ouvre à l'expérience grâce à sa puissance de schématisation – même si celle-ci est encore loin d'être régulée par le pouvoir de l'entendement. Par schématisation, il faut entendre projection non pas simplement d'un schéma, mais bien plutôt d'un schème, au sens où il ne s'agit pas de renvoyer une image qui répliquerait simplement la réalité, mais bien de nous initier primordialement à appréhender ce qui nous entoure, à en effectuer une prise figurante, comme pour faire apparaître et cibler des croquis tenant lieu de prospects. Car le schème est, en quelque sorte, l'équivalent profane de la fonction iconique : il n'est pas fait pour être vu, mais offre à voir... À la différence d'un portrait détaillé qui bloque l'imagination, le schème détient un pouvoir de suggestion à la manière des « tailles-douces »[1] : sous sa forme empirique, il forge plutôt des silhouettes. Il fonctionne un peu comme une caricature qui peut paraître déformer, mais permet de comprendre un

1. *Cf.* Descartes, « La Dioptrique », Discours IV, dans *Œuvres et Lettres*, « Bibliothèque de la Pléiade », Paris, Gallimard, 1966, p. 204.

personnage mieux qu'à partir de sa photo, en mobilisant l'imagination qui nous fait deviner une personnalité. Le schème n'est pas une chose mentale : le prendre comme pour une « chose » serait une faute de catégorie[1]. S'il donne à voir, il s'agit bien évidemment d'une vision mentale. Avec l'imagination, nous pouvons voir, même avec les yeux fermés, et cette vision n'est donc pas qu'une espèce de vision physiologique. Avoir des hallucinations de serpents comme chez l'ivrogne invétéré provoque certes des effets de réalité comme l'effroi, la panique, mais ne signifie pas qu'il les voit physiquement. Imaginer renvoie d'abord à une conduite active et projective : l'homme vit la plupart du temps imaginairement son existence. Si l'imagination permet de forger des esquisses de mondes, ses images ne sont pas des entités mentales, plutôt des procédés pour préformer ces mondes en pointillé. Le sourire du chat du Cheshire, chez Lewis Caroll, n'est suspendu nulle part : il n'est qu'une projection. Le schème n'est pas d'abord la clé de la connaissance, mais d'une posture, en situant un sujet dans un horizon de monde pour qu'il s'y oriente éventuellement, même s'il ne cherche d'abord qu'à le voir à sa façon. Puisqu'il n'est encore qu'une mise en perspective, ce pouvoir de préfiguration que détient l'imagination primordiale peut effectivement se révéler trompeur et n'être encore qu'un rayonnement partiel et partial, un projecteur au verre dépoli, même s'il présente l'insigne mérite de faire surgir des ébauches d'objets qui vont sortir peu à peu de l'anonymat, grâce à son pouvoir de focalisation. La phosphorescence de l'imagination primordiale fournit comme des aperçus pris sur le vif, des rayons encore flous de mondes en puissance, qui seront par la suite réglés par

---

1. Une « *category-mistake* », *cf.* G. Ryle, *La Notion d'esprit*, trad. fr. S. Stern-Gillet, Paris, Payot, 2005, chap. 8.

la maîtrise de l'ouverture du diaphragme de la conscience et de l'entendement. On pourrait lui reprocher de ne forger alors en nous que des opinions pré-jugées – *doxa* signifie bien étymologiquement « ce qui me paraît » – et donc souvent des faux-semblants, mais ceux-ci ont au moins le mérite de nous faire « voir comme si », de présenter par hypotypose des aspects de monde, quitte à s'y méprendre. Il peut bien arriver à l'imagination primordiale de se figurer des *irrealia* comme un aperçu de Pégase, des entités imaginaires, des leurres, mais en les faisant apparaître elle témoigne surtout que sa fonction première n'est pas de tromper, mais de faire scintiller des halos de lumière dans lesquels se dessinent des êtres encore incertains, encore ambigus. Sur l'horizon du « paraître du paraissant » qu'offre l'imagination, les rais de lumière poudroient et manifestent, en réverbérant nos affections physiologiques, des projections intrigantes, des efflorescences éphémères, des fluorescences évanescentes. Ce n'est que par le biais de la conscience et de l'entendement cognitif qu'un regard attentif permettra ensuite de les discriminer et d'y discerner effectivement des objets différenciés et circonscrits.

LES PRÉMICES DU DÉPLI DU SENS : DE LA PRÉ-FIGURATION À LA FIGURATION DE NOTRE ÊTRE-AU-MONDE

Toute perception est traversée d'une irradiation de non-perçu, qui imaginairement nous offre le sens possible de ce qui est visé[1]. L'exemple classique de la perception d'un cube nous le confirme : nous ne pouvons le voir que sous deux ou

---

1. « Nous transférons en quelque sorte la perception réelle dans le royaume des irréalités, dans le royaume du " comme si " », Husserl, *Médiations cartésiennes*, trad. fr. E. Levinas et G. Peiffer, Paris, Vrin, 1966, p. 59.

trois faces et pourtant nous imaginons les faces invisibles et nous voyons un cube à six faces. Nous ne percevons pas sans imaginer et nous n'accédons pas à l'intelligibilité sans l'imagination. Nous visons toujours quelque chose d'autre dans ce qui est strictement perçu et notre accès au monde passe par le biais d'un horizon d'aperçus qui constitue l'amorce du sens. L'imagination trame la phénoménalité du réel, la conscience visant ses objets la mobilise encore pour les discerner et l'entendement leur fournira enfin un gage d'objectivité. Nous sommes la plupart du temps un figurant de l'existence. Nous investissons notre existence de sens possibles grâce à l'imagination que nous nous en faisons. Exister, c'est toujours en même temps se figurer son existence.

Chaque *res* qui passe pour être le noyau de la réalité ne saurait jamais posséder, pour nous, les contours d'une chose stable : elle se confond avec la dynamique qui nous la fait apparaître pour entrer dans un horizon de monde, au risque d'être confondue avec un pseudo-objet. Ainsi, la vie phénoménale se déroule dans l'élément de l'imaginaire[1] qui, loin d'occulter le réel, apparaît comme sa condition d'appréhension et constitue sa voie d'accès primordiale, même si le prix à payer est de ne lui accorder que des possibilités évasives de sens. Celles-ci se livrent au fur et à mesure du déploiement du « voir comme », du pouvoir de figuration. En tant qu'être incarné, chacun est exposé

---

1. « La texture imaginaire du réel » selon M. Merleau-Ponty, *L'Œil et l'esprit*, Paris, Folio-Gallimard, 1985, p. 24. Il précise : « L'invisible n'est pas seulement non-visible […], mais où son absence compte au monde (il est "derrière" le visible, visibilité imminente ou éminente, il est *Urpräsentiert* justement comme *Nichturpräsentierbar*, comme autre dimension) où la lacune qui marque sa place est un des points de passage du "monde" », *Le Visible et l'invisible*, Paris, Tel-Gallimard, 1964, p. 281.

ponctuellement à de multiples affections diverses, mais justement le pouvoir de l'imagination primordiale est de les faire tenir ensemble et de produire, à partir de là, des synthèses qui nous permettent de « voir comme » et d'ouvrir des horizons de signification. Nous dépassons alors la stricte actualité de chacune de ces affections ponctuelles que nous subissons pour produire en série des *scenarii* de mondes possibles. Ainsi, l'existence vécue est toujours figurative : « Cette synthèse du divers de l'intuition sensible, qui est possible et nécessaire *a priori*, peut être appelée *figurée* [*figürlich*] (*synthesis speciosa*), pour la distinguer de celle [...] qui s'appelle liaison intellectuelle (*synthesis intellectualis*) »[1]. Ce travail de synthèse opéré par l'imagination suppose donc la mise en œuvre d'une temporalité intime[2] qui fait survenir une certaine continuité dans l'existence, qui met du lien là où il n'y en a pas nécessairement. Il transcende donc l'événement singulatif de chacune des diverses affections ressenties et leur caractère discret, saccadé, pour inaugurer un réseau mental censé faire sens. Tout comme quand un spectateur regarde un film, les coupures entre les plans sont gommées et chacun vit le film en continu, notre imagination forge du continu et trame alors du sens possible. Le sens trouve donc sa première ébauche dans ce « voir comme » qui ne s'en tient pas à la stricte actualité de ce qui nous affecte

---

1. *CRPure*, p. 866. En latin, *species* signifie « ce qui se manifeste au regard ».

2. *Cf.* M. Heidegger, « La synthèse productrice de l'imagination est la libre pro-duction d'un pur aspect, et l'*"Einbildung"*, la figuration *unitaire*, c'est la libre production d'un aspect pur au sens de l'*unité* des rapports temporels possibles [...]. L'imagination est donc "figurative" », *Interprétation phénoménologique de la « Critique de la raison pure » de Kant*, trad. fr. E. Martineau, Paris, Gallimard, 1982, p. 359-360.

physiologiquement, mais qui nous découvre un réseau de significations. La préfiguration d'un sens suppose, par le biais d'une médiation temporalisante, le dépassement de l'actuel vers le possible. Si le pouvoir de synthèse se confond avec l'expérience de la temporalité, c'est parce qu'il consiste à nous donner en un même temps des éléments qui semblent s'exclure les uns les autres. Même si l'entendement peut, après coup, déterminer des liens de causalité, la vie naturelle n'offre en soi qu'une succession d'événements discrets et disparates qui peuvent aussi bien provenir du fonctionnement interne de l'organisme lui-même que des impacts qu'il subit de l'extérieur. À partir de ceux-ci, l'imagination produit des synthèses qui requièrent le pouvoir de temporaliser, en dépassant le moment présent ponctuel pour nous initier à une absence qui n'est pas rien, mais la promesse d'un horizon possible, comme dans le cas de la mélodie qui ne trouve son sens pour nous que parce que nous opérons la rétention des notes précédentes et que nous sommes suspendus à la protention des notes suivantes[1]. Car ce pouvoir temporalisant de l'imagination n'est pas seulement celui d'agencer, de lier ensemble des instants saccadés, de les mettre en intrigue[2], mais d'anticiper leur suite, dans l'attente d'une histoire possible – comme dans un film à suspense –, même si celle-ci n'est peut-être encore qu'affabulation. Heidegger parle, à ce propos, de « syndose » pour désigner cette liaison, ce donner ensemble, et il précise : « cette unité de la *syndosis*

---

1. « Nous parcourons la mélodie dans l'imagination », Husserl, *Leçons pour une phénoménologie de la conscience intime du temps*, trad. fr. H. Dussort, Paris, P.U.F., 1994, p. 51.

2. P. Ricœur traduit le *muthos* de la *Poétique* d'Aristote par « mise en intrigue », au sens du terme anglais *plot*, cf. *Temps et récit*, Paris, Seuil, 1983-1985, t. II, p. 55-84.

ne se confond nullement avec l'unité qui appartient à la synthèse de l'entendement par concepts »[1].

La figuration suppose le pouvoir d'un arrachement à l'immédiateté de la vie organique, grâce auquel l'homme s'absente de ce qui l'impacte ponctuellement afin de se diriger vers ce qui est absent, c'est-à-dire vers le possible qui se présente comme un embryon de sens. Le « voir comme » caractéristique de la figuration trouve son ressort initial dans l'énergie conative qui nous taraude, à l'interface du physiologique et du psychologique. Aussi, l'imagination primordiale est une puissance de projection qui s'enracine dans le désir, sans que celui-ci ne se confonde avec un simple besoin. Un besoin ne serait encore que l'expression d'un manque physiologique, d'un déficit, alors que le désir nous projette et exprime plutôt une augmentation vitale de notre puissance d'agir qui, grâce à l'imagination, est créditée de linéaments de sens. La synthèse de la temporalité entre présent et futur apparaît suspendue à cette expérience du désir, parce que la futurition commande initialement l'expérience de la temporalité et sous-tend la rétention du passé[2]. Paradoxalement, l'imagination introduit de la concordance dans ce qui nous arrive de manière sporadique grâce à cette tension, à cette « *distentio animi* »[3] que suppose l'expérience de l'étirement de la temporalité entre

1. Cf. *Interprétation phénoménologique de la « Critique de la raison pure » de Kant, op. cit.*, p. 137.
2. « La présence du présent perçu ne peut apparaître comme telle que dans la mesure où elle *compose continûment* avec une non-présence et une non-perception, à savoir le souvenir et l'attente primaires (rétention et protention) », Husserl, *Vorlesungen zur Phänomenologie des inneren Zeitbewusstseins*, Halle, Niemeyer, 1928, § 16.
3. Expression de saint Augustin, cf. *Confessions*, livre XI, trad. fr. L. de Mondadon, Paris, Seuil, 1982, p. 323. Sur ce point, *cf.* P. Ricœur, *Temps et récit, op. cit.*, t. I, p. 19-41.

futurition et prétérition et leur maintien en un même temps.
Ainsi, la concordance des temps en un continuum tissé par
l'imagination surmonte les discordances consécutives aux
impacts hétéroclites des affections que nous subissons.
Certes, avec cette « *distentio animi* », il s'agit ici de
l'expérience d'un « cours du temps » subjectif qui n'a
encore rien à voir avec un quelconque « ordre du temps »
rationalisé qui pourrait permettre de pointer des relations
de causes à effets. L'« ordre du temps » prétend avoir une
valeur objective, mais il en reste à une nécessité causale
rétrospective, alors que le « cours du temps » est suspendu
à une tension projective et prospective. Cette tension vers le
futur qui nous fait « voir comme », qui nous fait percevoir
le présent sur fond d'absence, qui nous fait dessiner du
possible dans l'actuel n'est donc pas la marque d'une
négativité, mais plutôt d'une positivité débordante. Ce
n'est ici en aucun cas la conscience de la mort qui serait
censée nous ouvrir un avenir et nous découvrir un passé,
mais bien au contraire un désir de vivre, d'un « plus de vie »
(*Mehr-Leben*) qui nous conduit, selon Simmel[1], aux rivages
d'un « plus que la vie » (*Mehr-als-Leben*). La dynamique
de l'imagination incarnée qui fait éclore des esquisses de
mondes possibles, des schèmes plus ou moins inspirants,
exprime une intentionnalité dont la force lui vient de plus
loin qu'elle-même, de la puissance expansive du *conatus*,
du désir. Ainsi, l'imagination primordiale va offrir ses
premiers objets intentionnels à la conscience[2] : même

---

1. *Cf.* G. Simmel, *Lebenschauung*, chap. 1, in *Georg Simmel Gesamtaussgabe*, Francfort-sur-le-Main, Suhrkamp Verlag, 1989, p. 232.
2. « Ce n'est pas seulement l'imagination, phénoménologiquement décrite, qui se déploie comme figuration extatique, mais toute activité intentionnelle de l'homme », R. Kearney, *Poétique du possible*, Paris, Beauchesne, 1984, p. 32.

s'il ne peut s'agir encore que de miroirs aux alouettes, elle les arrache à la nuit de la vie organique pour franchir la frontière où s'ouvre un univers de significations, par la grâce de ce « voir comme » qui nous trace déjà des intentions de sens.

LE SCHÉMA CORPOREL COMME PIVOT PRIMORDIAL DE NOTRE ÊTRE-AU-MONDE

Avec l'imagination primordiale, la conscience est encore balbutiante et n'est qu'une sorte de « lanterne magique » qui projette son rayonnement spectral sur notre corps-à-corps avec la réalité extérieure et la met en perspective. Si la conscience n'émerge que dans le prolongement de l'imagination primordiale, elle n'est donc qu'une conscience incarnée. La conscience encore portée par l'imagination primordiale n'est pas encore une conscience d'un moi abstrait, mais une sorte de « chose pensante », de « *res cogitans* » encore en chair et en os, toujours en prise sur le monde, comme l'avait envisagé Descartes, avant de la réduire à l'égologie stricte de l'« *ego cogito* ». Quand il commence par affirmer : « Mais qu'est-ce donc que je suis ? Une chose qui pense. Qu'est-ce qu'une chose qui pense ? C'est-à-dire une chose qui doute, qui conçoit, qui affirme, qui nie, qui veut, qui ne veut pas, qui imagine aussi, et qui sent. Certes ce n'est pas peu si toutes ces choses appartiennent à ma nature »[1], Descartes effleure ici l'enracinement pré-individuel sous-jacent à toute position de l'*ego*. La conscience de soi est d'abord celle d'un tout qui intègre notre imagination, notre sensibilité, nos passions, et donc une conscience qui demeure entée sur un corps. Ce corps est animé d'une sourde vie organique qui

---

1. Descartes, *Méditations métaphysiques II, op. cit.*, p. 278.

persévère grâce à des métabolismes échappant la plupart du temps à la conscience et celle-ci ne peut prétendre être avec son corps comme un pilote dans son navire[1]. Même si cette réalité organique qu'est le corps peut nous jouer des tours, nous trahir et même dysfonctionner au grand dam de la conscience qui s'aperçoit alors que la vie nous glisse entre les doigts, elle constitue le pivot de notre être-au-monde et ne peut s'en départir. Le corps ne peut nous apparaître simplement comme un instrument, puisque nous sommes ce corps, bien mieux que de seulement l'avoir. Ainsi, c'est toujours par le biais du rapport fusionnel avec notre corps propre que nous en venons au monde et que nous nous y orientons. Ce rapport fusionnel précède la prise de conscience d'être un « moi » insulaire bien défini : nous sommes notre corps bien avant de prendre conscience de ce qu'il est exactement et nous sommes ce corps toujours déjà engagé dans un corps-à-corps avec son environnement. Quand cette prise de conscience s'emploie à le distinguer comme un objet, elle vient briser au moins en partie ce compagnonnage originaire avec son corps. En revanche, comme ce rapport fusionnel est déjà de l'ordre du vécu existentiel et non plus de la simple vie organique, il ne nous apparaît comme étant notre corps propre que grâce à l'imagination primordiale et à sa puissance de synthétisation. Le corps est le premier motif de l'imagination primordiale, qui va nous le faire vivre comme notre corps propre au milieu de la « chair du monde »[2]. C'est cette imagination primordiale qui permet de voir dans les différents organes non pas différentes parties mécaniques isolables les unes des autres, mais l'expression d'un tout qui nous est propre. Dans ce

---

1. *Cf.* Descartes, *Méditations métaphysiques VI*, *op. cit.*, p. 326.
2. Expression de Merleau-Ponty dans *Le Visible et l'invisible*, *op. cit.*

compagnonnage fusionnel avec notre corps, c'est par le biais de l'imagination que nous sont déjà révélées, schématisées synthétiquement ses diverses capacités, ses potentialités, avant même que l'entendement puisse les discerner et les analyser. Certes, le corps est le premier objet virtuel de l'imagination, mais paradoxalement il ne peut pas lui apparaître comme un objet, puisque ce sont ses affections intimes qui font écho en elle et mobilisent sa puissance. Aussi, l'imagination se réapproprie ce corps comme étant son corps et l'obscure puissance organique de ce dernier est sursumée, surdéterminée par celle de l'*Einbildungskraft*. Ce n'est alors qu'à travers son image, son schème que le corps nous apparaît comme corps-sujet. Vivre avec notre corps relève du sentiment de disposer d'un corps qui est bien appréhendé comme étant le nôtre et ce sentiment est nourri par cette imagination primordiale qui, tissant une image du corps organique comme étant déjà nous-même, fait que les affections subies jusqu'aux maladies les plus graves sont elles-mêmes ressenties comme les nôtres. Même un simple réflexe est déjà intégré dans une conduite globale qui met en jeu la totalité de l'organisme et pas seulement tel ou tel secteur isolé[1]. Le sentiment du corps propre est au cœur de l'imagination primordiale qui opère ses premières synthèses à son propos. Si cette imagination amorce la vie mentale, elle ne peut susciter un horizon de monde qu'en emportant avec elle l'image familière d'un corps propre qui se projette déjà au-delà de lui-même. Parce que l'imagination primordiale naît au pli de la *psukhè* et du *soma*, l'image du corps propre participe au dépassement de la vie physiologique par la vie psychique. Car ici aussi, il ne peut s'agir d'une simple

---

1. *Cf.* M. Merleau-Ponty, *La Structure du comportement*, Paris, P.U.F., 1990, chap. 1.

image-réplique de notre corps organique, mais plutôt d'un schéma dynamique qui survient sur lui et fait entrevoir le profil d'un monde vers lequel nous pouvons nous orienter. Le corps propre est le centre de référence qui nous offre une perspective d'être-au-monde et nous ménage nos premières échappées existentielles.

Ainsi, notre investissement dans un monde implique préalablement une prise en considération du corps qui nous a été échu et cette réappropriation sur le mode de l'imaginaire l'arrache à son statut de chose, à sa facticité. Par le biais de l'imagination, nous n'entretenons de rapport intime avec le corps organique qu'à travers le « schéma corporel » qui fait de notre inscription incarnée nécessité vertu et nous permet de nous ouvrir pragmatiquement des perspectives insoupçonnées jusqu'alors : notre être-au-monde est d'abord un corps-au-monde, soumis aux aperçus de l'imagination. Ici aussi, ce type de schéma ne décrit pas un dessin, mais exprime un dessein, une intentionnalité, comme si ce corps propre s'excédait comme simple machine physiologique, se jouait de l'inertie de ses rouages, pour s'adapter aux situations et finaliser son énergie vitale en fonction désormais de ses entrevisions de monde. Cette schématisation du corps par l'imagination primordiale fait de ce dernier un ami intime de la conscience émergeante, dans la mesure où, à travers lui et à son écoute, elle va s'assurer une place dans le monde et venir l'habiter[1]. C'est donc à partir de cette schématisation du corps propre que nous commençons à schématiser également notre *Umwelt*, à y dessiner des reliefs et que nous pouvons nous orienter dans le milieu

---

1. Sur la notion d'habitation, *cf.* notre ouvrage *Qu'est-ce qu'une ville ?*, Paris, Vrin, et notre article « Quand la ville fait monde », *Cahiers philosophiques* 118, 2009, p. 9-21.

qui nous environne : cette action imaginante devient la clé de notre être-au-monde. Cette orientation ne s'effectue pas en fonction d'un rapport extérieur aux points cardinaux ou d'une cartographie conventionnellement établie, mais est générée à partir du corps lui-même qui déploie un espace anisotrope, en raison de sa propre latéralisation. Le sens de l'orientation s'enroule primordialement sur cette puissance de schématisation du corps qui permet de faire rayonner aux alentours un espace propre, un espace familier, à partir de la différenciation entre le sens de la droite et celui de la gauche. Cela signifie que ce sens primordial de l'orientation n'est pas fourni par les cinq sens pris un à un, mais par cette capacité cénesthésique et synesthésique qu'offre le schéma corporel : il permet de surmonter la dispersion des données sensorielles, de les synthétiser par le biais du *Gemüt*, quand l'imagination opère au chiasme de l'esprit et du corps. La motricité orientée de notre corps propre ne s'explique pas simplement par ses caractéristiques physiologiques, mais par cette puissance qu'a l'imagination primordiale de systématiser à travers le schéma corporel les affections sensorielles diverses pour en faire émerger la physionomie d'une situation à affronter. Cette motricité elle-même n'est donc pas seulement affaire de mouvements, mais bien d'orientations. Le schéma corporel n'est pas la simple résultante de données éparses, mais au contraire la condition même pour que nous surmontions le chaos du divers sensible et que nous nous percevions sur fond d'un horizon de possibles.

Le schéma corporel témoigne de la connivence que nous entretenons avec notre corps et participe lui-même à la construction de notre environnement comme milieu familier : car la synthèse opérée par l'imagination au sujet du corps propre est nécessairement aussi celle qui cible un contexte, une situation. Il y a une perspicacité du schéma corporel qui se fait schème de notre être-au-monde, qui rend possible la perception pragmatique de lignes de mire, d'un « avoir à faire » dans ce milieu qui s'ouvre à lui. Lorsque, sur le terrain de football, le joueur s'apprête, dans une phase de jeu, à percuter le ballon pour tromper le gardien et marquer le but, son attitude ne se réduit absolument pas à une relation causale physique : la conscience incarnée du joueur, intimement liée à son corps propre, schématise la situation et ajuste le tir de son pied comme si le ballon était déjà là-bas dans la lucarne de la cage du gardien. En aucun cas, la performance du joueur ne peut être analysée en décomposant ses mouvements comme si ceux-ci pouvaient être étudiés séparément : la synthèse que permet le pouvoir de schématisation de la conscience imageante et incarnée du joueur permet de comprendre comment la tournure de son corps propre peut s'orienter de telle sorte que le ballon au bout du pied du joueur est – plutôt qu'un objet – un projet qui lui-même fait corps avec la lucarne de la cage du gardien. Le joueur n'a surtout pas à décomposer de manière analytique le mouvement de sa jambe pour réussir son action : le ferait-il qu'il risquerait de perdre le ballon avant même de l'avoir propulsé. Ici, percuter un ballon ne se réduit pas du tout à un choc strictement physique [1], comme si ce dernier était totalement en rapport d'extériorité vis-à-vis du joueur : au bout de son pied gauche ou droit, le ballon est enveloppé dans un schéma intentionnel qui l'oriente dans la direction de la cage du gardien et anticipe de passer outre ce

---

1. En ce sens, le choc des boules de billard ne peut servir de modèle pour une explication strictement physique, puisqu'il implique l'intervention de la conscience incarnée des joueurs.

gardien[1]. Si l'adresse est certes affaire d'exercice, elle mobilise cependant toujours cette dilatation du schéma corporel qui s'étend à un contexte, à une situation et nous permet d'être à la fois ici et là-bas. De même, seule la conscience incarnée de ce gardien lui permettra, le cas échéant, de prendre la mesure de la situation en schématisant les possibles pour contrecarrer le tir du joueur adverse, pour déjouer ses ruses et arrêter le ballon. La même situation se retrouve pour le joueur de tennis : lorsqu'il engage de toute la force de son bras, son schéma corporel est mobilisé et se prolonge au-delà de sa raquette de telle sorte qu'il entrevoit la percussion de la balle qui passera au ras du filet et qui sera celle que l'on entendra se fracasser sur le terrain de l'adversaire, au point de le rendre incapable de la renvoyer... La conduite du corps propre ne peut s'expliquer par une somme de déterminants sensoriels, mais par la représentation dynamique d'un *Bewegungsentwurf*, d'une « intention de mouvement » que permet une conscience incarnée et imageante en situation : de ce point de vue, cette expérience du schéma corporel n'est pas nécessairement l'apanage de l'homme, mais peut se retrouver également dans le monde animal. Bien plus, l'habileté qui procède de la mise à disposition du schéma corporel pour une action imaginante peut elle-même apparaître comme « animale », comme présence de l'animalité chez l'homme, au sens où elle est tributaire d'une intelligence incarnée. C'est pourquoi l'ingénieuse ruse peut l'emporter sur la force brute...

1. Ce rôle de l'imagination dans le schéma corporel signifie que l'action physique est aussi une action mentale : *cf.* M. Dummet commentant Brentano, avec ce même exemple du ballon au pied, dans *Thought and Perception : The Views of Two Philosophical Innovators*, D. Bell and N. Cooper (eds.), Oxford, 1990, p. 84.

Surmonter les images pour accéder
aux rivages de la signification

Nous voyons le monde à travers les images qui se déplient à l'occasion de nos affects physiologiques, de nos données sensorielles, dont l'imagination opère la réfraction en les synthétisant de manière concordante en vue de conduites adaptées. Avec l'imagination primordiale, l'homme est donc loin de pouvoir se distancier de son corps, mais il élargit plutôt les perspectives de son *conatus* organique pour lui ouvrir des possibles inattendus et le mettre en phase avec son milieu. Cette puissance singulière de synthèse et de totalisation par l'imagination peut même effectuer une sorte de déni sur l'état de notre corps, quand celui-ci est malade, abîmé, voire atrophié. Tel est le cas, par exemple de l'amputé qui fait l'expérience de l'illusion du « membre fantôme » : organiquement absent, le membre perdu semble provoquer malgré tout un sentiment de douleur… Inversement, la puissance du schéma corporel peut permettre de décupler l'habileté d'un corps handicapé en favorisant des capacités ingénieuses d'adaptation au monde. L'expérience dynamique du corps vécu permet donc de le saisir comme une unitotalité en action qui nous ouvre un espace et lui assigne ses premiers repères. Effectivement, l'espace n'est pas d'abord ce dans quoi nous nous situons comme s'il s'agissait d'un réceptacle, mais le moyen même que nous déployons pour nous orienter[1]. Le schéma corporel est d'abord spatialisant, et non spatialisé : il distingue déjà, à partir du corps propre

---

1. « L'espace n'est pas le milieu (réel ou logique) dans lequel se disposent les choses, mais le moyen par lequel la position des choses devient possible » M. Merleau-Ponty, *Phénoménologie de la perception*, Paris, Gallimard, 1967, p. 281.

comme corps-pivot, des points d'orientation, des passages, des lignes de force, des champs. Le chiasme du corps propre et de l'esprit ne saurait donc être le signe d'une aliénation fatale, puisqu'il s'y ménage un certain jeu où prend son essor le dépli du sens. La praktognosie[1] de la conscience incarnée témoigne du franchissement d'un cap, puisqu'elle inaugure déjà un univers de potentielles significations. Si le sentiment du corps propre est pourvoyeur de significations naissantes, celles-ci ne sont pas simplement un simple reflet de nos dispositions anatomiques ou physiologiques, mais s'en émancipent au point de faire fi du destin auquel ces dispositions tendraient à nous assigner. Ainsi, le cas du gaucher qui écrit à l'envers est certes lié à un problème de latéralisation du corps qui s'enracine dans le cerveau – au point que ce qu'il écrit semble totalement illisible pour un droitier –, mais il n'empêche que, pour ce gaucher, ce qu'il écrit est parfaitement lisible et lui apparaît aussi significatif que ce qu'un droitier est censé écrire « correctement » : la conscience du sens de ce qui est écrit n'est pas alors une « conscience à l'envers » et le « problème » de latéralisation du corps du gaucher ne vient pas impacter la signification que la conscience recueille dans ce qui est pourtant écrit à l'envers. Il suffira à un droitier de lire dans un miroir ce qu'a écrit le gaucher pour comprendre ce qu'il a voulu dire. La conscience du gaucher projette la même signification que celle du droitier lorsque ce dernier écrit la même phrase à l'endroit : si la façon d'écrire du gaucher résulte directement de l'architecture

---

1. « L'expérience motrice de notre corps n'est pas un cas particulier de connaissance ; elle nous fournit une manière d'accéder au monde et à l'objet, une "praktognosie" qui doit être reconnue comme originale et originaire. Mon corps a son monde… », M. Merleau-Ponty, *Phénoménologie de la perception*, op. cit., p. 164.

physiologique de son corps, sa conscience ne le fait pas pourtant « penser à l'envers ». D'ailleurs, il ne s'aperçoit pas nécessairement que son écriture est illisible pour la plupart des droitiers, puisque sa conscience est tirée en avant par les significations qu'elle a projetées dans ce qui est écrit. Ainsi, la conscience incarnée a beau être tributaire de la vie organique, elle ne suit pas pour autant mécaniquement la pente de l'organique, mais la remonte en l'élevant à un univers de significations, fussent-elles parfois illusoires… De même, si la vie organique peut, passé un certain cap de vieillissement, être vouée à l'entropie, l'univers des significations n'épouse pas pour autant nécessairement un même déclin proportionnel au vieillissement : au contraire, il peut témoigner d'une maturation plus grande, pas seulement en termes de connaissances au sens strict, mais surtout de savoir expérientiel concernant l'existence. Si la conscience du schéma corporel offre un savoir de soi incarné qui autorise des tropismes nouveaux et élargit les horizons du monde alentour[1], elle s'aiguise encore davantage à force d'exercices. Mais si cette conscience du schéma corporel s'affine au fur et à mesure du déroulement de l'existence, ce n'est jamais comme un bien extérieur : plutôt comme une germination, une maturation endogène, un auto-développement qui se dilate, se perfectionne en s'exerçant, s'il est bien vrai que l'on n'habite pas le monde sans contracter des *habitus*. Ainsi en est-il du musicien quand, à force de s'exercer, son instrument fait partie intégrante de lui-même, au point d'être devenu le prolongement quasi-naturel de son corps propre.

---

1. Sur le concept d'*Umwelt*, *cf.* G. Canguilhem, « Le Vivant et son milieu », dans *La Connaissance de la vie*, Paris, Vrin, 1965, p. 144-145.

Cependant, en raison même de son incarnation, cette conscience ne peut absolument pas prétendre, vis-à-vis du milieu qui l'environne, accéder à une vue ichnographique, comme en position de survol, mais toujours sous un angle particulier : toujours à partir du schéma corporel qui, selon une certaine posture, s'ouvre un rayon de monde possible. Comme le souligne Merleau-Ponty, « L'espace et le temps que j'habite ont toujours de part et d'autre des horizons indéterminés qui renferment d'autres points de vue. La synthèse du temps comme celle de l'espace est toujours à recommencer »[1]. C'est d'abord en rapport avec notre corps propre que nous préfigurons un monde, et donc toujours en perspective que nous prenons la mesure de celui-ci. C'est pourquoi, les étalons de mesure ont d'abord été établis par rapport aux organes du corps – comme le pied, la coudée ou le pouce – ou à ses capacités de déplacement. Car nous ne pouvons nous représenter l'espace que pour autant que nous y vivons, que nous l'habitons. Mais si la conscience du schéma corporel est d'abord une attitude en tant qu'elle inaugure déjà des actes effectués « en vue de », cette action imaginante est aussi faite de passivité, à la merci, par exemple, des limites de nos capacités, de la fatigue ou de la maladie. Telle est la rançon de l'incarnation. L'intentionnalité marque une dynamique transitive du sujet conscient vers un hors-de-soi, mais qui est encore ici tributaire d'une imagination primordiale nouée à l'expérience du corps propre et donc de ses vicissitudes : tributaire de l'*hubris* de sa puissance d'agir comme de la découverte de ses limites, de son impuissance. Même au meilleur de sa forme, la conscience incarnée qui éclôt

---

1. M. Merleau-Ponty, *Phénoménologie de la perception, op. cit.*, p. 164.

toute peuplée d'esquisses forgées par nos affects, de schèmes projectifs exprimant une intentionnalité, puise une force qui lui vient de plus loin qu'elle-même. Celle-ci peut cependant se jouer d'elle, la déborder au point de ne se retrouver animée que par l'aveuglement du désir. Les racines organiques de la puissance d'agir du corps propre peuvent imposer paradoxalement des œillères à l'action imaginante. Dans l'illusion du « membre fantôme », l'amputé peut avoir l'illusion de disposer encore de sa jambe perdue, il ne pourra pas pour autant marcher sans l'adjonction d'une prothèse bien conçue et bien réelle… Inversement, une submersion de stimuli physiologiques peut venir assujettir l'action imaginante et la bloquer sur des images obsessionnelles[1] qui, comme telles, coupent « les ailes à l'imagination »[2] et neutralisent son dynamisme créatif. Comme Narcisse, l'homme peut aussi se perdre dans le culte des images-idoles… L'émergence d'une conscience vigilante, plus rationnelle, permet cependant de s'en distancier : la désincarnation de l'intentionnalité lui permet alors, pour gagner en objectivité, de troquer des images pour des idéalités. De même l'existence vécue suppose des repères qui ne peuvent se réduire à ceux fournis par le corps propre pour accéder à un monde commun, mais relèvent davantage d'*habitus* culturels partagés et d'institutions symboliques qui en garantissent le sens.

---

1. *Cf.* Saint Augustin sur la non-maîtrise de l'excitabilité physiologique des *pudenda* ou organes sexuels (*De Peccatorum Meritis et Remissione*).
2. *Cf.* G. Bachelard, « Une image stable et achevée *coupe les ailes* de l'imagination […] Sans doute, en sa vie prodigieuse, l'imaginaire dépose des images, mais il se présente toujours comme un au-delà de ses images, il est toujours un peu plus que ses images », *L'Air et les songes, op. cit.*, p. 8.

CHAPITRE II

LA CONSCIENCE COMME ARC
INTENTIONNEL ENTRE SUJET INCARNÉ
ET OBJECTITÉS MENTALES

Au pli du physiologique et du psychologique, au pli des influx discontinus de notre condition organique et des affects psychiques qu'ils suscitent, l'imagination primordiale propose des esquisses aléatoires de monde et survient alors le premier dépli du sens comme ébauche d'une vie spirituelle. Par cette disposition créatrice, un halo de possibles rend encore indécidable la nature du réel, puisqu'appréhendé entre chien et loup. L'imagination primordiale n'est que préfiguration de mondes insolites et donc se déploie dans le proto-ontique, l'anté-prédicatif, l'anté-catégorial. Mais cette imagination primordiale effectue une effraction dans l'obscurité dans laquelle se déploie la vie organique naturelle : avec elle, surgit une embouchure de monde qu'elle fait entrevoir par sa lumière irisée, tremblante et diffuse. La phénoménalité de ce qui sera notre être-au-monde émerge à travers cette trame de possibles que dessine l'imagination primordiale. Livrée à elle-même, cette imagination n'opère pourtant que des préfigurations sauvages toujours marquées du sceau de sa fantaisie. Ce n'est donc que peu à peu que cette propension à imaginer va se discipliner et se corriger, et ce en fonction de sa confrontation à la résistance d'une extériorité opaque, dont elle fait l'expérience sans pourtant pouvoir encore en connaître la nature. Même si l'imagination primordiale est une puissance qui s'émancipe des affections du corps, elle est condamnée à être confrontée à cette extériorité : le corps propre est le premier à en faire l'expérience, comme dans celle de l'effort pénible à produire, malgré la fatigue. Si grâce à sa fonction de synthèse, l'imagination dresse une ébauche de forme au divers sensible, elle n'en maîtrise pas pour autant la matière : celle-ci ne se prête pas nécessairement à ses fantasmes. Même si cette imagination primordiale n'est pas simplement de l'ordre du pâtir, mais au contraire principe d'animation, cette activité n'est pas toute-puissante et un hiatus apparaît nécessairement tôt ou tard entre ses fantasmes et ce qui s'avérera être la contrariante réalité. Car cette imagination ne peut tout tirer d'elle-même et demeure tributaire d'un milieu intérieur et extérieur, d'un contenu de base, dont elle peut s'inspirer, mais qui peut aussi lui résister. De même que nos affects psychologiques résonnent encore de l'écho des affections qui impactent notre vie organique, de même l'imagination primordiale n'est pas une puissance *ex nihilo*, mais tributaire d'une part de réceptivité qui est la marque de sa dépendance, de sa finitude, fût-ce le plus souvent à son insu. La limitation de notre corps organique qui l'expose de fait aux aléas de rencontres qui l'affectent se répercute évidemment au niveau de sa capacité à imaginer des horizons de monde. Si l'imagination primordiale invente des formes plus ou moins arbitraires, elle ne les crée pas de toutes pièces. Bien plus, nous verrons qu'elle ne peut inventer le plus souvent des esquisses de mondes qu'à partir d'autres mondes. Dès lors, son *energeia* ne peut que se heurter à une extériorité récalcitrante qui l'amène à faire l'expérience d'un reflux, d'un ressac. C'est lors de cette expérience de ressac que l'exigence d'une conscience cognitive va émerger et se développer. Car cette expérience de ressac est celle de la prise de conscience de la tangibilité d'une réalité qui résiste obstinément à nos projections imaginaires.

DE L'IMAGINATION PRIMORDIALE
À LA PRISE DE CONSCIENCE

Une prise de conscience naît du décalage entre les fantaisies de l'imagination primordiale et la rencontre avec une extériorité rétive à se laisser prendre dans ses filets. C'est pourquoi, toute prise de conscience a pu être considérée d'abord comme celle d'une conscience malheureuse. L'imagination perd alors sa naïveté, sa spontanéité sauvage, et se découvre, avec la prise de conscience, une exigence cognitive : celle de prendre la mesure de la nature de ce qui vient contrecarrer ses préfigurations. Même si la conscience à vocation cognitive présuppose toujours le pouvoir spontané de l'imagination à élaborer des synthèses, elle émerge du ressac subi par les projections de cette dernière et prend acte des objections auxquelles celles-ci se heurtent, confrontées à une extériorité revêche[1]. La conscience vigile n'est pas encore science, mais marque la prise en compte de l'obsistance de « quelque chose » qui vient s'objecter aux projections imaginaires.

1. Hegel considère « cette imagination, non comme moyen-terme qu'on vient introduire entre un sujet absolu existant et un monde absolu existant, mais comme ce qui est le premier et l'originel à partir duquel aussi bien le Moi subjectif que le monde objectif dérivent en se séparant », *Foi et savoir*, *op. cit.*, p. 108.

La conscience est conscience d'un « quelque chose »
qui ne peut se réduire aux projections de l'imagination
primordiale : elle en devine la sourde présence, mais sa
nature ne peut cependant lui apparaître clairement qu'à
travers ses visées. Elle fait alors l'expérience à la fois d'une
distanciation irréductible vis-à-vis d'un « hors de soi » et,
en même temps, d'un rapport indissoluble à celui-ci : elle
se retrouve à distance d'une extériorité, d'une altérité, mais
qui constitue cependant un horizon désormais polarisé
dont elle ne peut se délester. Même dans l'expérience
de la conscience de soi la plus intime, celle-ci ne peut
se ressaisir qu'à distance d'elle-même et ne peut se voir
toujours qu'en situation, sur la route… L'émergence de
la conscience s'accompagne de l'expérience douloureuse
d'une scission, d'une discrépance tenace qui peut prendre
plusieurs formes : d'abord, celle entre un sujet encore
incertain de lui-même et la réalité d'une extériorité qui
obscurément lui résiste ; mais aussi corrélativement
celle entre ce sujet et son propre corps avec lequel il ne
peut plus vivre spontanément en symbiose ; enfin, dans
l'expérience de la conscience de soi, celle du sujet toujours
à distance d'avec lui-même. Pour la conscience, l'enjeu
sera dorénavant de déterminer ce « quelque chose » qui
lui apparaît dans une indétermination foncière et qui se
présente cependant comme son centre de gravité. L'enjeu
sera donc, pour la conscience à vocation cognitive, de
passer de la préfiguration à la configuration d'objets,
c'est-à-dire à leur détermination, à leur délimitation, à leur
dé-finition, en disciplinant l'imagination primordiale sous
la férule de l'entendement. La spontanéité de l'imagination
est censée céder la place à une spontanéité plus grande
encore, parce qu'affranchie des amarres de la sensibilité :
celle de l'entendement qui prétend à l'universalité et

impose ses catégories abstraites au concret sensible. La conscience à visée cognitive constitue un tournant dans l'existence vécue : celui qui marque le passage des pré-jugements de perception toujours tapissés d'imaginaire aux jugements d'expérience qui se veulent objectifs. Mais si la connaissance humaine implique l'intervention de l'expérience, celle-ci est toujours pour elle une traversée périlleuse : celle de relever le défi de se confronter à des objets qui seront toujours en partie le fruit de ses constructions, avec le risque récurrent de s'abuser elle-même. Car quand il vient à la rescousse de cette prise de conscience, l'entendement lui-même ne peut se passer de la mobilisation de l'imagination schématisante pour appliquer concrètement ses grilles d'intelligibilité. La conscience à vocation cognitive se caractérise par la réappropriation disciplinée de cette puissance de synthèse qu'offre déjà – sans garantie d'objectivité – l'imagination primordiale, pour lui permettre dorénavant de discerner des objets à part entière[1] au fur et à mesure que l'entendement viendra étendre son territoire et son domaine. La conscience à visée cognitive est censée assurer, grâce au pouvoir de l'entendement, le passage de la préfiguration proto-ontique à la configuration ontique. L'émergence d'une telle conscience est une étape incontournable pour passer des projections imaginaires arbitraires à des objets dûment distingués, dès lors que l'entendement et ses formes structurantes procèderont à leur configuration au prix d'une discipline imposée à l'imagination. Cependant, tant que l'entendement n'a pas encore assis son pouvoir

1. « J'entends par synthèse au sens le plus général l'acte d'ajouter les unes aux autres des représentations différentes et de saisir leur diversité en une connaissance [...] qui peut sans doute être encore brute et confuse, et qui a donc besoin de l'analyse », *CRPure*, p. 832-833.

d'intelligibilité, la conscience demeure encore à la merci d'une imagination débordante.

Si le présupposé constitutif de la conscience est celui d'un rapport irréductible entre un sujet et un objet, alors la détermination de ce dernier devient la condition de l'effectivité de notre horizon de monde. Certes, cet objet posé n'est toujours que figuré et ne permet pas du tout l'accès à la connaissance de la réalité en soi – telle qu'elle serait en toute indépendance vis-à-vis de nous –, puisque l'homme ne peut bien connaître que ce qu'il construit. Alors que l'imagination primordiale n'avait pas encore conscience du hiatus entre ce qu'elle pouvait ressentir et la réalité d'une extériorité opaque, alors qu'elle se déployait jusqu'ici dans une temporalité et un espace propres intimement mêlés, l'expérience de cette symbiose vole en éclats lors de l'expérience de la prise de conscience. Celle-ci est concomitante du choc, voire du trauma que l'expérience d'une résistance obscure au désir provoque. Un rapport irréductible entre un sujet et une altérité énigmatique s'établit et l'enjeu pour la conscience est d'en prendre la mesure. L'imagination primordiale d'abord sauvage est alors censée transmettre le flambeau à la conscience vigile qui elle-même aura à enrôler l'entendement pour exercer une prise sur cette extériorité qui s'érige devant elle. La mobilisation de l'entendement pour surmonter l'énigme de cette adversité permettra de caractériser des objets, pour nous permettre de nous orienter pragmatiquement dans un monde effectif. La puissance foisonnante de synthèse qu'offre l'imagination primordiale pour surmonter les données éparses fournies à travers les influx du corps organique est alors censée être domptée par la conscience qui impose son pouvoir égoïque d'unification : par le biais de l'entendement rationalisant, sa vocation est de limiter la propension de cette imagination à extravaguer de manière arbitraire. Aussi, cette conscience devient la condition nécessaire de la connaissance, en tant que celle-ci prétend prendre en charge et surmonter le hiatus entre subjectivité et extériorité. Cependant, ce processus de rectification, de correction s'effectue toujours dans le cadre d'un « cercle corrélationnel »[1] : même configurés avec l'aide du pouvoir universalisant de l'entendement rationnel, jamais les objets ainsi caractérisés ne pourront révéler ce que serait ce « quelque chose » en lui-même, indépendamment de toute interaction avec nous. Bien plus, les objets que se donne la conscience à partir de la synthèse du divers et de la liaison qui s'y noue peuvent n'être encore que le fruit d'une auto-affection envahissante et donc se réduire à des pseudo-objets que la conscience tend devant ses yeux, aux dépens même de l'entendement rationnel. Car, cette conscience est toujours tributaire de cette sensibilité qui lui fournit les données élémentaires pour pouvoir prétendre élaborer une connaissance objective de cette extériorité irréfragable. Ainsi, si la conscience s'efforce de faire de cette extériorité son objet, l'objectivité de celui-ci n'est pas encore nécessairement garantie et peut rester brouillée par les débordements de l'imagination. Il ne s'agit encore que d'une intention d'objectivité. La conscience substitue au désir qui taraude l'imagination primordiale, une intentionnalité, une visée d'objets, sans pourtant pouvoir s'assurer de leur réalité incontestable. Elle reste une expérience subjective, encore à la merci de l'affectivité, même si elle tend à substituer aux images des idéalités d'objets.

---

1. Expression critique de Q. Meillassoux, cf. *Après la finitude, op. cit.*

L'Orientation nouvelle
que donne l'intentionnalité de la conscience
à nos conduites

Les images ne sont encore que des idées des affections physiologiques, pour reprendre le vocabulaire de Spinoza : sans pourtant se réduire à des idées-reflets, à des idées-tableaux, ce type d'idées que sont les images demeure dans un rapport de correspondance étroite avec les affections du corps. L'imagination primordiale est déjà ébauche d'idées – encore confuses – qui restent en résonance avec la vie intime du corps. En revanche, le tropisme de la conscience la fait se tourner vers l'extériorité, vers le hors-de-soi, et tend devant elle des idéalités qui sont censées être des visées d'objets : c'est ce retournement qui nous intéresse ici, parce qu'il est la clé de ce passage des images aux idéalités.

Comme l'avait pointé Spinoza, le vouloir-vivre que réfracte la conscience incarnée relève alors d'une « double détermination »[1] : d'abord celle de la puissance intrinsèque du *conatus* qui caractérise tout organisme vivant s'efforçant aveuglément de persévérer dans son être ; et d'autre part, celle que nous avons désignée comme étant motivée par des idéalités d'objets visées intentionnellement par la conscience pour aménager à sa guise cette puissance d'exister. À la charnière de cette double détermination, se trouve initialement le désir qui taraude l'imagination primordiale et gouverne nos conduites par le pouvoir des images. Dans le contexte de cette seconde détermination qui nous déporte de la stricte expression d'une causalité organique intransitive et autocentrée, l'imagination primordiale est animée par le désir qui la pousse à forger

---

1. L'expression est de P. Macherey, dans son *Introduction à l'Éthique de Spinoza*, III, Paris, P.U.F., 1995, p. 111.

des préfigurations lui entrouvrant des horizons insolites : en effet, si « le désir est l'essence même de l'homme en tant qu'on la conçoit comme déterminée à faire quelque chose », Spinoza précise aussitôt, à propos de cette essence : « *en tant que déterminée par l'une quelconque de ses affections* (*quatenus ex data quacunque ejus affectione determinata*) »[1]. Alors que le désir est défini comme l'essence intrinsèque de l'homme, Spinoza souligne ici la greffe représentative que la conscience exerce sur lui, au point de lui donner un caractère polymorphe. Le désir est aussi extrinsèquement impacté par des affections qui impliquent corrélativement le rôle de la conscience dans sa façon de se les représenter mentalement. Car, les représentations de la conscience réverbèrent les effets des affections et infléchissent le désir : s'explique alors la plasticité des expressions de ce dernier. Ainsi, par le biais de l'imagination et de la conscience, le désir prend une tournure transitive, suspendu alors aux images ou aux idéalités d'objets censées lui permettre de se situer dans le monde. C'est désormais dans ce jeu relationnel instauré entre un sujet et des visées d'objets extrinsèques que la conscience se donne sa raison d'être.

La conscience met en scène cette polarisation relationniste en inversant le rapport pathique initial : ce qui n'était d'abord qu'une affection déclenche une motivation pour fixer des buts à atteindre hors de soi, soit par la connaissance, soit par la pratique, tout en sachant que leur point commun est de renvoyer à une exigence pragmatique de découverte et de maîtrise de notre environnement mondain. À l'intransitivité caractérisant le *conatus* qui nous anime en tant qu'être organique et dont la

---

1. Spinoza, *Éthique*, III, *op. cit.*, p. 321.

réaction à l'affection ne peut elle-même qu'être de nature métabolique, la conscience substitue un régime transitif, puisqu'elle se projette en des objets qu'elle se figure et qui polarisent alors sa propre puissance d'agir. Même quand elle investit tellement ces derniers de ses fantasmes au point d'en faire des objets tissés d'illusions, il n'empêche qu'ils sont encore visés par la conscience et qu'ils sont tendus dans leur objectité, de manière intentionnelle, comme objets saillants et significatifs. Qu'il s'agisse de pseudo-objets ou d'objets qui renvoient effectivement à une réalité empirique, ils détiennent une objectité suffisante pour être posés en tension vis-à-vis d'un sujet et relever d'un rapport finalisé, téléologique, bref d'un arc intentionnel. En revanche, comme ils sont figurés par la conscience et donc relèvent d'un investissement constructif, ils n'apparaissent désirables pour la conscience qu'à travers la lumière tamisée d'une vie mentale encore aux prises avec l'imagination primordiale. La conscience demeure l'instance qui révèle comment le vouloir-vivre s'exprime, quand il prend ses distances avec l'instinct ou l'impulsion aveugle. Cette double détermination – celle qui fait que nous sommes à la fois tributaires d'une activité organique intransitive et, en même temps, mis en rapport avec des objets que nous tend en avant la conscience pour motiver notre orientation dans le monde – ne peut s'expliquer que par un monisme anomal[1] : si l'organique et le mental ne semblent faire qu'un puisque nécessairement corrélés, la spécificité du rôle joué par la conscience ne peut être expliquée par les lois qui régissent exclusivement la vie organique. La déhiscence qu'opère la conscience

---

1. Au sens de D. Davidson, cf. *Actions et événements*, trad. fr. P. Engel, Paris, P.U.F., 1993, p. 286.

intentionnelle correspond à la poursuite du dépli du sens qui échappe ainsi à toute tentation réductrice du vécu au vivant : la causalité organique fait place à l'activité idéelle de la conscience, en dépit du chiasme qui originellement les lie. Le désir qui pousse l'homme à agir en fonction d'un intérêt vital inscrit au plus profond de son être et qui constitue son essence n'implique pas, au départ, de prendre en considération des buts : il n'est en lui-même qu'une « impulsion vague » qui en toute chose – pas seulement chez l'homme – l'incline par tous les moyens à persévérer dans son être. Mais chez l'homme, le désir est l'appétit doté de conscience. Cette conscience ne change en rien la nature du *conatus* ou de l'appétit comme impulsion vitale. Le désir n'est donc pas une pure création de la conscience, qui lui vaudrait de se réduire alors à une sorte de manque d'être : cela contredirait la nature profonde du désir comme expression, au contraire, d'un débordement d'être, d'élan vital… Cependant, Spinoza souligne que si le désir se manifeste par le biais des effets de ce *conatus* organique, il devient tributaire, chez l'homme, des représentations que la conscience s'en donne. Si la conscience ne vient se greffer sur l'appétit qu'à partir d'une affection ressentie, l'interprétation qu'elle va en faire va ménager une pluralité de réponses possibles vis-à-vis desquelles elle dispose d'une latitude. À partir de diverses dispositions affectives, la conscience va exprimer des préférences et donc incliner l'appétit vers des objets privilégiés plutôt que d'autres. Avec la conscience émergent les motivations, les raisons que l'on se donne, et qui, sans altérer ce qui taraude notre constitution profonde, orientent de manière plus ou moins opportune le désir et marquent l'éclosion d'un horizon de monde peuplé désormais de figures identifiables. Certes, l'illusion qui guette la conscience illustre sa complaisance à poursuivre des mirages d'objets, au point d'en oublier l'essence intransitive du désir qui constitue notre nature organique. Ainsi, nous nous efforçons, désirons, voulons quelque chose parce que nous la jugeons bonne, alors qu'en réalité, nous considérons qu'une chose quelconque est bonne avant tout parce que nous sommes des êtres animés organiquement d'appétits[1]. Il nous faut donc reconnaître un rôle spécifique de la conscience qui se donne des justifications, des motifs, même si ceux-ci peuvent se révéler trompeurs. Mais le fait même d'errer, de se leurrer témoigne de la latitude dont dispose la conscience. La conscience se motive sans pour autant nécessairement s'assurer d'une connaissance adéquate de sa situation, à tel point que sa méconnaissance peut parfois mettre en danger la *causa sui* du *conatus* organique. Car la conscience peut se donner des raisons qui n'ont pourtant encore rien à voir avec la raison…

LE STATUT AMBIGU DES « OBJECTITÉS » MENTALES DE LA CONSCIENCE

Le rôle de l'affection qui témoigne de notre exposition à un milieu extrinsèque suscite ce tropisme de la conscience qui, en tant que réflexivité de la puissance de l'imagination primordiale, nous incite à nous tourner vers des objets idéels. La conscience incarnée entérine un nouveau degré dans le dépli de la vie mentale, mais encore pétri d'un imaginaire incontrôlé. La conscience est ce moment où la vie n'est plus censée simplement sourdre de nos veines ou s'expliquer par nos réflexes, mais relève d'un horizon de

---

1. *Cf.* Spinoza, *Éthique*, II, scolie de la prop. 9, *op. cit.*, p. 257. Spinoza prend ici le contre-pied d'Aristote (cf. *Métaphysique*, livre L, 1072a30).

monde où s'instaure désormais le clivage entre un sujet et un objet. Cette conscience ne nous ramène donc pas à un régime de simples réactions vis-à-vis de stimuli produits par les affections comme événements du *conatus* organique, mais prétend y répondre en mobilisant, en déployant un horizon d'objets investis de significations. Un tournant radical s'est produit : ce n'est plus seulement l'instinct ou l'impulsion qui se révèle la clé des comportements, mais l'univers des significations projectives qui inspire des conduites orientées. À partir de là, l'homme n'est plus simplement un être animé par ses instincts, mais apparaît suspendu à ses projections mentales[1]. Vis-à-vis des divers stimuli, il substitue aux simples réactions immédiates des réponses chargées de sens. Même si elle peut se faire encore l'écho des vicissitudes du *conatus* organique, la conscience n'y voit pas une cause mécaniquement déterminante et s'ouvre un nouveau champ : celui de l'intentionnalité où les raisons que l'on se donne d'agir priment sur le fait d'être simplement la caisse de résonance d'événements involontaires. La conscience se représente des objets désormais posés idéellement par elle et investit ces objectités comme des buts à connaître, voire à réaliser. Spinoza lui-même a bien pris acte de ce basculement où l'impact mécanique des choses fait place à cette figuration idéelle d'objets qui caractérise le champ de la conscience : « Selon que le corps est plus apte à recevoir l'image de tel ou tel objet, l'âme est plus apte à considérer tel ou tel objet (*prout corpus aptius est ut in eo hujus vel illius objecti imago excitetur ita mentem aptiorem esse ad hoc*

---

1. « À une telle causalité linéaire, qui se reflète dans la conscience comme le sentiment instinctuel le plus primitif, s'opposent les actions dont l'origine [...] réside dans l'idée de leur résultat », G. Simmel, *Philosophie de l'argent*, Paris, P.U.F., 1999, chap. 3, p. 235-236.

vel illud objectum contemplandum) »[1]. L'étymologie du verbe utilisé et son sens sont ici révélateurs : « considérer » veut dire regarder ce qui se trouve au loin comme peut l'être une étoile, envisager quelque chose sous un certain angle, apprécier, estimer… Pour comprendre la nature de ces objectités, on peut également faire référence ici à la notion scolastique, reprise par Descartes, d'une « réalité objective d'une idée », en tant qu'objet mental, qu'il ne faut surtout pas confondre avec la réalité proprement dite : la *realitas objectiva* ne garantit aucunement l'existence effective de la *realitas formalis*, mais relève d'une théorie du mode de présence intentionnelle des objets à l'esprit. Or, c'est cette confusion qu'entretient pourtant la conscience et qui constitue la source de ses idées inadéquates : la conscience à visée cognitive fait d'abord l'expérience de la méconnaissance. À son tour, Brentano a repris cette distinction cruciale : « Ce qui caractérise tout phénomène psychique, c'est ce que les Scolastiques du Moyen Âge ont appelé la présence intentionnelle (ou encore mentale) d'un objet et ce que nous pourrions appeler nous-mêmes […] rapport à un contenu, direction vers un objet (sans qu'il faille entendre par là une réalité) ou objectivité immanente »[2]. Sur la racine profonde du désir, la conscience y impose alors sa marque, par un mouvement de bascule, puisqu'elle porte un intérêt à des objets idéels qu'elle vise et qu'elle se représente. La puissance d'agir comme de pâtir qui est la clé de nos élans affectifs ne semble plus ici poussée de l'arrière même du *conatus* animant sourdement la vie organique, mais apparaît tendue vers des objets élaborés par la conscience imageante qui les projette en avant

---

1. Spinoza, *Éthique*, III, scolie de la prop. 2, *op. cit.*, p. 249.
2. Brentano, *Psychologie du point de vue empirique*, trad. fr. M. de Gandillac, Paris, Aubier, 1944, p. 102.

d'elle-même. La conscience à visée cognitive nous ouvre un peu plus à la vie phénoménale et les enjeux de la vie organique prennent un tour nouveau sous son éclairage.

En imposant le rapport à des objets qu'elle se figure, la conscience se pose alors comme condition nécessaire de la connaissance, mais certainement pas suffisante : l'expérience de la méconnaissance est la rançon de la latitude que la conscience revendique. Comme nous l'avons souligné, la conscience est encore l'héritière de l'imagination primordiale, mais sa prétention cognitive émerge de la déception éprouvée quand elle est confrontée aux abus de la fantaisie des projections imaginaires. Comme l'avait souligné Dilthey, la prise de conscience est consécutive à l'expérience d'une rude résistance qui elle-même suscite des formes d'interactions qui sont autant de compromis avec le réel, sans quoi la vie demeurerait purement abstraite : « Là où nous ne faisons jamais l'expérience de la résistance, là où nous ne l'avons jamais faite, il n'y a pour nous […] aucune réalité porteuse d'un noyau d'identité, aucune chose ni aucune substance »[1]. La conscience à visée cognitive émerge d'un arrangement transactionnel : d'une part, la conscience prend acte de certaines limites de l'imagination confrontée à la résistance d'une extériorité récalcitrante, mais d'autre part, la réalité de celle-ci n'est prise en compte que sous la forme d'objets-pour-la-conscience. Celle-ci résulte donc d'un équilibre en tension, toujours métastable, instauré dans un rapport avec des objets toujours devinés, sans pour autant que leur configuration précise soit encore garantie. L'homme est censé projeter ses affects à travers la lumière vaporeuse, la

1. W. Dilthey, « Leben und Erkennen », in *Gesammelte Schrifen*, t. XIX, Göttingen, Vandenhoeck & Ruprecht Verlage, 2006, p. 365.

nitescence de l'imagination primordiale : ce qu'il projette
et entrevoit peut donc n'être qu'illusoire, comme s'il
utilisait une torche qui éclaire à tâtons et croit voir, aux
confins de son rayon lumineux, des silhouettes qui ne sont
peut-être encore que des fantômes. La prise de conscience
surgit quand nous nous apercevons que nous brisons nos
lances non contre des chevaliers, mais contre les ailes de
moulins. La conscience vigile naît d'un désabusement,
même si celui-ci ne garantit pas encore une connaissance.
Elle marque le moment d'une crise consécutive à la
confrontation entre notre imagination primordiale et une
extériorité qui ne se plie pas à ses fantaisies : aujourd'hui
nous disons « demain nous triomphons » ; mais « le
lendemain tout est mensonge »[1]. Même échaudée, une
telle conscience ne garantit pas pour autant un accès direct
à la nature profonde de cette extériorité, puisque celle-ci
ne va encore être perçue qu'à travers des objets figurés
par un sujet. En passant de la préfiguration imaginaire
à la figuration consciente et même en passant ensuite de
cette figuration à la configuration d'objets déterminés par
l'entendement, cette extériorité gardera sa part d'énigme, sa
part de nuit qui nous fait face : que ce soit cette nuit terrible
qui se cache derrière les yeux insondables d'une personne
que l'on prétend pourtant bien connaître ou celle que recèle
l'envers de l'univers stellaire malgré la puissance toujours
démultipliée de nos télescopes. Si la conscience ne peut
cerner la raison d'être de l'extériorité à laquelle elle se
heurte, les idéalités d'objets qu'elle se donne en font une
pourvoyeuse de sens : à défaut de pouvoir pénétrer le fond
des choses – si tant est qu'il y en a –, la conscience vise ses
objets à travers des idéalités qui font sens. La conscience

1. *Cf.* V. Hugo, *Les Contemplations*, V 13, 5 août 1854.

n'accède à ses objets qu'à travers l'écran de significations qu'elle tend vers eux. Si toute conscience est intentionnelle, il s'agit donc toujours d'une intentionnalité qui fait sens en proportion même de sa visée d'objets effectifs. Parce qu'elle implique une certaine forme de réflexivité, on peut assimiler la conscience vigile au « bon sens », même si elle ne se fonde que sur des principes obscurs et qu'elle ne peut prétendre encore au statut de « sens commun »[1].

La conscience vigile est concomitante d'une expérience de réflexivité de l'imagination primordiale. Mais cette réflexivité reste intermittente, au point même que ce que l'on croit vivre comme le moment critique d'une prise de conscience peut lui-même n'être encore qu'un leurre. La conscience peut parfois prétendre avoir les yeux dessillés, alors même qu'elle s'aveugle encore. De plus, cette conscience a beau se dilater pour rencontrer des objets situés « hors-de-soi », ceux-ci restent nécessairement marqués du sceau de ses visées. À elle seule, la conscience n'est donc pas du tout encore la garantie de l'objectivité de ses objets, mais seulement de leur objectité, c'est-à-dire d'objets qui ne valent encore que comme ils apparaissent à une conscience et qui ne sont donc encore que des visées. Husserl[2] conçoit les « objectités » de la conscience comme les « unités objectives du vis-à-vis de la conscience » considérées comme les corrélats noématiques des vécus : cette objectité comme pôle du tropisme objectivant de la conscience n'est pas une chose, une *res* au sens strict, ni même un objet doté d'une objectivité garantie, puisqu'il reste défini comme un contenu manifesté à la conscience,

---

1. Cf. *CFJ*, p. 1001-1003.
2. Husserl, *Idées directrices pour une phénoménologie* I, § 86, *op. cit.*, p. 294-298.

un corrélat de la conscience qui ne peut être confondu avec la chose comme *hylè*, c'est-à-dire à la matière de l'arc intentionnel, abstraction faite de la visée qui est censée lui conférer du sens. Comme le dit Husserl, l'arbre qui est présent comme un objet pour ma conscience ne peut pas brûler, à la différence de l'arbre comme chose dans la nature : il ne peut pas brûler (même s'il peut être vu comme s'il brûlait), mais cette objectité est chargée de sens pour la conscience qui la fait apparaître ainsi comme existant dans un contexte, dans un rayon de monde, par exemple entre ciel et terre dans un jardin (et jamais simplement comme une entité réduite à son idiotie muette). Comme le souligne Husserl, le nom de noème rappelle le *Noûç*[1] : il correspond au fait « d'avoir quelque chose en tête ». Le pôle noématique de la conscience ne peut être confondu avec les choses qui sont dites réelles, parce qu'il est ce dont on a conscience dans les vécus de conscience et qu'il est donc toujours habillé du sens que le procès intentionnel lui donne sur le mode d'un « voir comme » : si loin, si proche, il demeure dans un « là-bas » propre à la conscience qui se le figure, à charge ensuite à l'entendement d'en construire une configuration rationnelle à l'aide de ses catégories et d'en produire, s'il le faut, une connaissance scientifique qui permettra, par exemple, de déterminer de quelle espèce d'arbre il s'agit et ses propriétés. Mais dans l'existence vécue, la conscience court encore le risque de se payer de la fausse monnaie de ses rêves : la vie phénoménale est, par définition, vectrice d'illusions, puisque le jeu des apparences fait partie du tribut à payer pour l'apparition d'horizons de monde. La conscience peut toujours se

---

1. Husserl, *Idées directrices pour une phénoménologie* I, § 87-89, *op. cit.*, p. 300-309.

figurer quelque chose qui se révélera purement imaginaire. C'est néanmoins cette conscience qui, dans l'existence vécue, va prétendre soumettre à sa propre estimation tout ce qui peut lui être utile ou inutile. Même si elle s'expose au risque de lourdement se tromper, il n'empêche que ses illusions peuvent produire alors des effets de réalité et même avoir du sens : l'espoir de modifier une situation trop contraignante, fût-ce par vanité. Une illusion n'est pas une simple erreur : une illusion exprime toujours un désir tenace, au point d'en arriver à perturber la lucidité de la conscience. La conscience est comme le timonier qui tient la barre d'une embarcation sans en maîtriser la source de motricité, ni le tonnage, et même sans avoir une connaissance rationnelle du cours de la navigation : la conscience nous fait aborder aux rivages de l'exigence de sens pour motiver nos conduites, mais demeure à la merci de la force d'inertie de l'appétit qui témoigne de notre incarnation et l'entraîne à se montrer présomptueuse.

Comme le *conatus* organique est inconscient dans son principe, il manque souvent de cohérence puisque, pour persévérer dans son être, ses influx sont discontinus, imprévisibles et ses réactions sont marquées du sceau de l'immédiateté aveugle. Tout en faisant écho aux sourdes péripéties du *conatus* organique, l'imagination primordiale s'en émancipe : elle entrouvre un horizon de monde et la conscience va y viser des objets – fussent-ils illusoires. Ainsi accède-t-on à une économie de la conscience censée gérer l'aménagement de ses cibles mentales. Quand l'imagination est sursumée par la conscience à vocation cognitive, des objets sont visés intentionnellement pour faire office de membrure d'un monde censé alors gagner son objectivité : sous l'égide de l'entendement rationnel, ce qui ne se découvre d'abord que comme un horizon d'être-au-monde pourra prendre la forme distincte d'un territoire, d'un domaine, voire d'un domicile pour l'homme… Cependant, à elle seule, la conscience qui se plaît à effectuer des visées d'objets n'est pas en mesure de garantir une connaissance adéquate de son environnement. Si la conscience a toujours maille à partir avec l'imagination, c'est qu'elle est toujours une conscience incarnée et que cette condition perturbe sa prétention cognitive.

LA TENSION ENTRE CONSCIENCE IMAGEANTE ET CONSCIENCE VIGILE

En se découvrant sujet en rapport avec des objets qu'elle vise, la conscience marque un tournant, comme un retournement. La plupart du temps l'imagination semble ne faire encore qu'exprimer nos vœux, nos souhaits, mais de déceptions en déceptions, elle est contrainte de rectifier ses projections fantaisistes : en un mot, d'en prendre conscience à son corps défendant. Mais une telle conscience ne donne pas pour autant congé à l'imagination primordiale et peut être tentée de rester une conscience imageante ou rêveuse. Le temps de l'enfance et de l'adolescence, par exemple, est caractéristique de cette imagination impétueuse que nourrit l'éclosion des forces vitales, mais en même temps la conscience est capable peu à peu non seulement de la canaliser, mais aussi d'infléchir son flux d'images pour qu'elles cèdent la place aux idéalités. Certes, on peut exiger d'y renoncer totalement par le biais d'un travail de deuil vis-à-vis du monde onirique, comme lorsqu'on s'empresse de faire passer la tendance aux rêveries chez les enfants, en les mettant en garde contre ce manque de « sens du réel » considéré comme une source d'errance. Le triomphe de la rationalité opérationnelle ou instrumentale qui consiste à chercher pragmatiquement les meilleurs moyens pour accomplir des buts suppose de se rendre imperméable aux égarements de l'imagination. Pour certains, l'enfance a été considérée comme la condition la plus déplorable de l'homme[1] parce qu'elle est dominée par l'imagination et les états affectifs qui feraient obstacle aux idées claires et distinctes sur la réalité. Parce que l'imagination est particulièrement liée au corps propre, elle favoriserait l'irruption d'ingrédients non cognitifs dans notre façon d'appréhender notre environnement et serait donc source d'obstacles épistémologiques. Mais c'est oublier que l'imagination inaugure le jeu des possibles et que discréditer sa puissance revient à sacrifier la racine même de la liberté et la source commune des facultés cognitives humaines. Au cours de l'enfance, la prise de conscience peut aussi permettre de sublimer cette puissance imaginative en faisant l'expérience d'objets transitionnels où l'investissement onirique sur des objets extérieurs permet néanmoins de faire partager ses rêves et même d'une certaine façon de les accomplir, grâce à des compromis susceptibles en contrepartie de donner du corps à ces rêves. À l'adolescence, parce qu'elles sont encore imprégnées par le jeu de l'imaginaire, les idéalités d'objets que la prise de conscience se donne se transforment volontiers en poursuite d'idéaux utopiques[2]. Plus ou moins chez l'adulte demeure cette propension à ne pas renoncer à son monde onirique : il peut toujours espérer que la réalité s'accorde avec les projections les plus créatives de la conscience imageante et ainsi se dérober à la quotidienneté, quand celle-ci se fait trop

---

1. *Cf.* Descartes, « Lettre à Hyperaspistes », dans *Œuvres et Lettres, op. cit.*, p. 1130.
2. Même si les généreuses utopies peuvent se transformer en dystopies tragiques, au contact de la réalité.

pesante. Même lors de la vie nocturne, le rêve est moins
à interpréter comme l'expression d'obscures pulsions
inconscientes que comme la traduction du jeu omniprésent
de l'imagination primordiale cherchant à lester nos pulsions
physiologiques de bribes de significations, pour bercer
notre sommeil en le peuplant de songes se présentant
comme des alternatives à notre existence vécue, ou au
contraire, pour nous faire vivre le cauchemar, quand le jeu
des possibles entrevu vient subvertir les compromis que
nous avions établis jusqu'ici avec la réalité. Par le fait qu'il
demeure hanté par l'énergie de l'imagination primordiale,
le sommeil ne peut donc en aucun cas être assimilé à la
mort et témoigne encore de la profusion des possibles
que notre existence peut vivre comme tels, aux limbes du
pré-subjectif et du pré-objectal. De nombreux animaux
témoignent également de l'existence d'une conscience
imageante émergeante qui vient investir leur sommeil
de signaux exprimant à travers des fragments d'images
l'état des relations de leur corps propre avec leur milieu
environnant. Aussi, ces limbes ne peuvent être assimilés
simplement au règne d'un inconscient totalement étranger
à la conscience et qui constituerait une chambre secrète de
notre personnalité, mais renvoient plutôt à la tension entre
anima et *animus*, entre la part débridée et la part maîtrisée
de notre âme révélant une bipolarité du régime mental de
notre existence[1]. Plutôt que de voir dans les rêves l'empire

---

1. Le clivage entre *animus* et *anima* a été pointé par Jung (cf. *La
Dialectique du Moi et de l'inconscient*, trad. fr. A. Adamov, Paris, Folio-
Gallimard, 1986) et par Bachelard (cf. *La Poétique de la rêverie*, Paris,
P.U.F., 1971, p. 48-83), mais se trouvait déjà chez Lucrèce, dans son
De Rerum natura.

de pulsions sordides[1] à l'interface entre le physiologique
et le psychologique, il est possible d'y chercher plutôt
l'effort quasi-intentionnel de la conscience imageante pour
pénétrer – par « inception » – notre vie physiologique, pour
l'arracher à la roue des instincts et surmonter son opacité
en la peuplant de fragments de significations possibles.
Certes, la conscience imageante n'a pas la possibilité de
recoller objectivement ces morceaux, mais elle nous fait
basculer de la nature biologique aveugle à l'aperture d'un
monde qui nous est propre, même s'il demeure par là même
incommunicable... Héraclite affirmait que « Pour les
éveillés il y a un monde un et commun ; mais parmi ceux
qui dorment, chacun s'en détourne vers le sien propre »[2] :
ce monde propre – cet ιδιος κοσμος – transcende déjà la
vie strictement organique[3] et nous en émancipe, même
si cela reste sur le mode du « comme si ». La conscience
imageante fend les cycles obscurs de notre vie organique
et théâtralise ses influx comme autant de péripéties qui
accèdent aux rivages du sens, même si ceux-ci restent dans
les limites encore de notre *Eigenwelt* : là où le monde est
encore rêve et le rêve déjà semblant de monde, semblant
de connaissance, semblant d'action. D'où cependant le
pouvoir de pressentiment que l'on a pu accorder au rêve[4] :
il trahit la possibilité d'un sens, d'une tournure surprenante

1. *Cf.* Platon, *République* IX, 571c-572b, Paris, Les Belles Lettres, 1967, p. 48.

2. Héraclite, « Fragment 8 », dans J.-P. Dumont (éd.), *Les Écoles présocratiques*, Paris, Folio-Gallimard, 1991, p. 86.

3. *Cf.* M. Foucault (à propos de L. Binswanger) : « Le rêve dévoile à son principe, cette ambiguïté du monde qui tout ensemble désigne l'existence qui se projette en lui et se profile à son expérience selon la forme de l'objectivité », *Dits et écrits* I, Paris, Gallimard, 1994, p. 90.

4. *Cf.* Lettre de Spinoza à Balling du 20-07-1664, trad. fr. C. Appuhn, dans *Œuvres* IV, Paris, Garnier-Flammarion, 1966, p. 175-177.

que peut prendre l'existence quand notre sensibilité nous la fait imaginer sur la base d'indices troublants, mais que nos facultés vigiles écartent quand elles sont trop sûres de leur expérience acquise. Les rêves ne se résument donc pas à un problème psychanalytique, mais révèlent un enjeu bien plus profond : celui des images à fonction iconique dans le rôle qu'elles jouent pour suspecter des idéalités d'objets réels auxquels notre existence peut être confrontée. Quant à la conscience vigile, elle sélectionne avec parcimonie parmi ces possibles ceux susceptibles de prendre corps pour un usage pragmatique : « L'homme vigile jaillit du rêveur au moment où il décide, non seulement de vouloir connaître ce qui lui arrive, mais aussi d'intervenir « lui-même » dans la marche de l'événement, d'introduire dans la vie qui s'élève et tombe, la continuité et la conséquence »[1]. Mais la conscience ne peut s'affranchir totalement de l'imagination qui constitue cet art caché dans notre âme et qui hante notre existence : elle peut juste prétendre la dompter en la soumettant aux fourches caudines des catégories de l'entendement vouées à garantir l'objectivité du monde humain.

Si l'émergence de la conscience implique la distinction d'un sujet et d'un objet, elle n'en a pour autant jamais fini avec les chausse-trapes de l'imagination. Le pouvoir de la conscience est encore celui de se figurer ce que nous sommes, ce qui nous environne et nous impacte, sans gage d'objectivité véritable, et l'expérience du rêve est là pour nous le rappeler : l'existence elle-même s'enracine d'abord dans le rêve, dans la mesure où celui-ci dévoile que l'imaginaire est la condition première de la *Lebenswelt*, que chacun s'y voit d'abord comme la source du sens de

---

1. L. Binswanger, *Le Rêve et l'existence*, trad. fr. J. Verdeaux, Paris, Desclée de Brouwer, 1954, p. 192.

son monde propre. Le rêve apparaît comme une forme – même illusoire – de notre présence au monde et révèle, comme le souligne M. Foucault, en s'inspirant des travaux de L. Binswanger, que « l'imaginaire n'est pas un mode de l'irréalité, mais bien un mode de l'actualité, une manière de prendre en diagonale la présence pour en faire surgir les dimensions primitives »[1]. Il n'y a pas de différence de nature entre le régime diurne et le régime nocturne de notre existence, mais seulement une différence de degré : non au sens où la vie ne serait qu'un songe, mais plutôt – comme nous l'avons souligné – parce que notre sommeil est encore habité par l'imagination qui fait surgir, comme des éclairs dans nos nuits, aussi bien nos rêves que nos cauchemars, en laissant entrevoir de manière paroxystique soit ce qui nous plaît, soit ce qui nous répugne, jusqu'à défier les compromis que la conscience vigile a passés avec l'extériorité coriace. En se dérobant au contrôle de la conscience vigile, dans nos rêves nocturnes, l'imagination primordiale reprend le dessus et révèle une capacité de transcender les habitudes acquises dans sa façon de s'arracher aux mécanismes naturels pour inventer des *scenarii* surprenants, des mises en intrigue étonnantes. Cet état n'est pas radicalement différent du vagabondage mental auquel nous nous livrons souvent pendant le régime diurne de notre existence, où des inspirations se mêlent à nos aspirations. La rêverie est également un moment où l'imagination se libère de la tutelle de la conscience vigile et revient au proto-ontique, à l'anté-prédicatif, au pré-catégoriel, comme une involution, mais créatrice, de sorte que le rapport entre sujet et objet est aboli pour nous faire entrer en symbiose[2] avec le milieu

1. M. Foucault, *Dits et écrits* I, *op. cit.*, p. 114.
2. *Cf.* J.-J Rousseau, « Rêveries d'un promeneur solitaire », dans *Œuvres complètes* t. I, « Bibliothèque de la Pléiade », Paris, Gallimard, 1959.

environnant, comme si une âme de monde se mettait au diapason de notre *Gemüt* intime.

UNE CONSCIENCE ENCORE À LA MERCI
DU PRINCIPE DU PLAISIR

Avec la conscience, le vouloir-vivre organique se retrouve modifié, puisqu'il est désormais associé à des représentations d'objets que la conscience tend en avant d'elle-même et qui semblent désormais conditionner son existence telle qu'elle est vécue. Parce que le *conatus* organique ne peut vivre en autarcie et ne peut s'épanouir que par le biais de métabolismes avec le milieu extérieur – voire intérieur –, la conscience vient jouer sur la mise en scène de leurs tenants et aboutissants : désormais un hiatus s'immisce entre vie organique et existence vécue. Quand la vie obscure du *conatus* organique cède la place aux rayons de lumière de l'imagination primordiale, la conscience fait apparaître alors les figures idéelles que va privilégier son désir. Avec la conscience comme réflexion des projections de l'imagination primordiale, l'intentionnalité téléologique vient prendre le pas sur la détermination strictement causale, fût-elle intransitive. Dès lors, le caractère intrinsèque du *conatus* qui anime la vie naturelle et assure sa reproduction obstinée fait place à un rapport extrinsèque de production d'un horizon de monde polarisé par le biais des objectités que la conscience se représente : comme la rose de Silesius, la vie organique est sans pourquoi, mais en revanche l'existence vécue est peuplée d'objets idéels significatifs pour elle et en grande partie forgés par la propension de la conscience à se projeter téléologiquement en avant d'elle-même. Mais, sans le secours de l'entendement, seule la puissance d'imagination préside encore ici à l'élection des objets idéels que met en scène la conscience. Avec l'expérience de la conscience incarnée, l'enjeu est d'imaginer ce qui pourrait permettre de favoriser le déploiement du *conatus* organique ou pourrait lui nuire : il ne s'agit donc pas encore de favoriser le *conatus* spécifiquement propre à la vie mentale qui, en pleine possession de ses moyens déductifs, serait idéalement censé lui-même se déployer comme un « automate spirituel ». Mais en même temps, ce moment transitoire témoigne que l'univers mental peut disposer déjà de sa propre puissance d'agir et de produire : la conscience n'est pas un simple reflet, puisqu'elle est une modalisation de l'imagination primordiale comme puissance d'apprésentation et de sélection de mondes possibles. Aussi, les représentations que la conscience forge ne sont jamais de simples images, de simples peintures muettes sur un tableau[1], mais relèvent de la force de croyances, de jugements de valeur, d'une attitude prise vis-à-vis du monde qui nous environne. La conscience va se plaire à imaginer ce qui pourrait augmenter la puissance d'agir du corps organique et, en même temps, va faire l'expérience de sa propre puissance d'agir, en tant que puissance de figuration. Comme le souligne Spinoza, « L'esprit s'efforce d'imaginer cela seulement qui pose sa propre puissance d'agir (*Mens ea tantum imaginari conatur quae ipsius agendi potentiam ponunt*) »[2]. Ainsi, ce qui sert à nous orienter préférentiellement à travers le biais de la conscience n'est encore que l'impétuosité de l'imagination qui nous fait valoriser ce qui serait susceptible de nous épanouir davantage et dévaloriser ce qui semble pouvoir nous nuire. Certes, ce que nous

---

1. *Cf.* Spinoza, *Éthique*, scolie de la prop. 49 du livre II, *op. cit.*, p. 233.

2. Spinoza, *Éthique*, III, prop. 54, *op. cit.*, p. 187.

aimons alors ou ce qui nous répugne n'est pas l'idéalité objective de la chose elle-même, mais la représentation que la conscience s'en fait, encore investie d'imaginaire. Au diapason de la force de dépassement de la nature que l'imagination primordiale recèle, l'intentionnalité de la conscience consiste à viser non les choses telles qu'elles sont, mais telles qu'elle souhaiterait qu'elles soient : ses objets projetés ne sont pas neutres, mais toujours investis préférentiellement, c'est-à-dire de manière intéressée en fonction d'un surinvestissement affectif. Les figures que la conscience imageante élabore sont autant d'objets cristallisant encore des sentiments. On comprend mieux dès lors que la conscience puisse avoir des lubies, puisque l'esprit ne s'efforce ici que de discriminer ce qui pourrait lui plaire ou lui déplaire. Ainsi, dans ce degré de la vie phénoménale, la conscience est encore partie prenante des illusions-illuminations de l'imagination, qui forment la trame de notre *Lebenswelt*, jusqu'aux arcanes de notre sommeil.

LE SENTIMENT DE L'ABSURDE ÉMERGE
DES REVERS DU SENS

L'exigence de sens a maille à partir avec l'insensé, avec l'absurde : elle ne se relance qu'en s'arrachant peu à peu à celui-ci, après en avoir fait l'amère expérience. Cependant, l'absurde ne peut être pensé indépendamment du sens : l'un est l'autre sont l'avers et le revers de la même médaille. C'est dire qu'il n'y a pas d'absurde en soi : tout comme le sens, le sentiment de l'absurde ne peut exister que pour l'homme et n'émerge que lorsque sa mise sur le sens est en déroute. Ce n'est même qu'en prenant conscience de l'absurde, de l'insensé que s'impose la recherche d'un fondement plus objectif du sens, en s'extirpant de nos penchants aux vésanies qui nous font « prendre des vessies pour des lanternes ». L'expérience de l'insensé apparaît donc un passage obligé : elle hante les lisières du sens. Il serait stupide d'affirmer que le monde est en lui-même absurde : le monde n'est qu'un objet de pensée strictement humain et il ne peut sembler éventuellement absurde que pour l'homme. L'expérience de l'absurde apparaît particulièrement angoissante, parce qu'elle nous confronte au tragique, à la dérobade de ce qui nous semblait jusqu'ici fondé. Nous avons insisté sur l'intentionnalité qui régit notre vie psychique en soulignant que notre imagination primordiale prétend déjà préfigurer des mondes. Nous projetons des esquisses d'objets, mais le plus souvent ces objets ne sont que de pseudo-objets, dans la mesure où le surinvestissement affectif en eux leur ôte toute objectivité. Nous retrouvons là le régime hallucinatoire de la connaissance dont parlait Spinoza et celui-ci précipite l'expérience de l'absurde en raison des dissonances qu'il nous fait éprouver. D'autres affirment alors que notre imagination est « maîtresse d'erreur et de fausseté »[1]. À l'aune de la connaissance qui se veut strictement rationnelle, l'image surchargée d'affects peut être considérée comme un obstacle épistémologique, mais elle taraude néanmoins toute notre existence vécue. Comme le *Gemüt* qui nous anime dans notre vie psychique prend source au pli de l'âme et du corps et porte la marque de l'affectivité, nos idées demeurent le plus souvent mutilées et confuses et ne sont encore que des « représentations ». L'affectivité renvoie à cette disposition que nous avons d'être affectés : elle ne comprend pas seulement la sensibilité au sens général, mais cette capacité que nous avons à éprouver des émotions,

---

1. Pascal, *Pensées*, Fr. 44, éd. Lafuma, *Œuvres complètes*, Paris, Seuil, 1963, p. 504.

des sentiments, des passions. Elle est cette disposition que nous avons à réagir aux événements extérieurs ou organiquement intérieurs, en nous faisant projeter des représentations suscitant le plaisir ou la peine. L'affectivité nous rappelle à notre existence pathique. Aussi le *Gemüt* inaugure un jeu dont nous pouvons être paradoxalement le jouet : telle est l'expérience de l'illusion (*il-ludere*). L'imagination nous fait projeter des esquisses de monde et la conscience nous fait viser des objectités idéelles, mais en même temps le désir qui anime à la fois cette imagination et cette poussée intentionnelle de la conscience incarnée brouillent la nature de ces objectités. Aussi la perception peut davantage révéler l'état de notre être intime que la nature des objets extérieurs. On ne peut se départir d'avoir l'impression que le soleil est beaucoup plus proche de nous qu'il ne l'est en réalité, qu'il se couche le soir à l'horizon, ni même que la terre apparaît immobile, voire qu'elle semble plate à l'expérience première. On ne peut se départir de ce penchant à prendre nos désirs pour la réalité. Cette propension relève de ce que les Anglo-Saxons appellent le « *wishful thinking* », c'est-à-dire une « pensée grosse de vœux », un mode de penser surinvesti par les sentiments, les souhaits. L'intentionnalité de la conscience qui s'émancipe du corps organique se fait au prix d'une part d'errance, de tâtonnements. Ainsi, le *wishful thinking* pointe cette fâcheuse tendance à configurer nos croyances sur le patron de nos désirs, et donc à voir ce que l'on croit plutôt que de croire ce que l'on voit. Il conduit alors à un déni de la réalité, à se satisfaire des objectités forgées de toutes pièces, à faire souvent comme si de rien n'était. La plupart du temps il résulte d'une forme de narcissisme débridé où domine le *Lebensgefühl*. Si nous songeons à quelqu'un, nous ne saisissons pas cette personne dans sa réalité objective, mais nous la considérons le plus souvent en fonction des affects que nous ressentons à son égard. La représentation d'autrui n'est souvent suspendue qu'aux impressions qu'il a laissé dans notre vécu, si bien qu'un même homme peut être perçu de façon très différente par plusieurs individus, comme fut le sort de Palamède de Guermantes, le baron de Charlus, chez Proust. Notre existence pathique n'échappe pas à la fluctuation des affects. D'où également ce mécanisme de « cristallisation » dans la passion amoureuse : Swann ne tombe-t-il pas amoureux d'Odette de Crécy par ce qu'elle lui paraît ressembler à Zéphora, personnage d'un tableau de Botticelli ? Il ne s'agit pas ici d'erreurs, mais bien d'illusions qui ne peuvent se dissiper par la simple présence du vrai en tant que vrai, pour la bonne raison qu'elles s'enracinent au plus profond de nos désirs[1]. C'est pourquoi il peut y avoir parfois tant de proximité entre un rêve de vie et une vie rêvée, même si la rencontre avec la réalité peut conduire au pire des cauchemars, quand on a trop longtemps pris ses désirs pour la réalité. Lorsqu'aveuglé par un désir de surpuissance, Macbeth tue le roi d'Écosse pour usurper sa place et enchaîne meurtres sur meurtres, on peut y voir une volonté nihiliste de se débarrasser de tout obstacle réel pour assouvir ses fantasmes de pléonexie. Mais sa vie déconnectée du réel ne peut empêcher que ses affects lui rappellent ce qu'il a commis et qu'il peut être rattrapé par la réalité de ses crimes. Ainsi, Macbeth est hanté par le spectre de Banquo, ce général qu'il avait assassiné. Or, son épouse lui livre alors la clé de cette hallucination qui n'est autre que le « retour du refoulé », en l'occurrence l'horreur de ses crimes : « Votre invention ! Le tableau

---

1. « Rien de ce qu'une idée fausse a de positif n'est ôté par la présence du vrai en tant que vrai », Spinoza, *Éthique*, IV, prop. 1, *op. cit.*, p. 349.

peint de votre peur »[1]. Au lieu d'en prendre conscience, Macbeth s'enferme plutôt dans son extravagance et l'exacerbation de son existence pathique l'entraîne jusqu'à la vésanie. Lui qui n'a fait confiance qu'aux prophéties des sorcières lui prédisant que « Jamais Macbeth ne sera vaincu tant que la grande forêt de Birnam ne s'avance sur Dunsiname » croit voir cette superstition se réaliser. Son imagination délirante l'enferre dans sa croyance aux prodiges. Aussi, lorsque l'assaut est donné par l'armée des nobles contre ce roi usurpateur du trône d'Écosse et que chacun des soldats avance en ayant pris, par stratagème, une branche de la forêt de Birnam pour se camoufler, Macbeth n'arrive plus à déchiffrer rationnellement ce qui arrive : le fait que l'on soit toujours rattrapé tôt ou tard par le réel. Alors, confronté à une réalité qu'il ne peut maîtriser, lui qui rêvait de toute puissance n'y voit encore qu'un mauvais rêve : c'est pourquoi le sentiment de l'absurde l'étreint et la vie humaine ne lui apparaît que comme « une ombre en marche (*a walking shadow*), un pauvre acteur qui s'agite pendant une heure sur la scène, et alors on ne l'entend plus. C'est un récit conté par un idiot, plein de son et furie, ne signifiant rien »[2]. Plutôt que de reconnaître ses propres fautes, Macbeth projette encore son propre désarroi sur des événements pourtant prévisibles : il vit jusqu'au bout en décalage, dans une temporalité subjective complètement désajustée vis-à-vis du réel. Les synthèses arbitraires nouées par l'imagination – quand celle-ci, animée par un désir aveugle, s'émancipe de toute tutelle de l'entendement – peuvent conduire, au sein même de la vie diurne, à l'expérience cauchemardesque de l'insensé.

---

1. W. Shakespeare, *Macbeth*, acte III, scène 4, trad. fr. P.-J. Jouve, Paris, GF-Flammarion, 2010, p. 93.
2. W. Shakespeare, *Macbeth*, acte V, scène 5, *op. cit.*, p. 136.

LES CONFIGURATIONS RATIONNELLES
DE L'ENTENDEMENT NE DISSIPENT PAS LA PROPENSION
À VIVRE DANS L'ILLUSION

Paul Valéry remarquait que « dans le rêve la pensée ne se distingue pas du vivre et ne retarde pas sur lui : elle adhère au vivre ; elle adhère entièrement à la simplicité du vivre »[1] : ainsi la pensée ne peut s'émanciper comme telle pour se tourner objectivement vers le réel qu'en prenant ses distances vis-à-vis de cette « simplicité du vivre ». L'existence vécue ne manifeste qu'une différence de degré et non de nature d'avec le rêve, dans la mesure où nous sommes souvent sous la coupe de nos affects. Or, le passage du vécu au connu nécessite donc pour la conscience une sorte de suspension vis-à-vis du vivre, comme un coup d'arrêt qui nous fait retarder sur lui, mais qui permet de se distancier de cette source inépuisable d'hallucinations que recèle notre existence incarnée. Si la vie peut paraître n'être que songerie, encore faut-il s'être extirpé de cette songerie pour pouvoir prétendre s'en rendre compte et l'affirmer haut et fort[2]. Le recours à l'entendement rationnel est ainsi un recours nécessaire pour se donner des gages d'objectivité : il va permettre de soumettre le concret sensible à ses catégories à prétention universelle et formuler ces nouvelles synthèses que constituent, au niveau du langage, le jugement, le discours prédicatif sur le modèle de la proposition « *S est P* ». Aux synthèses de l'imagination toujours susceptibles

1. P. Valéry, « Variété », dans *Œuvres*, t. I, « Biblothèque de la Pléiade », Paris, Gallimard, 1957, p. 931.
2. H. Putnam a donné une version contemporaine des impasses du relativisme radical, cf. *Raison, Vérité et Histoire*, trad. fr. A. Gershenfeld, Paris, Minuit, 1984, chap. 1, p. 11-27.

de verser dans l'arbitraire, se substituent des synthèses réfléchies comme liaisons entre un sujet et un prédicat, censées respecter l'ordre du monde. L'homme ne peut se contenter d'imaginer un monde et il ne peut le connaître effectivement qu'en y distinguant des objets porteurs d'attributs et donc de signification. Dans le langage propositionnel, la copule « être » ne fait qu'exprimer cette synthèse rationnelle entre une entité identifiée et ses propriétés. L'enjeu de l'entendement est bien de découper, dans l'indétermination première du matériau sensible qui constitue l'irréductible extériorité à laquelle nous sommes confrontés, des objets qui signifient pour nous et donnent corps objectivement à notre être-au-monde. Avec l'entendement, nous franchissons un degré de plus dans le processus de signification, puisqu'après être passés de la préfiguration par l'imagination primordiale à la figuration d'objectités par la conscience, nous accédons à la configuration effective d'objets, c'est-à-dire à leur définition dans le langage, à leur caractérisation comme objets à part entière. Les concepts de l'entendement s'appliquent comme des emporte-pièces, en traçant des limites entre les entités constitutives d'un monde, en les découpant sur un fond d'abord indéterminé. Par exemple, dans le ciel, une collection d'étoiles va être configurée comme constituant la constellation de la Grande Ourse et désignée ainsi : pour être déterminées et signifiées comme telles, les constellations sont tributaires du travail de description de l'entendement, aidé du pouvoir de l'imagination[1]. De

1. « Nous faisons les constellations en distinguant et en rassemblant certaines étoiles plutôt que d'autres [...] Rien ne prescrit que les cieux doivent être découpés en constellations ou en d'autres objets. C'est à nous de faire ce que nous trouvons, qu'il s'agisse de la Grande Ourse, de

même, nous déterminons des objets délimités comme une table ou une chaise, tout comme nous le faisons aussi pour un atome, une molécule ou une étoile.

Le processus de signification qu'assure l'entendement consiste donc à déterminer ce qu'est un objet empirique par ses propriétés. Ce processus de désignation n'est pas passif, puisque l'entendement comme pourvoyeur de concepts fait entrer son objet dans des classes de propriétés universelles qui pourraient être implémentées sur d'autres entités du même type. Le processus de signification par lequel nous pouvons parler objectivement d'objets du monde vaut comme processus d'ex-*pli*-cation, c'est-à-dire de dépli d'un sens garanti objectivement grâce au pouvoir de structuration de l'entendement rationnel : travail à la fois de synthèse et d'analyse, de découpe, bref de rassemblement et de diérèse. La fonction pragmatique des catégories qui consiste à signifier par la médiation d'une imagination schématique désormais maîtrisée revient donc à délimiter des étants et à réduire l'indétermination foncière dans laquelle ils apparaissent au premier abord. Signifier est toujours autre chose que se représenter, puisque cet acte implique un travail constructif de détermination explicative qui permet de dire ce qui est effectivement et de tenir un discours qui « suppose pour » un objet référentiel, lui-même censé faire partie de réseaux de significations propres à d'autres objets référentiels se renvoyant les uns aux autres. Le gain en valeur cognitive doit nous permettre alors de nous orienter objectivement dans le monde. Cependant, nous sommes toujours confrontés à une discrépance qui

Sirius, de nourriture, de carburant ou d'une chaîne stéréo », N. Goodman, « Notes on the Well-Made World », in *Starmaking*, ed. P. McCornick, Cambridge, The Mit Press, 1996, p. 156.

fait écho au grand écart nécessaire à la conscience pour se départir d'elle-même : celle entre, d'une part, le sens d'un prédicat que l'on mobilise pour signifier objectivement et l'entité concrète sur laquelle est voué à s'appliquer un tel prédicat qui, dans sa présence compacte, résiste à toute catégorisation abstraite. Dès lors, les affections que suscite une telle entité sur notre complexion sensible n'en finissent pas de produire des effets imaginaires inadéquats, dans notre existence vécue. Comme le remarque Spinoza : « Lorsque nous regardons le soleil, nous imaginons qu'il est distant de nous de deux cents pieds environ ; et l'erreur ici consiste non pas dans cette seule imagination, mais dans le fait que – tandis que nous l'imaginons ainsi – nous ignorons sa distance véritable et la cause de notre imagination. Car même si plus tard nous connaissons qu'il est distant de nous de plus de six cents fois le diamètre de la terre, nous imaginerons néanmoins qu'il est proche de nous ; en effet, si nous imaginons le soleil aussi proche, ce n'est pas parce que nous ignorons sa distance véritable, c'est parce qu'une affection de notre corps implique l'essence du soleil »[1]. Ainsi, l'acquisition d'une connaissance objective ne met pas fin à une appréhension biaisée de notre être-au-monde, dans la mesure où nous l'habitons en chair et en os. Nous avons beau savoir par une connaissance théorique abstraite que la distance réelle de la terre au soleil n'est pas celle que nous suggère immédiatement la représentation spontanée de cette distance quand nous le regardons dans le ciel, cette illusion ne se dissipe pas pour autant aussitôt cette connaissance acquise. Si la connaissance scientifique de la distance de la terre au soleil peut avoir, à la suite de calculs théoriques sophistiqués, une prétention universelle, il n'en

---

1. Spinoza, *Éthique*, II, scolie de la prop. 35, *op. cit.*, p. 211.

est pas de même des conditions toutes particulières dans lesquelles chacun perçoit le soleil, dans la *Lebenswelt* : ce qui peut sembler erroné pour la connaissance scientifique ne peut être considéré comme tel du point de vue de notre existence incarnée. Comme le soulignera à son tour Descartes : « Je trouve en moi deux idées différentes du soleil : l'une tirée des sens…, l'autre prise des raisons de l'astronomie… »[1]. Nous vivons avec Ptolémée, même si nous pensons avec Copernic et Tycho Brahé : même si nous connaissons les propriétés de la course de la terre comme objet céleste censé graviter autour du soleil, nous vivons néanmoins sur la « terre-sol »[2]. Il y a donc une forme de nécessité à vivre imaginairement, à se faire des illusions, liée aux circonstances de notre complexion vitale. Même en sachant que le soleil ne tourne objectivement pas autour de la terre et que celle-ci tourne plutôt sur elle-même en vingt-quatre heures, nous ne pouvons nous empêcher d'apprécier un coucher du soleil ou son lever. Cependant, il serait totalement absurde de prétendre que notre opinion qui s'exprime à partir de conditions particulières puisse être érigée en vérité universelle et de mépriser l'apport de la connaissance scientifique pour établir objectivement la distance entre terre et soleil. Le rejet de la connaissance scientifique qui permet de produire la signification rationnelle des objets du monde ne peut mener qu'à une régression tragique de notre condition humaine[3] et amoindrir notre puissance d'agir.

---

1. Descartes, *Méditations métaphysiques III*, *op. cit.*, p. 288-289.
2. *Cf.* Husserl, *La Terre ne se meut pas*, trad. fr. D. Franck, D. Pradelle et J.-F. Lavigne, Paris, Minuit, 1989.
3. *Cf.* F. Nietzsche, « Humain, trop humain », § 251, trad. fr. J. Lacoste, dans *Œuvres*, vol. I, Paris, Laffont, 1993, p. 575-576.

CHAPITRE III

LES INSTITUTIONS SYMBOLIQUES
ET LE PARTAGE DU SENS

La conscience n'est pas un simple reflet de nos besoins physiologiques, mais elle inaugure la mise en œuvre d'un *conatus* spécifique propre à la vie mentale. Avec elle, différents buts sont représentés et exprimés en fonction des appréciations de la conscience, au diapason des affects ressentis. La conscience à vocation cognitive s'affirme alors à l'aide du langage. Ainsi, s'ouvre le champ des attitudes propositionnelles qui mobilisent des verbes d'opinion du type : « Je dis que », « Je crois que », « J'estime que », etc. Avec l'attitude propositionnelle, nous franchissons un nouveau cap, puisque nous basculons dans le discursif et nous nous y confrontons, tout en assumant un vécu subjectif. Car une attitude propositionnelle ne signifie pas que le discours tenu exprime déjà le *Logos*, mais plutôt ce qui n'est encore que le point de vue d'un individu[1], parfois jusqu'à l'outrecuidance : nous y découvrons la puissance de la parole. Aussi sommes-nous confrontés à de nouveaux paradoxes : celui de l'appropriation de

---

1. « L'humanité préfère voir des attitudes que d'entendre des raisons », F. Nietzsche, « L'Antéchrist », § 54, dans *Œuvres*, vol. I, *op. cit.*, t. II, p. 1091.

l'institution symbolique qu'est le langage par des sujets qui expriment leurs opinions[1] et plus profondément encore, celui du rapport entre image et expression, quand il ne s'agit plus simplement d'une visée intime de la conscience imageante, mais de s'adresser expressément à quelqu'un pour exprimer un état de conscience. Alors intervient la volonté de l'échange intersubjectif afin de dépasser l'écueil du solipsisme dans lequel peut s'enferrer une subjectivité narcissique, même s'il faut nécessairement présupposer que, dans les faits, toute vie subjective a déjà intériorisé l'héritage d'une langue partagée. Le franchissement du seuil que représente l'attitude propositionnelle implique de prendre en compte le basculement d'une anthropologie de l'imagination à une anthropologie de l'expression. Seule l'expression permet d'arracher les idéalités d'objets visées par la conscience à l'empire de la simple imagination et de les exposer ensuite au principe de non-contradiction. Dès lors, une nouvelle manière de concevoir la signification émerge : même si celle-ci relève d'une subjectivité qui se déclare, il ne peut y avoir de parole expressive qu'en s'inscrivant dans les règles d'une langue déjà établie garantissant alors une certaine objectivité. Husserl lui-même a souligné l'ambiguïté de ce que peut être un « jugement de perception », dans la mesure où la signification d'un tel jugement ne peut résider dans la perception elle-même, mais nécessairement dans des actes spécifiques d'expression : « Les actes qui forment unité avec le complexe phonique selon que celui-ci a une

___

1. Sur ce pas décisif de l'expression, *cf.* M. Merleau-Ponty : « Notre vue sur l'homme restera superficielle tant que nous ne remonterons pas à cette origine, tant que nous ne retrouverons pas, sous le bruit des paroles, le silence primordial, tant que nous ne décrirons pas le geste qui rompt ce silence », *Phénoménologie de la perception, op. cit.*, p. 214.

signification purement symbolique ou une signification intuitive, reposant sur la simple imagination ou sur la perception réalisante, sont trop différents sur le plan phénoménologique pour que nous puissions croire que le signifier s'accomplit, tantôt dans de tels actes, tantôt dans de tels autres ; nous devrons préférer une conception qui assigne cette fonction du signifier à un acte purement identique, qui ne soit pas enfermé dans les limites de la perception [...] et même de l'imagination » [1]. Et Husserl de préciser encore : « La perception qui donne l'objet et l'énoncé qui le pense et l'exprime au moyen du jugement ou plutôt au moyen des "actes de pensée" combinés en l'unité d'un jugement *doivent être totalement distingués*, bien que, dans le cas présent du jugement perceptif, ils aient entre eux la relation la plus intime » [2].

ATTITUDE PROPOSITIONNELLE *VERSUS* DISCOURS RÉFÉRENTIEL

L'attitude propositionnelle vaut comme déclaration et signification : comme telle, elle est censée permettre de rendre plus clair, plus manifeste les représentations que projette la conscience incarnée, en les formulant et en les rendant publiques, par le biais du langage. Déclarer signifie étymologiquement « rendre clair » : ainsi la nitescence de la conscience incarnée est censée gagner en intensité en se déclarant, mais en prenant le risque de s'exposer à la contradiction. Paradoxalement, en pénétrant dans

---

1. Husserl, *Recherche VI*, 1 re section, chap. 1, § 4, dans *Recherches logiques*, trad. fr. H. Elie, A.L. Kelkel et R. Schérer, P.U.F., Paris, 2000, p. 30.

2. Husserl, *Recherche VI*, 1 re section, chap. 1, § 4, *op. cit.*, p. 36 (mis en italiques par l'auteur).

l'ordre du discours, elle entre dans un univers ambivalent puisque l'entrée dans le discours concourt à occulter la vie phénoménale, voire à la sacrifier, tout en permettant de la révéler davantage en la faisant partager avec les autres, par le biais d'une articulation de sons caractéristiques du langage humain[1]. Le risque de trahison commis par le discours est un thème bien connu que Louis Aragon a décliné à sa façon en stigmatisant le « miroir sans tain » des mots : « Ne me dis pas que les mots sont faits pour dire et non pour cacher. De quoi me plaindrais-je précisément, si ce n'est de leur perversion ? »[2]. D'un côté, la parole expressive semble faire de la conscience incarnée l'auteur même du discours, son origine authentique. Mais d'un autre côté, en s'exprimant le locuteur se fait l'héritier d'une langue dont il a accepté le testament, l'épigone d'une culture toujours plus ancienne que lui. Bien plus, en s'exposant au principe de non-contradiction, il accepte les règles de l'entendement et du *Logos*. On peut certes considérer que les hommes ont d'abord chanté avant de parler, pour exprimer leurs sentiments, leurs états d'âme : « Le chant jaillit de source innée antérieure à un concept »[3]. Cependant, à la différence des modes poétiques ou mythiques de la parole, le discours propositionnel qui se veut référentiel prétend se placer aux antipodes d'un tel parti pris subjectif : il prend au sérieux le langage comme vecteur non seulement d'une culture, mais du *Logos* lui-

---

1. *Cf.* Hegel, *Phénoménologie de l'esprit* I, chap. 1, trad. fr. B. Bourgeois, Paris, Vrin, 2006, p. 131-143 et *Encyclopédie des sciences philosophiques*, § 462, trad. fr. B. Bourgeois, Paris, Vrin, 1988, p. 260-261.

2. L. Aragon, *La Mise à mort*, Paris, Gallimard, 1965, p. 132.

3. S. Mallarmé, *Œuvres*, t. II, « Bibliothèque de la Pléiade », Paris, Gallimard, 2003, p. 659.

même. Le « parler sérieux » est censé « rendre manifeste » ce qui est objectivement et donc permettre la discrimination du vrai et du faux, indépendamment de nos préférences.

Tant que nous en restons à donner un nom aux choses, nous demeurons encore dans le champ de la visée du monde sensible. L'imposition d'un nom à une chose est, par excellence, un événement intentionnel. Le recours à un seul nom ne peut cependant suffire pour garantir une signification, puisque nous ne faisons que désigner une chose, sans pour autant rien dire sur ce qu'est exactement cette chose. Comme le souligne Frege, « On doit rechercher ce que les mots veulent dire non pas isolément mais pris dans leur contexte »[1]. Avec la proposition construite sur le modèle « *S est P* », nous larguons les amarres qui nous arrimaient exclusivement à notre vie phénoménale et abordons un nouveau rivage, avec de nouvelles règles de synthèse ou de liaison : celles du *Logos* qui requiert, pour se déployer, la médiation d'institutions. Castoriadis insiste sur ce changement de régime : « L'entendement est institué, car il n'est qu'une "partie" du *legein* […]. L'entendement est "le pouvoir de liaison selon des règles" (Kant) et il n'y a pas de règles hors institution. La règle implique l'institution. La possibilité de la règle est créée par et posée par l'institution »[2]. Toute attitude propositionnelle ne peut être réduite à une simple attitude, encore moins à une gestuelle. Le discours propositionnel se veut référentiel et l'on dit alors qu'il est apophantique : étymologiquement, apophantique vient du grec *apophaïnein* ou *apophaïnesthaï* qui signifie « mettre au jour, faire voir », d'où rendre

1. G. Frege, *Les Fondements de l'arithmétique*, trad. fr. C. Imbert, Paris, Seuil, 1969, p. 122.
2. C. Castoriadis, *L'Institution imaginaire de la société*, Paris, Seuil, 1975, p. 354.

manifeste, faire connaître, signifier, voire montrer en
démontrant… Grâce aux différents modes de la prédication,
le jugement prédicatif est censé pouvoir nous dire ce qui
est, ce dont on parle, et donc permettre la discrimination
entre le vrai et le faux. Le discours attributif est censé
rendre compte des propriétés des objets mondains, de
leur densité ontologique : il se veut déterminant au sens
où il met au jour la signification explicative et objective
des choses de notre monde. Avec les noms et les verbes,
il procède à des synthèses réfléchies rationnellement pour
exprimer les articulations du réel. La proségorie montre
qu'une même chose peut être signifiée différemment,
selon les catégories qui expriment ses manières d'être
différentes. Le discours apophantique s'emploie à dire,
dans le langage propositionnel, la texture du réel, en
l'occurrence comment des objets peuvent se maintenir
comme tels devant nous, indépendamment de nous. Bien
plus, le discours propositionnel ne prétend pas seulement
être le miroir des états de choses[1], mais aussi en assurer
l'assomption puisqu'il est censé nous donner la clé de ce qui
fait l'objectivité de la réalité, les articulations essentielles
qui la taraudent et lui permettent de se maintenir dans
son existence, bref nous permettre d'en rendre compte –
« *logon didonaï* » dit Platon – en fournissant les raisons
de son « être ainsi ». Le détour par *logos* rationnel semble
impliquer la nécessaire éclipse du sensible : il faut prendre
au sens fort cette expression, dans la mesure où les lueurs
de la conscience imageante sont ici vouées à être dépassées.

---

1. *Cf.* L. Wittgenstein, « La proposition nous communique un état
de choses, elle doit donc être essentiellement en connexion avec l'état
de choses. Et la connexion consiste en ce que la proposition est l'image
logique de l'état de choses », *Tractatus logico-philosophicus*, trad. fr.
P. Klossowski, Paris, Tel-Gallimard, 1998, p. 48.

Le discours attributif cohérent ne serait donc possible qu'à la condition de rejeter dans l'ombre les figurations approximatives que l'imagination projetait jusqu'ici : tel serait le prix à payer pour passer du percept sensible au concept. Ce dernier ne peut être considéré comme le résultat d'un amalgame entre des images mentales présentant des points communs[1], mais il requiert lui-même la mobilisation de la puissance conative de l'esprit qui a gagné en autonomie au point de promouvoir des idées adéquates qui s'enchaînent selon ses propres lois. Aussi, le *logos* rationnel semble voué à jeter un éteignoir sur la nitescence de la conscience phénoménale entée sur le corps propre, pour nous éclairer par le seul pouvoir de l'entendement prétendant à l'universalité.

Cependant, le discours apophantique ne peut pas lui-même faire l'économie d'un porteur et son projet de formuler la structure du réel se heurte nécessairement à des limites. Aussi, même si, dans le processus de signifiance, c'est son ancrage référentiel qui est censé déterminer, en fin de compte, ses conditions de vérité, le rôle de l'énonciateur ne peut être lui-même éclipsé. Même dans le cas du discours propositionnel, du jugement prédicatif censé mobiliser l'entendement, il faut nécessairement faire intervenir l'entremise d'un locuteur qui inscrit encore ce type de discours dans un vécu existentiel, dans un contexte historique. Exprimer revient toujours aussi à s'exprimer. L'attitude propositionnelle apparaît donc encore comme une expérience de la vie phénoménale qui implique un certain usage de mon appareil de phonation, une contraction de la gorge, une émission d'air modulée

---

1. *Cf.* Spinoza, *Pensées métaphysiques*, dans *Œuvres* I, trad. fr. C. Appuhn, Paris, GF-Flammarion, 1964, chap. 1, p. 337-340.

entre la langue et les dents qui produit une intonation, et donc une mobilisation de mon corps propre. Dans cette optique, tout discours humain, fût-ce celui qui se veut le plus rationnel, reste toujours tenu par un sujet et donc demeure lié à une attitude propositionnelle qui vaut comme attitude existentielle historicisée. D'un côté, nous pouvons bien avoir affaire à une proposition du type « *S est P* » censée rendre compte des articulations du réel, celle-ci se trouve néanmoins toujours enchâssée dans l'expression d'une attitude vis-à-vis de cette proposition, de telle sorte que cette proposition ne peut être considérée comme une objectivation neutre de ce qui est, encore moins son essentialisation, puisqu'elle décrit également l'état du sujet en présence de ce qui lui apparaît significatif. L'attitude propositionnelle biaise alors notre prétention à percer les mystères d'une réalité en soi. L'interférence d'un sujet énonciateur perturbe le projet de faire du discours le miroir de la réalité objective. Avec cette interférence, le rapport au réel est toujours indirect : le discours relève alors de ce qui s'appelle en latin *oratio obliqua* et donc implique toujours un rapport oblique au contexte. Avec l'attitude propositionnelle, nous sommes confrontés à des contextes opacifiés : la référence aux objets est brouillée en raison des conditions dans lesquelles nous y procédons, au point de ne plus pouvoir être sûr de savoir de quoi l'on parle. Sous une forme extrême, ce qui emporte la conviction n'est plus alors que la force parrhésiastique[1] de celui qui s'exprime au nom de son authenticité existentielle : Sartre rappelle l'étymologie de la notion d'authenticité[2]

---

1. La *parrhésia* désigne, en grec, le franc-parler (illustré outrancièrement par Calliclès et critiqué par Socrate, *cf.* Platon, *Gorgias* 487b-d, trad. fr. A. Croiset, Paris, Les Belles Lettres, 1972, p. 167).

2. J-P Sartre, *Cahiers pour la morale*, Paris, Gallimard, 1983, p. 495.

qui vient du grec « *authentès* » signifiant « qui agit de
soi-même », « maître absolu » et d'« *authentikos* » qui
décrit un « pouvoir absolu ». Alors triomphe encore ici une
subjectivité se réclamant d'une souveraineté absolue, sans
contraintes ni obligations. La posture performative éclipse
l'informatif, et ce jusqu'à l'imposture, avec cette volonté
de tromper à l'aide de simulacres. Alors que l'exercice du
discours propositionnel est censé correspondre au passage
de l'image au concept, de l'imagination à l'entendement
rationnel pour permettre de saisir l'ordre objectif des
choses du monde, le discours apparaît plutôt ici comme
l'expression de la force conative d'un esprit encore encastré
dans les méandres de son existence et exprimant une
intentionnalité subjective impérieuse. Nous irions donc de
Charybde en Scylla : d'un côté, l'accès au discours nous
permettrait de soustraire la signification à la puissance
magique de l'imagination pour la guider vers la raison ;
mais d'autre part, comme tout discours est censé avoir
recours à un porteur, nous resterions à la merci des affects
et de la force performative de celui-ci.

L'ILLUSION D'UNE VIE SOCIALE
FONDÉE EXCLUSIVEMENT SUR LES AFFECTS

Faut-il alors considérer que la signification pourrait
être suspendue uniquement à l'expérience de la rencontre
dialogique ? Le sens ne serait-il déjà garanti que par
l'expérience vécue de l'intersubjectivité qui permettrait au
locuteur et à son interlocuteur de se confronter et de s'ajuster
l'un à l'autre ? La signification resterait alors tributaire
de l'enchevêtrement contingent de nos croisements
existentiels et des échos que nos paroles produisent en
résonnant aux oreilles d'autrui. Merleau-Ponty soutient
une telle approche : « L'intention significative qui a mis

en mouvement la parole d'autrui n'est pas une pensée explicite, mais un certain manque qui cherche à se combler, de même la reprise par moi de cette intention n'est pas une opération de ma pensée, mais une modulation synchronique de ma propre existence »[1]. Pour le dire autrement, avec toute la dimension sceptique qu'en donne Montaigne, la signification serait « moitié à celui qui parle, moitié à celui qui écoute »[2]. Dès lors, l'émergence du sens ne serait qu'un effet collatéral d'une réciprocité expérimentée directement dans les relations sociales : comme le souligne Dewey, « Les individus sont toujours ceux qui pensent, qui désirent et qui se donnent des buts, mais *ce* qu'ils pensent est la conséquence de leur comportement sur celui des autres et de celui des autres sur eux-mêmes »[3]. La pensée redeviendrait un simple enjeu des affections subies par chacun au gré des rencontres intersubjectives ou des interactions sociales occasionnelles. Dès lors, le recours au langage comme dans le cas de l'attitude propositionnelle ne serait encore qu'un épiphénomène – pris au sens fort – c'est-à-dire une expérience en surplus de la vie phénoménale : son prolongement plutôt que son dépassement. Loin que le détour par la langue soit constitutif de la vie sociale, celle-ci serait déjà largement amorcée par le biais de l'imagination, des affects ressentis au fil des rencontres avec autrui. En deçà du langage, il pourrait être tentant de s'en remettre une nouvelle fois à l'imagination pour croire vivre une socialité fusionnelle, permise par le seul mimétisme des affects.

1. M. Merleau-Ponty, *Phénoménologie de la perception*, *op. cit.*, p. 214.
2. Montaigne, *Les Essais*, III 13, *De l'expérience*, Paris, 10/18, 1965, p. 355.
3. J. Dewey, *Le Public et ses problèmes*, trad. fr. J. Zask, Presses Universitaires de Pau-Léo Scheer, 2003, p. 69.

Les rapports humains peuvent sembler pouvoir être assurés immédiatement sur le mode de l'imaginaire, même si *a priori* cette hypothèse ne paraît pas évidente puisque l'imagination liée à l'affectivité semble être d'abord une affaire personnelle, voire intime. Malgré tout, l'imagination peut apparaître comme la clé de nos rapports avec les autres. Spinoza a pointé le travail fantasmatique du désir qui peut être au cœur de nos relations avec autrui. Si la façon dont un être imagine sa propre puissance d'agir peut être une source de joie, c'est paradoxalement grâce aux relations intersubjectives qu'il pourrait en arriver à recueillir le reflet de cette puissance d'agir. Car si l'homme éprouve un sentiment de joie en considérant sa propre puissance d'agir, cette imagination ne peut relever d'un savoir rationnel, ni d'une connaissance objective, encore moins d'un « Connais-toi toi-même » métaphysique. En effet, si la joie correspond à une augmentation de la puissance d'agir, il suffirait que l'homme puisse avoir l'occasion d'une rencontre avec autrui qui semble l'attester pour qu'alors cette puissance d'agir augmente au point de lui faire éprouver de la joie. Ici l'imaginaire peut donc produire des effets réels : le sentiment d'une augmentation de sa puissance d'agir. C'est par l'intermédiaire d'autrui et des marques de considération que ce dernier consent à m'adresser que se renforce en moi la conscience joyeuse de mon être, de ma valeur. Chacun peut alors rechercher intensément cette considération de la part d'autrui qui le ragaillardit en lui renvoyant l'image « de sa grandeur interne »[1]. À partir de ce jeu de miroirs, Spinoza met en lumière la mise en place d'une mimétique sociale qui s'articule sur les mécanismes de l'affectivité et

---

1. Expression de Paul Valéry dans *Le Cimetière marin*.

permet de tisser des liens fusionnels : « Du fait que nous imaginons qu'une chose semblable à nous, et pour laquelle nous n'avons encore éprouvé aucun affect, est affectée d'un certain affect, de ce fait même nous sommes affectés d'un affect semblable »[1]. Si nous imaginons que quelqu'un éprouve une affection, nous allons éprouver une affection semblable : tel est le principe de cette *affectuum imitatio*. Une contagion affective peut nous submerger et se propager, soit dans la joie, soit dans la tristesse. Par une sorte de mécanisme d'assimilation, il suffit que quelqu'un soit gai ou joyeux pour que cet état apparaisse communicatif, comme au passant qui chante on reprend sa chanson. Nous pouvons ainsi éprouver de la pitié, de la commisération vis-à-vis de celui qui semble affecté de tristesse. À partir de cette mimétique sociale, Spinoza retrouve le thème de la lutte pour la considération qui traverse toute l'histoire de la philosophie et qu'il appelle *aemulatio* : celle-ci devient une modalité de la rivalité du désir mimétique[2]. Elle n'est pas pour autant synonyme de menace de conflit mortel : si l'homme peut être un loup pour l'homme, il peut aussi bien être considéré comme un dieu pour l'homme, au sens où nous avons plus à gagner par la présence d'autrui pour s'assurer de notre puissance d'agir que de rester dans la solitude. Ainsi, Spinoza fait reposer une amorce d'éthique humaine sur la conscience imageante quand elle devient le moteur d'une régulation sociale : « Nous nous efforcerons de faire tout ce que nous imaginons que les hommes regardent avec joie et au contraire nous éviterons de faire tout ce que nous imaginons

---

1. Spinoza, *Éthique*, III, prop. 27, *op. cit.*, p. 275.
2. « Si nous imaginons que quelqu'un jouit d'une chose qu'un seul peut posséder, nous nous efforcerons de faire qu'il ne la possède plus », Spinoza, *Éthique*, III, prop. 32, *op. cit.*, p. 283.

que les hommes ont en aversion »[1]. L'estime de soi passe par l'estime que les autres nous portent. Elle ne peut donc être fondée ici sur une connaissance objective, mais sur la considération comme indice de reconnaissance. Il suffit que les autres manifestent une bonne opinion vis-à-vis de ce que j'entreprends pour que je me figure ma puissance d'agir augmentée, plus épanouie. Spinoza met au jour un jeu de projection des affects, au point que l'organisation sociale pourrait reposer exclusivement sur une telle économie affective. Il souligne que les fondements de la vie sociale ne relèvent pas la plupart du temps de la raison, mais peuvent reposer sur le jeu de l'imagination et des affects qui est un élément clé pour tisser les liens sociaux. Pascal radicalise cette conception : ce serait les cordes de l'imagination qui attacheraient les hommes les uns aux autres[2]. Mais n'est-ce pas alors faire reposer l'édifice social sur l'illusion, voire la superstition jusque dans les rapports humains, au point de justifier la servitude volontaire ? Plus globalement, peut-on simplement rendre compte de la vie sociale par un mimétisme des affects ? Suffit-il que quelqu'un se mette à rire et que d'autres rient à leur tour pour être sûr qu'ils partagent la même joie ? La contagion du fou rire est-elle un critère suffisant de sociabilité ? Le sujet humain n'a pas simplement affaire aux autres humains comme à des êtres dont l'apparence lui renverrait sa propre image ou selon le critère de la ressemblance : à la limite, une simple communion d'émotions ne fait encore qu'une meute et non une société. Bien plus, une telle conception peut conduire à envisager une homogénéité de surface entre

---

1. Spinoza, *Éthique*, III, prop. 29, *op. cit.*, p. 279.
2. « Les cordes qui attachent le respect à tel ou tel en particulier sont des cordes d'imagination », B. Pascal, *Pensées*, Fr. 828, *op. cit.*, p. 606.

les êtres humains, au détriment de leurs différences aussi bien naturelles que culturelles.

La langue comme institution culturelle

En replaçant l'enjeu de la signification dans l'expérience intersubjective, nous en refaisons une simple péripétie de la vie phénoménale. Ainsi, pour Merleau-Ponty, il ne pourrait y avoir de signification immanente aux mots. Pourtant, le signe verbal ne peut être assimilé à une simple gestuelle, même si Merleau-Ponty défend une telle thèse : « Le geste phonétique réalise, pour le sujet parlant et pour ceux qui l'écoutent, une certaine structuration de l'expérience, une certaine modulation de l'existence, exactement comme un comportement de mon corps investit pour moi et pour autrui les objets qui m'entourent d'une certaine signification »[1]. Merleau-Ponty insiste : « Le mot n'a jamais été inspecté, analysé, connu, constitué, mais happé et assumé par une puissance parlante, et, en dernière analyse, par une puissance motrice qui m'est donnée avec la première expérience de mon corps et de ses champs perceptifs et pratiques »[2]. Merleau-Ponty semble retrouver ici le lien que Spinoza établissait entre les mots et certains mouvements corporels : « Les mots font partie de l'imagination, en ce sens que nous concevons nombre de fictions selon ce que les mots composent entre eux dans la mémoire grâce à quelque disposition du corps »[3]. Le sens même des mots semble d'abord nécessairement lié à notre ancrage

---

1. M. Merleau-Ponty, *Phénoménologie de la perception*, *op. cit.*, p. 225.
2. *Ibid.*, p. 464.
3. Spinoza, *Traité de la réforme de l'entendement*, § 88, trad. fr. R. Caillois, Paris, Folio-Gallimard, 1995, p. 49.

existentiel, au contexte d'une certaine situation, et à ce
que cet ancrage induit : « Le sens du mot n'est pas fait
d'un certain nombre de caractères physiques de l'objet,
c'est avant tout l'aspect qu'il prend dans une expérience
humaine » précise Merleau-Ponty. Cependant peut-on
réduire les enjeux de la signification à la *Sinngebung*, à
la donation de sens qui se réduirait à une intentionnalité
de la conscience incarnée exprimant son objectité par le
signe verbal ? L'émergence de la signification peut-elle se
réduire à l'immédiateté d'une rencontre intersubjective ?
Le « geste linguistique » peut-il dessiner de lui-même
son sens ? L'expression linguistique n'est-elle encore que
la manifestation de l'activité primordiale par laquelle
l'homme se projette dans son monde ? Peut-on réduire le
sens en le rendant simplement tributaire d'une « attitude »[1] ?
Husserl nous a mis en garde contre la confusion entre indice
et signification : les indices – comme lorsque la voix du
locuteur se fait tremblante de colère ou s'éraille d'angoisse,
dans le contexte d'une situation où son discours trahit une
émotion, un malaise – n'ont pas de signification au sens
strict[2]. La communion d'émotions n'est pas encore la
garantie d'une communication véritable de significations.
Même si « dans la conversation vivante » – comme dit
Husserl – « le concept de l'indice, en comparaison avec
le concept de l'expression y apparaît comme le concept le
plus large quant à son extension », « le signifier n'est pas

---

1. *Cf.* M. Merleau-Ponty, « L'acte catégorial n'est donc pas un fait
dernier, il se constitue dans une certaine attitude (*Einstellung*). C'est
sur cette attitude que la parole elle aussi est fondée, de sorte qu'il ne
saurait être question de faire reposer le langage sur la pensée pure »,
Phénoménologie de la perception, op. cit., p. 224.

2. Husserl, *Recherches* II 1, *op. cit.*, p. 27-45.

une espèce de l'être signe au sens de l'indication »[1]. Un indice ne peut avoir une signification que d'une manière dérivée : « Les signes au sens d'indices n'expriment rien, à moins qu'ils ne remplissent, outre la fonction d'indiquer, une fonction de signification »[2].

Comme l'admet lui-même Merleau-Ponty, « Nous vivons dans un monde où la parole est instituée »[3] : « c'est à l'intérieur d'un monde déjà parlé et parlant que nous réfléchissons ». Merleau-Ponty a pris la mesure de la part de convention qui vient régler nos comportements les plus intimes : « Il n'est pas plus naturel ou pas moins conventionnel de crier dans la colère ou d'embrasser dans l'amour que d'appeler table une table. Les sentiments et les conduites sont inventés comme les mots »[4]. Reconnaître alors le rôle de l'institution permet de changer radicalement la donne : il nous faut admettre que le sens ne peut se réduire à une simple expression intersubjective. Prenons d'abord l'exemple du nom propre : même s'il renvoie à un référent concret, il ne peut être assimilé aux déictiques comme les démonstratifs qui n'expriment encore que le geste de l'index. Le nom propre résulte d'un montage juridico-politique qui assigne une place, dans un ordre de succession : tel est le rôle de l'état civil. Ainsi sortons-nous du magma de l'état de nature et pouvons-nous alors être reconnus comme sujet social voué à devenir susceptible d'imputation : en distinguant les places et les rôles, l'état civil permet de définir, par exemple, ce qu'est l'inceste et

1. Husserl, *Recherches* II 1, *op. cit.*, p. 27. et p. 35 : « Des signes indicatifs, nous distinguons les signes signifiants, les expressions ».
2. *Ibid.* p. 27.
3. M. Merleau-Ponty, *Phénoménologie de la perception, op. cit.*, p. 214.
4. *Ibid.*, p. 220.

de garantir sa prohibition reconnue dans toutes les cultures humaines. L'institution du nom propre contribue à faire de chacun d'entre nous potentiellement un sujet d'obligation. De même, transformer un événement singulier en fait suppose la mobilisation de tout un arsenal de critères objectivement reconnus pour le dater, le localiser, etc. L'historien désigne les événements comme des objets : ces désignations jouent le rôle de noms propres et valent comme engagement ontologique. *A fortiori* en est-il de même d'une langue qui cristallise l'esprit objectif d'une culture : la faculté langagière est toujours tributaire de l'apprentissage d'une langue maternelle. La parole est donc toujours l'héritière de l'institution d'une langue. Celle-ci non seulement fait partie de la « substance éthique » qui nous précède, mais en est aussi le moyen de transmission : « L'habitude de cette vie éthique devient une seconde nature qui, ayant pris la place de la volonté primitive purement naturelle, est l'âme, le sens et la réalité de l'existence empirique des individus »[1]. Ainsi, le sens même de notre existence relève de cette substance éthique dont nous sommes redevables et que les institutions transmettent. Instituer revient à fabriquer, au sens du verbe grec *teukhein* : « La "fabrication" des individus par la société, l'imposition aux sujets somato-psychiques, au cours de leur socialisation, du *legein* mais aussi de toutes les attitudes, postures, gestes, pratiques, comportements, savoir-faire codifiables est bien évidemment un *teukhein*, moyennant lequel la société fait être des sujets comme individus sociaux »[2]. Concernant le langage, cela signifie

1. Hegel, *Principes de la philosophie du droit*, § 187 Rem., *op. cit.*, p. 218.
2. C. Castoriadis, *L'Institution imaginaire de la société*, *op. cit.*, p. 356.

que la parole est censée respecter un code, en l'occurrence
une grammaire qui fixe des règles et permet, par exemple,
de dénoncer les solécismes ou les barbarismes : elle peut
apparaître alors comme le modèle même de toutes les
institutions qui régissent par leurs codes les conduites
socioculturelles humaines. Le langage ne peut donc se
réduire à n'être qu'une modalité de la culture parmi
d'autres : il est non seulement le moyen de transmission
de tout héritage culturel, mais aussi l'archétype sur lequel
s'effectuent tous les échanges culturels codifiés comme le
sont les règles de politesse, de savoir-vivre, les liturgies
sacrées ou profanes, etc. La grammaire qui fixe les
normes[1] d'une langue est le fruit d'usages qui ont intégré
la valeur collective de ces normes. Elle illustre donc bien
la fonction institutionnelle de cet « esprit objectif » propre
à chaque culture qui pénètre au sein même de l'intimité
des consciences de chacun par imprégnation d'*habitus*
nécessairement communs. Bien plus, comme chacun de
nos gestes quotidiens est pétri d'*habitus* culturels codifiés,
la spontanéité de nos postures n'est qu'une illusion. Aussi,
les objets que la conscience se représente en se figurant le
monde ne sont pas simplement la projection nue de son
intentionnalité : si l'imagination primordiale inaugure
des horizons de monde, il ne peut s'agir d'une création
ex nihilo, puisqu'elle présuppose l'existence de mondes
établis où des sujets disposent déjà d'un statut reconnu. S'il
est vrai que la conscience puise sa puissance de figuration
dans les tréfonds de l'âme où se trouvent les ressorts de
l'imagination primordiale, les objets qu'elle vise sont

---

1. « La grammaire ne prend son sens que si on la réfère à des
normes », J.-L. Gardies, *Esquisse d'une grammaire pure*, Paris, Vrin,
1975, p. 259.

néanmoins toujours appréhendés par le biais du milieu diaphane des *habitus* culturels qui nous ont affectés et que l'on a contractés. C'est pourquoi, la relation sémantique ne se réduit jamais au rapport d'un symbole avec un fragment du réel, mais se joue dans les rapports du symbole avec d'autres symboles qui s'intriquent par la puissance des *habitus* culturels. Telle est le statut de la « connaissance par ouï-dire » selon Spinoza, qu'il différencie de la connaissance par « expérience vague ».

DES INDICES AUX SIGNES LINGUISTIQUES

Il y a nécessairement un hiatus entre une conscience imageante aux prises avec ses propres projections et une conscience qui parle, qui partage une langue commune, qui habite une culture héritée. Aussi, comme nous l'avons souligné avec Husserl, des indices ne peuvent recevoir de significations que de manière « dérivée », c'est-à-dire qu'ils ne peuvent être significatifs que dans un certain contexte culturel. Si la « connaissance par ouï-dire » est suspendue à la médiation d'une langue héritée culturellement et partagée en commun, la « connaissance par expérience vague » demeure tributaire de l'extrapolation imaginaire de chacun, en fonction de son expérience personnelle du monde. Ainsi, recueillir des indices ne va pas conduire aux mêmes associations d'images selon les individus, mais va varier selon l'imaginaire familier de chacun. Spinoza remarque[1] que si nous voyons sur le sable une trace (*vestigium*) de sabot d'un cheval, celle-ci ne va pas susciter du tout les mêmes interprétations, selon que l'on soit soldat ou paysan : l'un les associera à la figure d'un cavalier et de là à la guerre, quand l'autre passera de la

---

1. Spinoza, *Éthique*, II, scolie de la prop. 18, *op. cit.*, p. 197.

pensée d'un cheval à celle d'une charrue, d'un champ, etc.
Ces associations très différentes ne font aucune place au
raisonnement et sont contingentes, puisque tributaires de
contextes particuliers. À partir d'indices, chacun projette
sur les objets saillants de l'extériorité spatiale son propre
imaginaire lié à l'expérience du rayon de monde propre à
sa conscience. Si ces indices signifient malgré tout, c'est
parce que les enchaînements du cavalier ou du soldat
renvoient potentiellement à des objets reconnus, bien
déterminés, à un ordre du monde significatif dont font partie
le cheval, son sabot et même le statut social ou le métier
des personnes concernées. Mais même si la signification
d'un objet est bien établie comme peut l'être celle d'une
trace de « sabot de cheval », la perception qui en est faite
reste une affection du corps due à la rencontre d'une chose
extérieure et apparaît donc investie par des idées mutilées
qui ne sont encore que des projections imaginatives propres
à une expérience de vie subjective et à un imaginaire
personnel. Peut-être même ne s'agit-il pas réellement
d'une trace de sabot, mais au bout du compte de celle
d'une rose des sables que notre imagination confond avec
un sabot : ce qui nous semble être un indice n'est peut-être
somme toute qu'une bévue, une pure projection de notre
imaginaire. En revanche, dans un autre exemple que prend
Spinoza, l'enjeu n'est plus le même puisque nous passons
de l'interprétation d'indices recueillis dans l'extériorité
spatiale à celle de signes propres à une langue commune
déjà intériorisée. Nous passons alors d'une connaissance
par « expérience vague » à une autre acquise par « ouï-
dire » : « De la pensée du mot *pomum*, un Romain passe
aussitôt à la pensée d'un fruit qui n'a aucune ressemblance
ni rien de commun avec ce son articulé, si ce n'est que

le corps de ce même homme a souvent été affecté par les deux à la fois, c'est-à-dire que cet homme a souvent entendu le mot *pomum* en même temps qu'il voyait le fruit ». Ici est souligné l'arbitraire du signe linguistique qui, en lui-même, n'a plus aucun lien direct avec ce qu'il est censé désigner et qui repose sur un usage conventionnel collectivement partagé et reconnu. En outre, l'intérêt du texte de Spinoza est de partir non pas d'une expérience dialogique du langage, mais – comme il le précise – de « la pensée du mot *pomum* » : c'est dire que même en l'absence d'un acte de discours effectif avec quelqu'un, même dans notre for intime, nous avons intériorisé, par le biais d'une « connaissance par ouï-dire », l'association d'une image phonique acquise à un signifié, en l'occurrence la pensée d'un certain fruit : l'héritage culturel apparaît ici le vecteur d'une pensée communicable. Le lien entre signifiant et signifié est pourtant totalement arbitraire – à la différence du rapport entre « trace de sabot » et cheval –, mais il est néanmoins objectivement garanti par un consensus collectif, une tradition externe reçue et réappropriée telle que « chacun passera d'une pensée à l'autre selon la façon dont, dans son corps, l'habitude a ordonné les images des choses ». Ici, le corps lui-même est devenu le vecteur d'un héritage culturel commun transmis par le méta-corps social auquel nous appartenons : le monde de la perception peut donc être conditionné par une langue commune et ceci n'a plus rien à voir avec une extrapolation hallucinatoire subjective. Le critère de déchiffrement des signes linguistiques relève donc d'un phénomène collectif intériorisé au fil d'une imprégnation insensible effectuée par le biais des us et coutumes.

LA LANGUE COMME FORCE FORMATRICE DES CONTOURS D'UN MONDE PROPRE À UNE CULTURE

Ainsi, chaque langue est censée encore véhiculer une conception du monde à la fois collective et néanmoins particulière, qui correspond à une certaine façon d'appréhender le réel : telle fut l'hypothèse de Sapir-Whorf selon laquelle « L'étude de la langue montre que les formes de pensée d'une personne sont sous la dépendance de lois d'organisation inexorables dont elle n'a pas conscience »[1]. À chaque langue correspondrait une façon particulière de réfléchir, une logique collective propre. Dès lors, toute langue étant tributaire d'un corps social, elle-même apparaît investie par un imaginaire culturel particulier, lié à un ensemble de connotations collectives spécifiques. Dans le contexte, par exemple, d'une culture influencée par le judéo-christianisme, le mot pomme qui se dit *malum* en latin peut induire l'imaginaire de la Bible, avec les personnages d'Adam et Ève : la pomme devient alors le symbole du mal et ce symbole un signe de reconnaissance d'une coappartenance culturelle. Comme l'a souligné Lévi-Strauss : « Il est de la nature de la société qu'elle s'exprime symboliquement dans ses coutumes et dans ses institutions ; au contraire, les conduites individuelles normales *ne sont jamais symboliques par elles-mêmes* : elles sont les éléments à partir desquels un système symbolique, qui ne peut être que collectif, se construit »[2]. À la conception dyadique du signe chez Saussure – fondée sur le rapport entre signifiant

---

1. B.L. Whorf, *Language, Thought and reality : Selected Writings of Benjamin Lee Whorf*, Cambridge-New York, MIT. Press, 1956, p. 252.
2. C. Lévi-Strauss, « Introduction à l'œuvre de Marcel Mauss », dans M. Mauss, *Sociologie et Anthropologie*, Paris, P.U.F., 1973, p. XVI.

et signifié –, il faut donc substituer une conception triadique du signe qui tient compte des usages collectifs, du monde commun que partagent des sujets parlants. L'appartenance à une culture témoigne alors de la communauté entre le langage et la vie collective. Peirce[1] a souligné ce rôle de la connotation qui vient biaiser la dénotation et qu'illustre, chez lui, la triangulation sémiotique. Au cœur même du signe, intervient une instance tierce appelée « interprétant » qui ne représente pas une personne, mais d'autres signes associés jouant le rôle de médiation entre le « *representamen* » – l'image sonore du signe – et l'« objet » perceptible ou imaginable représenté par le signe. Le signe ne renvoie alors jamais à une chose de manière isolée, mais plutôt à une structure symbolique dont il n'est lui-même qu'un élément : le schéma strictement désignatif ou référentiel ne devient ici qu'un cas limite[2]. L'interprétant joue le rôle d'un commentaire, d'une glose sur le signe – dans son rapport à l'objet – et l'association entre le signe et l'interprétant ne peut être rendue possible que par le partage d'une expérience de vie collective et d'habitus culturels communs au locuteur et au récepteur. Le caractère indéfini de la série des interprétants indique bien qu'il s'agit d'une expérience de vie, frappée d'incomplétude. Mais, cette expérience de vie n'est plus fondée sur l'immédiateté des émotions subjectivement ressenties : elle apparaît bien tributaire d'une expérience culturelle collective. En revanche, si nous faisons dépendre la signification du seul environnement culturel d'une langue, nous hypothéquons

1. C.S. Peirce, *Écrits sur le signe*, trad. fr. G. Deledalle, Paris, Seuil, 1978, p. 215-230.
2. « Qu'est-ce qu'une signification ? Nous ne pouvons le décrire que comme un faisceau indéfini de renvois interminables à *autre chose que* », C. Castoriadis, *L'Institution imaginaire de la société*, *op. cit.*, p. 332.

de nouveau sa prétention à l'objectivité. Un risque nouveau surgit : non plus celui d'un relativisme subjectif, mais celui d'un relativisme culturaliste qui limiterait toute conception de notre être-au-monde aux frontières d'une culture particulière. Soutenir que la question du sens ne pourrait être traitée que dans les limites d'une culture donne des gages à une forme d'autisme culturel.

Si les mots nous servent davantage à interpréter qu'à désigner, une langue n'exercerait donc pas d'abord une fonction strictement dénotative. Or, si la valeur de vérité d'une proposition se trouve dans sa dénotation, le relativisme culturel des langues viendrait faire obstacle et pourrait justifier une dérive vers un relativisme plus radical. En effet, le principe de substituabilité est alors mis en échec : si deux expressions de langues différentes ont la même référence, alors on peut remplacer une occurrence purement désignative de l'une dans un énoncé par une occurrence de l'autre. Là où la substitution ne peut s'effectuer *salva veritate*, il apparaît que l'occurrence qui résiste à la substitution n'est pas purement désignative et l'expression perd sa transparence. Après avoir prétendu sortir de l'impasse de l'attitude propositionnelle qui, en tant que performance subjective, fausserait notre rapport au réel, nous retomberions donc de nouveau dans l'ornière de l'« opacité référentielle »[1], fût-ce à l'échelle d'une langue héritée culturellement qui, bien que commune à un peuple, reconstituerait pourtant un « entre-soi ». Quine a souligné les difficultés qu'il y aurait à vouloir traduire une langue dans une autre, quand nous avons affaire à deux langues totalement étrangères : l'exemple célèbre de l'expression

---

1. *Cf.* W.V.O. Quine, *Le Mot et la chose*, § 30 et § 41-45, trad. fr. J. Dopp et P. Gochet, Paris, Champs-Flammarion, 1999.

indigène « *Gavagaï* » prononcée devant un explorateur au moment où passe un lapin est censé illustrer ces difficultés de communication[1]. Car cette expression ne peut que rester ambiguë : signifie-t-elle « lapin » ou « oreilles de lapin » ou tout autre chose encore ? Il serait donc impossible de dire « de quoi » parle l'indigène : dire de quoi parle quelqu'un reviendrait à seulement dire comment nous nous proposons de traduire ses termes dans les nôtres. Nous serions condamnés à subir l'indétermination de la traduction, donc son échec. Il n'y aurait pas à chercher de fondements stables à l'établissement de vérités et à la détermination des objets du monde : le langage comme art social ne relèverait que d'un accord conventionnel strictement contingent entre les locuteurs. Entre deux manuels de traduction rivaux, aucune expérience, aucun critère scientifique ne pourrait venir les départager. La thèse de l'indétermination de la traduction serait liée à l'inscrutabilité de la référence, laquelle entérine alors la relativité de l'ontologie. Dans ce cas, il ne serait même plus légitime d'accorder à l'indigène une rationalité minimale : Quine préfère parler de communauté d'apprentissage plutôt que de rationalité commune. Avec Quine, il est acquis que nous réfléchissons « dans les limites de clocher de notre langage » et que même notre ontologie demeurerait parochiale, au point de se résigner à une incommunicabilité irréductible avec tous les risques de malentendus, voire de violence qu'elle induirait...[2]

---

1. *Ibid.*, II, § 7-10.
2. *Cf.* notre ouvrage *Qu'est-ce qu'une civilisation ?*, Paris, Vrin, 2012.

Les institutions symboliques comme fondements
de la vie sociale humaine

Pour autant, nous avons dépassé ici la réduction
des actes de langage à un simple rapport dialogique
entre des consciences incarnées, puisque nous sommes
amenés à admettre la présence d'un esprit objectif propre
à une culture. Or, cette présence d'un esprit objectif
n'est pas seulement affaire de conventions. Certes, la
compétence langagière se concrétise toujours dans des
langues particulières qui constituent autant de systèmes
de signes différents, et chaque signe repose sur un rapport
conventionnel et arbitraire dont l'établissement témoigne
de la liberté de l'homme. Mais chaque langue possède aussi
ses règles communes qui sont assimilables pour celui qui
veut prendre la parole et auxquelles il doit se conformer
pour se faire entendre d'un autre membre de sa culture.
Toute institution ne se réduit donc pas simplement à une
convention arbitrairement établie, mais présente toujours un
caractère normatif qui illustre le fait qu'aucune vie ne peut
se dire humaine sans répondre à des exigences déontiques.
Si le langage ne peut être réduit à un rapport dialogique
entre deux subjectivités, la raison en est que ce rapport
reste toujours investi par des significations communes qui
sont garanties par des règles que les interlocuteurs sont
censés respecter pour se faire comprendre. Ces règles qui
constituent la grammaire de notre être-au-monde ont une
source anonyme puisqu'elles relèvent de l'esprit objectif
d'une communauté sociale et historique : « Obéir à une
règle, faire une partie d'échecs, sont des habitudes (usages,
institutions) »[1]. Ainsi, pour pouvoir se comprendre dans une

---

1. L. Wittgenstein, *Investigations philosophiques*, § 199, *op. cit.*,
p. 202.

relation d'interlocution, il faut remonter à un niveau plus profond que celui des apparences offertes à la conscience de chacun, puisque nous participons d'un esprit impersonnel qui s'exprime à l'insu du locuteur et de son interlocuteur. La force de cet esprit impersonnel pèse sur la façon de se représenter les objets de nos désirs, répartit nos rôles comme ceux de cavalier ou de paysan et détermine des fonctions comme celles de cheval de guerre ou cheval de trait. Elle vient même influencer les prélèvements électifs que l'intimité de notre conscience opère dans son environnement en fonction de ce qui lui semble être pourtant ses préférences propres. Cet esprit impersonnel contribue de ce fait à canaliser les objets possibles de désir que la conscience se représente, en les surdéterminant. Il nous affecte selon le régime de l'influence : comme un fluide, il exerce une subtile pression sur nos prédilections individuelles. Plus globalement, l'esprit objectif d'une culture nous assure une « seconde naissance », vis-à-vis de notre venue au monde naturelle. Nous assistons ici à un renversement par rapport au moment où l'on envisageait l'accès à la réalité suspendu à la skiagraphie à laquelle s'adonne la conscience imageante : désormais, c'est plutôt la réalité qui devient une « ombre projetée de la grammaire », selon l'expression de Wittgenstein[1]. Dès lors, la phénoménalité de la vie de la conscience se déporte elle-même à l'ombre de cette grammaire : « L'usage d'une expression est la caractéristique essentielle qui nous permet d'en reconnaître la signification »[2]. La signification repose

---

1. L'expression de « tournant grammatical » fut le titre d'un article de James A. Nelson : « *Wittgenstein's Grammatical Turn* », dans Actes du 3ᵉ symposium Wittgenstein, en 1978.
2. L. Wittgenstein, *Le Cahier bleu*, trad. fr. G. Durand, Paris, Tel-Gallimard, 1998, p. 143.

ici sur une conception internaliste et immanentiste, dont la
clé se trouve dans la grammaire : même si l'usage de celle-ci
se joue encore dans le rapport phénoménal d'apparition
des acteurs des jeux de langage, elle en constitue la
toile de fond et peut demeurer hermétique à ceux qui ne
partagent pas cette grammaire ni les « formes de vie »[1]
qui lui correspondent. En même temps, parce qu'elle ne
se confond pas avec la logique, cette grammaire ne réduit
pas la richesse sémantique du langage : l'enjeu du sens n'y
est pas éclipsé par le pouvoir d'une rationalité abstraite. La
forme de vie est une unité de vie qui ne doit son existence
qu'à des usages concrets, à des *habitus* adoptés, à un *éthos*,
bref à une « vie éthique (*Sittlichkeit*) »[2] propre à l'esprit
d'une culture.

La spécificité de la vie sociale renvoie à des jeux de
rôle qui font que, même si chacun d'entre nous est différent
des autres, nous sommes néanmoins partenaires dans
des relations de dialogue ou d'échange. Or, ces rapports
humains sont réglés socialement par des institutions
symboliques et non pas seulement par la puissance de
l'imagination. Il faut donc ici nécessairement dépasser
l'imaginaire pour saisir la spécificité de la fonction du
symbolique. Les institutions symboliques ne se réduisent
pas à la sédimentation d'usages établis empiriquement,
mais la dimension normative de chacune exemplifie ce

1. V. Descombes précise sur Wittgenstein, « L'expression de "forme
de vie" doit ici évoquer tout à la fois un fond psychologique de besoins,
de désirs, de réactions naturelles et un fond historique d'institutions
et de coutumes », *Les Institutions du sens*, Paris, Minuit, 1996, p. 93.
2. *Cf.* Hegel, « Cette vie éthique devient une seconde nature qui,
ayant pris la place de la volonté primitive purement naturelle, est l'âme,
le sens et la réalité de l'existence empirique des individus, l'Esprit vivant
et présent comme un monde », *Principes de la philosophie du droit*, III,
§ 151, *op. cit.*, p. 195-196.

qui apparaît comme une condition transcendantale de toute vie sociale humaine : le respect de valeurs communes dans l'orientation de l'existence. Or, la dimension symbolique des institutions signifie que le degré d'acceptabilité de cette exigence est nécessairement proportionné au sens que les êtres humains y trouvent et ne relève pas simplement d'un instinct de sociabilité ou d'un calcul d'intérêt pragmatique. Le symbole renvoie étymologiquement à une pièce qui, après avoir été volontairement brisée, va organiser un système objectif de rapports sociaux : le bris est censé permettre à des personnes éloignées les unes des autres de faire en sorte que le porteur d'un fragment – fût-il un émissaire, un représentant quelconque – puisse être reconnu comme un ami ou un allié par le détenteur de l'autre morceau. Ce morceau de pièce brisée apparaît donc comme une condition objective indispensable pour nouer des relations sociales, en ce qu'il représente une valeur qui va bien au-delà de ce qu'elle est matériellement. La notion de symbole présente donc une dimension relationnelle, puisqu'elle est ce qui permet à des individus de se reconnaître ; mais le symbolique permet surtout de franchir un pas de plus dans le dépli du sens puisqu'il nous montre que nos conduites sont guidées par l'interprétation que nous faisons de signes objectivement établis et non simplement motivés par la fantaisie de nos humeurs. Les symboles renvoient aux « notions communes » qui permettent de nous tenir ensemble et de dialoguer. Ainsi, les institutions symboliques ne sont en aucun cas la simple dérivation d'une imagination primordiale[1], mais sont au

---

1. « Ce que l'individu peut produire, c'est des phantasmes privés, non pas des institutions », C. Castoriadis, *L'Institution imaginaire de la société, op. cit.*, p. 202.

contraire des constructions objectives qui garantissent le partage du sens et l'existence d'un sens commun, au-delà du simple « bon sens ». C'est alors ce « sens commun » qui préside aux rectifications de nos conduites. Si nous avons dû admettre que la grammaire de l'esprit objectif d'une culture ne relève pas seulement de conventions, mais instancie une exigence plus profonde de normes, de règles, celles-ci ne peuvent être admises que si elles mobilisent une dimension symbolique qui réunit des hommes sur la base de valeurs reconnaissables par tous. Chacun reconnaît que s'orienter dans l'existence humaine suppose de respecter certains interdits fondamentaux. Ce n'est donc pas sans raison si, par exemple, la religion a toujours joué un rôle prédominant comme fondement archaïque des cultures : elle a souvent prétendu monopoliser la source de ces interdits et sa liturgie constituait alors sa propre grammaire. Comme l'a indiqué Rousseau, pour que les hommes consentent à respecter des normes, il a fallu que les législateurs les mettent d'abord « dans la bouche des immortels, pour entraîner par l'autorité divine ceux que ne pourroit ébranler la prudence humaine »[1], avant que ceux-ci comprennent ensuite par eux-mêmes les bienfaits de l'auto-nomie. La subsomption de l'imaginaire subjectif sous le symbolique suppose l'intervention d'institutions qui garantissent le partage de valeurs communes sur la base desquelles les rapports humains trouvent leur sens : « Ce qui tient une société ensemble, c'est le tenir ensemble de son monde de significations »[2]. Dans le

---

1. J.-J. Rousseau, *Du Contrat social*, II, chap. 7, dans *Œuvres complètes*, t. III, « Bibliothèque de la Pléiade », Paris, Gallimard, 1996, p. 384.
2. C. Castoriadis, *L'Institution imaginaire de la société, op. cit.*, p. 481.

cas de l'imagination primordiale, la conscience apparaît comme la seule arbitre de l'émergence du sens. Mais avec les institutions symboliques, un renversement se produit : en tant que vecteurs de sens, ce sont elles qui inspirent les conduites et leur livrent leur raison d'être ainsi. C'est pourquoi on ne peut confondre, par exemple, le rêve et le mythe : ce dernier ne peut être intime, privé, mais présente une dimension publique et collective. Les institutions symboliques incarnent un esprit objectif qui permet d'opposer à quelqu'un ce qu'il doit faire ou savoir. Ainsi, la relation intentionnelle intersubjective sur fond d'imaginaire est censée se soumettre à l'épreuve de relations réelles, s'il est bien vrai que la vie sociale ne se réduit pas à une pantomime.

L'ESPRIT OBJECTIF COMME POURVOYEUR DU SENS DE NOS CONDUITES SOCIALES

Si nous prenons l'exemple du don et du contre-don, il est clair que la relation paraît impliquer une conscience intentionnelle qui pourrait sembler être à elle seule constitutive du geste de donner : une expérience mentale pourrait alors être la seule clé du sens d'un don. Or, comme le remarque Peirce : « Donner consiste en ceci que A fait de C le possesseur de B selon la *Loi* »[1]. Se mettre en relation avec une loi signifie que l'on ne peut considérer l'expérience du don dans son actualité brute, en en faisant une description externe comme pour un simple déplacement d'objet. Pour Peirce, la loi introduit un infini potentiel qui fait que l'acte de don rentre dans un espace logique qui n'a rien à voir avec une simple relation

---

1. C.S. Peirce, *Collected Papers*, VIII, § 321, ed. A. Burks, Cambridge, Harvard University Press, 1958.

intersubjective ponctuelle. Wittgenstein a souligné le même problème en radicalisant un paradoxe : « Pourquoi ma main droite ne peut-elle donner de l'argent à ma main gauche ? Ma main droite peut le placer dans ma main gauche. Ma main droite peut écrire un acte de donation et ma main gauche un reçu, mais les conséquences pratiques, ensuite, ne seraient pas celles d'une donation »[1]. Le don implique une relation réelle parce qu'elle lie deux êtres dans un système objectif, alors qu'une relation simplement intersubjective demeure aléatoire, puisque tributaire de l'humeur des gens. Ce que nous apprend le contre-exemple de Wittgenstein, par rapport à la remarque de Peirce, est qu'une relation réelle de don suppose une altérité suffisante entre les deux protagonistes et donc un ordre de justice qui ne peut simplement relever de l'imaginaire. G. Simmel vient conforter la thèse de Peirce en soulignant que le don gracieux à une personne démunie qui nous sollicite relève d'une « sociation humaine (*Menschliche Vergesellschaftung*) » qui met en jeu une obligation éthique : « Bien qu'un geste d'assistance, quel qu'en soit le type, puisse être spontané et individuel et ne répondre à aucune obligation, le devoir de le perpétuer émerge dès lors qu'il est effectué. Ce devoir n'est pas seulement une demande de la part de celui qui reçoit l'assistance, mais aussi le sentiment de celui qui donne [...] Ce fait est reconnu en toute conscience par la loi talmudique du code rituel *Jore Deah* »[2]. C'est justement parce qu'il y a une altérité réelle – et non pas une simple relation de similitude – entre deux êtres que la relation de don peut

---

1. L. Wittgenstein, *Investigations philosophiques*, § 26, *op. cit.*, p. 217.
2. G. Simmel, *Les Pauvres*, Paris, P.U.F., 1998, p. 63.

être envisagée, dans la mesure où la chose donnée joue le rôle de médiateur entre le donateur et le donataire. L'expérience du don et du contre-don réciproque a été spécifiquement analysée par Marcel Mauss[1] à propos de l'institution du *potlatch* et vient renforcer cette hypothèse, à ceci près que, dans ce cas précis, nous avons alors affaire à trois obligations : celle de donner, celle de recevoir et enfin celle de rendre. Or ce qu'a bien remarqué Marcel Mauss à propos de ce rituel, c'est qu'il ne peut s'expliquer sans référence à un « esprit » que les indigènes appellent le « *hau* », soit l'esprit de la chose donnée : les choses échangées ne sont donc justement pas simplement des choses. Le « *hau* » exprime une règle de droit, un lien juridique entre les personnes par le biais de la transmission de choses : « Si on donne les choses et les rend, c'est parce qu'on *se* donne et *se* rend des "respects" – nous disons encore des politesses. Mais aussi c'est qu'on *se* donne en donnant, et si on *se* donne, c'est parce qu'on *se* doit – soi et son bien – aux autres »[2]. La notion de « *hau* » ne possède pas nécessairement une dimension animiste, mais signifie surtout que la chose donnée est animée, au sens où, à travers elle, est exprimée une attitude de la personne ou du clan qui offre et apparaît donc partie prenante du système d'échange institué. Le don et le contre-don ne se réduisent donc pas à des données factuelles, mais présupposent une institution tacite, un usage établi de règles qui conditionne les conduites. Ces exigences déontiques s'expriment au conditionnel et préexistent en amont de la transaction : si une personne possède quelque chose, alors elle est

---

1. M. Mauss, *Essai sur le don*, dans *Sociologie et Anthropologie*, Paris, P.U.F., 1973, p. 143-279.
2. *Ibid.*, p. 227.

censée donner ; celui qui reçoit est censé accepter le don ;
ensuite lui-même est censé procéder à un contre-don. Les
conduites interagissent sur fond d'un dispositif qui est fixé
préalablement par des normes pour permettre à chacun
de se diriger dans la vie. Les institutions symboliques ne
provoquent pas des comportements comme s'il s'agissait
de rapports mécaniques de causes à effet : leur rôle est
de pourvoir les relations humaines de suffisamment de
sens afin de permettre à chacun de se donner des raisons
d'agir de cette façon plutôt que de telle autre (par exemple,
accepter le don plutôt que de le refuser en risquant alors de
créer une rupture hostile). Si les protagonistes recourent
à la notion de « *hau* », celle-ci révèle que leur échange
ne peut se faire que sur la base d'un esprit partagé, en
l'occurrence un univers de significations qui oriente les
conduites. Les institutions symboliques sont pourvoyeuses
de sens, de valeurs pour permettre aux individus d'être à
la fois libres dans leurs conduites sociales, tout en leur
évitant de sombrer dans l'arbitraire qui mène à la spirale
de la violence. Les institutions symboliques pourvoyeuses
de sens garantissent des règles objectives qui induisent
des schèmes mentaux à l'aide desquels chacun peut
rendre intelligible ce qu'il fait, comprendre une situation
donnée et adopter les conduites adéquates pour garantir
ses relations sociales. Il faut donc distinguer l'esprit
objectivé tel que Merleau-Ponty le considère et l'esprit
objectif à l'œuvre dans les institutions. L'esprit objectivé
n'est encore que la résultante d'une donation subjective
de sens que les consciences à elles seules projetteraient,
alors que l'esprit objectif implique un basculement : c'est
bien l'objectivité du sens qui est ici primordiale et qui
conditionne les conduites subjectives. Hegel avait bien
souligné combien l'esprit objectif n'a rien à voir avec

des faits de la vie psychique des individus, mais vise au contraire à incarner l'universel. Mais de quelle forme d'universalité peut-il s'agir ?

LE « NOYAU DE SENS » QUE PRÉSUPPOSE TOUT ÉTABLISSEMENT DE RAPPORTS SOCIAUX HUMAINS

Ce fut déjà le mérite de Montesquieu d'avoir souligné que non seulement la liberté en société suppose des normes, des lois, mais que celles-ci relèvent de règles déontiques universelles en amont de la vie sociale. Quand il définit la liberté « dans une société où il y a des lois » comme un « pouvoir faire ce que l'on doit vouloir »[1], Montesquieu met en rapport – au tout début de son ouvrage *De l'Esprit des lois* – ce « devoir » avec des exigences déontiques plus fondamentales qui jouent le rôle d'axiomes éthiques et concernent potentiellement toute société humaine[2] : « Il y a une donc une raison primitive ; et les lois sont les rapports qui se trouvent entre elles et les différents êtres, et les rapports de ces différents êtres entre eux »[3]. Quel est ce type de relations humaines constituant un « noyau de sens » antérieur au droit positif et présentant à la fois un degré de régularité rationnelle et un rapport nécessaire aux valeurs ? Pour Montesquieu, il s'agit d'archétypes d'attitudes sociales censés caractériser la conduite des êtres dotés d'intelligence. Il est ainsi possible de dégager de la gangue empirique de toute vie sociale humaine, des règles éthiques élémentaires, des « lois primitives » qui se rapportent aux conditions fondamentales pour toute expérience de vie

---

1. Montesquieu, *De l'Esprit des lois*, XI, dans *Œuvres complètes*, t. II, « Bibliothèque de la Pléiade », Paris, Gallimard, 1951, chap. 3, p. 395.

2. *Cf.* notre ouvrage *Montesquieu et la liberté*, Paris, Hermann, 2010.

3. Montesquieu, *De l'Esprit des lois*, I, *op. cit.*, chap. 1, p. 232.

sociale en bonne intelligence. Ces épures d'obligations, Montesquieu en donne quelques exemples emblématiques : « Que, supposé qu'il y eût des sociétés d'hommes, il seroit juste de se conformer à leurs lois ; que, s'il y avoit des êtres intelligents qui eussent reçu quelque bienfait d'un autre être, ils devroient en avoir de la reconnaissance… »[1]. Montesquieu s'installe ici dans une posture d'énonciation fictive, se projetant dans une situation censée précéder toutes celles qui peuvent avoir ensuite une réalité empirique effective. Il met au jour non des commandements impératifs catégoriques comme dans le cas de normes relevant strictement de la conscience morale intime, mais plutôt les conditions de possibilité que toute vie sociale humaine en bonne intelligence présuppose pragmatiquement. C'est pourquoi, ces obligations ne peuvent s'exprimer qu'au conditionnel sur le mode : « Si l'on veut vivre humainement en société, alors il faut que… ». Au-delà des variations des conduites humaines concrètes et de la diversité des sociétés humaines particulières, des invariants normatifs de conduites sont nécessairement présupposés. Montesquieu laisse même ouverte la possibilité de se dispenser de respecter ces impératifs hypothétiques de prudence, au risque alors d'une dissolution de toute vie sociale[2]. Déterminer le sens d'un jugement qui estime ce qui est « juste » ou « injuste » revient donc à l'inscrire comme un énoncé qui vaut comme exemplification de prescriptions potentiellement reconnues qui permettent à des sociétés humaines pourtant empiriquement différentes de donner du sens à la notion de justice. Ainsi connaît-on le

---

1. Montesquieu, *De l'Esprit des lois*, I, *op. cit.*, chap. 1, p. 233.
2. Ou dans le cas d'une « socialité sans société » propre à notre époque postmoderne, *cf.* M. Freitag, *L'Oubli de la société*, Rennes, P.U.R., 2002.

sens de ce qui est juste quand sont connues les conditions valant pour une situation qui mérite cette expression. Certes, le sens des maximes présupposées à toute vie sociale que met au jour Montesquieu reste indéterminé, mais vaut comme proposition conditionnelle générale qui requiert nécessairement d'être actualisée empiriquement. Mais même si la notion de justice peut être déclinée différemment en fonction des situations socio-historiques, elle ne vaut que si elle réfracte toujours certaines obligations universelles élémentaires dans une vie sociale humaine. Montesquieu s'inspire ici d'un réalisme des possibles au sens de dispositions conditionnelles qui permettent, par exemple, de juger de la légitimité d'un droit positif établi. Montesquieu semble anticiper ici sur ce que C.S. Peirce appelle les « *would be* », c'est-à-dire la reconnaissance des « possibilités réelles »[1] qui conditionnent et rendent compte de ce qui est empiriquement effectif et ponctuellement établi concernant le droit, la légalité[2]. Cette nécessité conditionnelle que met au jour Montesquieu vaut comme un « principe général du droit », un type spécifique de loi qui n'est encore qu'une simple idée non réalisée, mais destinée à être déclinée ou instanciée. Le sens de la justice, par exemple, préexiste à toute signification particulière que le droit positif peut lui donner et conditionne sa légitimité. Cette rationalité axiologique présupposée constitue une

---

1. Peirce s'inspire de Duns Scot qui différenciait le possible-réel du possible logique, « Le possible-réel est ce qui est reçu par une puissance réelle, comme une puissance inhérente à quelque chose », *Ordinatio*, cité par C. Tiercelin dans *Peirce et le pragmatisme*, Paris, P.U.F., 1993, p. 40, note.

2. *Cf.* C.S. Peirce, *Collected Papers*, vol. 1-6, eds. C. Harsthorne and P. Weiss, Cambridge, Harvard University Press, vol. 4, § 640and vol. 5, § 457, 1935.

sorte de grammaire pure des rapports sociaux humains
régissant les contours d'une expérience phénoménale
pure des interactions sociales. Le droit positif est alors
censé relever lui-même d'un certain type de rationalité
axiologique vis-à-vis duquel il ne peut déroger, à moins
de perdre sa légitimité. Cette conception relationnelle
de la liberté s'articule donc sur des devoirs objectifs
plutôt que sur des droits subjectifs. Cette mise au jour
de conditions déontiques universellement présupposées
trouve son prolongement dans les perspectives de recherche
ouvertes par Adolf Reinhart qui visent à montrer que la
structure ontologique de l'action humaine est prédonnée et
présupposée pour tout règlement positif : « Le droit positif
trouve les concepts qu'il utilise, il ne les crée en aucun
cas »[1]. Comme le dit Montesquieu : « Les êtres particuliers
intelligents peuvent avoir des lois qu'ils ont faites ; mais
ils en ont aussi qu'ils n'ont point faites [...] Dire qu'il
n'y a rien de juste et d'injuste que ce qu'ordonnent ou
défendent les lois positives, c'est dire qu'avant qu'on eût
tracé de cercle, tous les rayons n'étoient pas égaux ». Et
sur sa lancée Montesquieu de conclure : « Il faut donc
avouer des rapports d'équité antérieurs à la loi positive
qui les établit »[2]. Lorsque nous traçons un cercle, nous
accomplissons un dessin, mais celui-ci n'est encore que
l'exemplification, l'instanciation d'une figure idéale
objective qui est celle du cercle parfait. On ne peut donc
pas confondre un dessin tracé avec la figure idéale et réduire
celle-ci à celui-là ; bien au contraire, c'est la figure idéale
qui sert de référence lorsque nous regardons le dessin

---

1. A. Reinhart, *Fondements* a priori *du droit civil*, trad. fr. R. de Calan,
Paris, Vrin, 2004, p. 42.
2. Montesquieu, *De l'Esprit des lois*, I, *op. cit.*, chap. 1, p. 233.

tracé. Chaque dessin tracé vaut alors pour sa plus ou moins grande approximation vis-à-vis de la figure idéale : c'est pourquoi envisager un cercle carré apparaîtrait comme un non-sens radical. Mais inversement la figure idéale ne peut être elle-même totalement indépendante de toutes les variations possibles d'un cercle dessiné et surtout de l'existence d'un espace où elle se déploie : ici, cet espace n'est autre que le champ de la société humaine et la figure idéale correspond aux exigences déontiques fondamentales qui président au droit, mais elle apparaît nécessairement liée aux conditions propres à une vie sociale humaine. Pour Montesquieu, ce sont donc des principes généraux du droit qui valent comme dispositions conditionnelles et donnent un sens légitime au droit positif. Ainsi, pour reprendre un vocabulaire qui sera celui de Husserl, l'acte même d'établir des lois positives pour dire le droit présuppose une « idéalité liée », c'est-à-dire ici la « figure » ou plutôt le « schème » objectif de l'équité susceptible de servir de référence pour des conditions de vie humaines. Pourquoi s'agit-il d'une « idéalité liée » ? Les règles archétypales de l'équité ne peuvent pas être considérées de manière purement abstraite, mais toujours en lien avec des rapports humains, dans le cadre d'un espace social. Tout édifice concret du droit présuppose un soubassement eidétique et, plus qu'à Edmund Husserl, nous pensons ici à son fils Gerhart qui s'est efforcé de mettre au jour ce « noyau de sens (*Sinneskern*) », ce « résidu de caractères essentiels sans lesquels la chose ne peut être ce qu'elle est conformément à son idée »[1].

---

1. *Cf.* G. Husserl, *Recht und Zeit*, Francfort, Vittorio Klostermann Verlag, 1955, I, p. 18.

Ainsi, ce qui fait l'originalité des analyses de Montesquieu n'est pas tant – comme l'a prétendu Hegel – d'avoir mis l'accent sur un esprit objectif propre à une culture, mais plutôt d'avoir pointé une tension latente entre, d'une part, « l'esprit des lois » dont nous venons de rappeler les principes universalistes et, d'autre part, « l'esprit général d'une nation » : en aucun cas, ce dernier ne peut légitimement éclipser le premier. Entre les deux, la tension peut aller jusqu'à la crise. L'enjeu est important puisqu'il s'agit de se démarquer de la conception d'un « esprit de nation » qui prétendrait incarner à lui seul une universalité intensive, à une époque donnée. En effet, le mérite du premier chapitre de *De l'Esprit des lois* est de mettre en évidence une universalité potentielle en amont qui est certes vouée à se diffracter dans des cultures différentes, mais que chacune d'entre elles est cependant censée aussi réfracter, sans quoi la légitimité de ses institutions serait susceptible d'être remise en question. Chaque culture, chaque « esprit général » d'une nation apparaissent comme l'instanciation particulière opérée en aval de conditions transcendantales objectives des rapports humains qui elles se situent en amont. Confrontée à cette potentielle universalité d'un « esprit des lois » – présupposée pour toute instanciation reconnue comme légitime –, une nation qui cultiverait abusivement ses particularismes peut alors y perdre son « esprit ». Loin de justifier un relativisme culturel radical, Montesquieu a mis en évidence un « esprit des lois » recélant des dispositions conditionnelles faisant office d'une grammaire pure des rapports sociaux constituée de règles déontiques élémentaires, mais universelles, permettant ainsi de garantir un socle transactionnel commun entre les différentes cultures ou nations. Lévi-Strauss abonde dans le même sens : « L'ensemble des coutumes d'un peuple est toujours marqué par un style ; elles forment des systèmes. Je suis persuadé que ces systèmes n'existent pas en nombre illimité et que les sociétés humaines comme les individus – dans leurs jeux, leurs rêves ou leurs délires – ne créent jamais de façon absolue, mais se bornent à choisir certaines combinaisons dans un répertoire idéal qu'il serait possible de reconstituer »[1]. S'il y a communication entre des hommes d'appartenance culturelle différente, ce n'est donc pas simplement parce qu'il y a eu une rencontre existentielle entre des locuteurs étrangers l'un à l'autre, mais parce que la possibilité objective d'une communication entre sujets disposant du même équipement mental était déjà présente de manière sous-jacente : « L'inconscient cesse d'être l'ineffable refuge des particularités individuelles, le dépositaire d'une histoire unique, qui fait de chacun d'entre nous un être irremplaçable. Il se réduit à un terme par lequel nous désignons une fonction : la fonction symbolique, spécifiquement humaine, sans doute, mais qui chez tous les hommes, s'exerce selon les mêmes lois »[2]. Il s'agit bien alors de constantes de l'esprit partagées universellement. Une même architecture de l'esprit est à l'œuvre aussi bien dans les catégories logiques, dans certaines formes d'institution et les dispositifs mythiques. La prétendue antinomie entre l'universel et le particulier peut donc être surmontée. Montesquieu lui-même souligne que l'esprit des lois déborde l'esprit d'une simple nation particulière et permet de juger celle-ci à l'aune de repères universels. Ainsi prend-il l'exemple de Gélon qui, après avoir vaincu les Carthaginois, les obligea à abolir leur

---

1. C. Lévi-Strauss, *Tristes Tropiques*, Paris, Presses Pocket, 1992, p. 205.

2. C. Lévi-Strauss, *Le Cru et le cuit*, Paris, Plon, 1964, p. 20.

coutume d'immoler les enfants : « Il exigeoit une condition
qui n'étoit utile qu'à eux, ou plutôt il stipuloit pour le
genre humain »[1]. Chaque culture est censée offrir une
contextualisation à chaque fois particulière et empirique
d'un sens universel de la justice qui vaut comme schème
transcendantal objectif de la vie sociale humaine et qui
impose le respect de principes éthiques élémentaires.
Comme le souligne également Hilary Putnam : « La
croyance en l'existence de quelque chose comme la justice
n'est pas une croyance en l'existence de fantômes, et le
"sens de la justice" n'est pas un "sixième sens" »[2]. Mais
s'il existe bien un esprit objectif de l'humanité, celui-ci
n'a rien d'un esprit absolu, puisqu'il reste tributaire de
sujets humains et de ces artefacts que sont les institutions
qui structurent leur espace social.

---

1. Montesquieu, *De l'Esprit des lois*, X, *op. cit.*, chap. 5, p. 381-383.
2. H. Putnam, *Raison, Vérité et Histoire*, *op. cit.*, p. 163.
Cf. G.W. Leibniz, *Le Droit de la raison*, Paris, Vrin, 1994, p. 113.

CHAPITRE IV

LE SENS COMME MATRICE
DES SIGNIFICATIONS

Tant que nous en restons à l'imagination primordiale, nous n'accédons pas à un monde objectif : chacun vit encore dans le sien, qui pour cette raison n'est encore qu'un semblant de monde. Certes, cette imagination primordiale exerce une fonction transcendantale vis-à-vis de la vie phénoménale, puisqu'elle est la condition même de son émergence, de son apparition, au sens où elle déploie la trame d'apparence sur fond de laquelle se joue la plupart du temps notre vie vécue. En revanche, la conscience vigile émerge du ressac des *scenarii* que se forge l'imagination primordiale : elle prend alors en compte la résistance d'une extériorité, l'irréductibilité d'une altérité. La prise de conscience est l'expérience du tropisme d'un sujet qui s'oblige à se tourner vers des objets, mais l'arc intentionnel qui la caractérise la conduit à ne poser que des objectités toujours susceptibles d'être investies encore par des désirs, des souhaits subjectifs. Avec elle, nous passons de la préfiguration à la figuration, mais le pouvoir de l'imaginaire qui continue à la tarauder en fait constamment une source de méconnaissance possible : les objets qu'elle se figure sont de l'ordre du vécu, et non

strictement du connu, puisque sans le secours du pouvoir
de l'entendement les objectités qu'elle vise ne présentent
encore aucune garantie d'objectivité. Quant aux institutions
symboliques, elles apportent la possibilité d'asseoir notre
être-au-monde et de partager un sens commun, en nous
faisant passer, par exemple, du cours subjectif du temps
qui n'est encore que celui de l'âme subjective à un ordre
objectif du temps comme peut l'être le temps calendaire ou
celui des horloges. Ce sont ces institutions symboliques qui
garantissent la reproductibilité des synthèses – esquissées
par l'imagination ou opérées par la conscience – et
qui aménagent un espace public pour leur expression
publique. Mais si ces institutions symboliques ne sont
fondées que sur l'usage, sur des *habitus* culturels, le sens
qu'elles garantissent n'est encore tributaire que de règles
conventionnelles : celles d'une grammaire régulant des
formes de vie. Un consensus hérité ne constitue pas encore
une source de vérité universelle. Il ne suffit pas que la réalité
d'un monde soit cautionnée par une culture, ses « formes
de vie » et ses institutions pour en garantir universellement
l'objectivité. Si, par exemple, un être humain ne peut
se passer de traditions, cela ne signifie pas pour autant
que toutes les traditions soient légitimes. L'effort de la
conscience pour produire une connaissance objective
ne peut avoir de frontières et implique de dépasser les
particularismes culturels. L'enjeu alors pour la conscience
est de se donner comme objet des entités assurées de leur
propre densité ontologique, indépendamment des grilles
culturelles à travers lesquelles elles sont appréhendées. La
conscience en quête de vérités présuppose donc que les
phénomènes puissent présenter leur propre consistance
– indépendamment de nous – et une certaine disposition
qui leur donne une telle « force extérieure » que celle-ci

défie et stimule nos facultés : car sinon « notre imagination empirique ne recevrait jamais rien à faire qui fût conforme à son pouvoir, et par conséquent elle demeurerait enfouie à l'intérieur de l'esprit (*Gemüt*) comme une faculté morte et inconnue à nous-mêmes »[1]. L'enjeu est de comprendre plus profondément comment les phénomènes, n'étant pas de simples apparences, contribuent de manière décisive, par leur propre densité, à garantir l'objectivité de notre monde. On ne saurait dire plus clairement que l'esprit ne travaille qu'à condition que son objet ne soit pas totalement futile au point de s'évaporer comme un mauvais rêve, comme les fantômes de nos nuits, mais présente une certaine résistance à la connaissance, en s'imposant comme problème incontournable à prendre en charge. Pour sortir des affres de ses fantasmagories, la conscience à vocation cognitive doit donc en arriver à présupposer une telle réalité – même encore énigmatique – avant toute connaissance déterminée. Admettre une telle réalité susceptible de prendre ensuite la forme d'un objet de connaissance apparaît d'abord comme un réquisit irréductible pour que la conscience puisse prétendre accéder à l'objectivité. Comme dit Kant, il faut que quelque chose soit, pour que quelque chose apparaisse[2]. La conscience joue sa fiabilité dans la reconnaissance qu'elle est tributaire d'un tel réquisit[3], qu'elle doit avoir à se régler sur cette « force extérieure » en la pensant comme étant incontournable, même si elle ne peut en

---

1. *CRPure*, p. 1407.

2. « Cette proposition absurde qu'il y aurait un phénomène sans quelque chose qui apparaît (*dass Erscheinung ohne etwas wäre, was da erscheint*) », Kant, 2ᵉ *Préface* à la *Critique de la raison pure*, XXVII. Pour Kant, l'existence ne peut être considérée comme un attribut à côté des autres, comme un simple prédicat parmi d'autres…

3. En latin, *requisitum* signifie « chose (*res*) requise ». Chez Leibniz, l'expression est synonyme de *causa sine qua non*.

produire immédiatement une connaissance. Nous sommes donc en face d'une « *quoddité* » transcendantale, d'une factualité transcendantale sans en cerner nécessairement la « *quiddité* » – c'est-à-dire sans pouvoir encore en saisir l'essence ou les propriétés – et pourtant toute conscience se doit de la prendre en compte, à défaut d'en fournir une connaissance effective. Nous sommes confrontés ici aux limites de l'imagination face à ce « quelque chose » d'exorbitant que toute conscience ne peut que poser, par la pensée, pour battre en brèche toute tentation solipsiste. Cette « *terra ignota* », cette idéalité d'un « *quod* » qui dépasse l'imagination, nous l'entrevoyons quand celle-ci impuissante passe le relais à la pensée : cette quoddité présente alors une fonction transcendantale en tant que corrélat à la fois étrange et familier, pivot incontournable pour garantir l'objectivité à laquelle la conscience aspire. Ce réquisit ne peut donc être réduit lui-même à un fait phénoménal et nous conduit à la frontière du nouménal. Il constitue pourtant la condition transcendantale pour que les phénomènes ne se réduisent pas à des apparences évanescentes : il n'est donc pas un fait au sens strict, et pourtant il est posé comme un horizon nécessaire de la conscience, comme un « *Il y a* » que pose la pensée, avant même de savoir en quoi exactement il consiste. Nous retrouvons ici un impératif conditionnel qui vaut comme règle heuristique : si la conscience veut transformer ses certitudes subjectives en vérités objectives, il lui faut reconnaître l'existence d'un « quelque chose » qui la déborde et qu'elle doit néanmoins penser comme un nécessaire vérifacteur[1], pour

---

1. *Cf.* D. M. Armstrong, « Vérité et vérifacteurs », dans J.-M. Monnoyer, *La Structure du monde : objets, propriétés, états de choses*, Paris, Vrin, 2004.

en déterminer ensuite progressivement les propriétés par le biais de l'entendement configurant. La « nécessitation » de penser l'existence de ce « quelque chose » conditionne donc en amont l'établissement de significations correctes à son propos, s'il est bien vrai que la conscience précède la connaissance et toujours l'accompagne.

ONTOLOGIE DE « L'OBJET » TRANSCENDANTAL DE LA CONSCIENCE

Tant que la conscience se figure le monde qui l'entoure, elle reste tributaire de l'imagination primordiale qui forge des synthèses à sa guise et ne peut donc prétendre avoir accès à la réalité objective. Le paradoxe de la conscience est qu'elle se constitue sur la base d'un rapport avec un objet, mais sans encore être jamais sûre que cet objet ne soit pas simplement le fruit de ses propres projections. Mais l'étrangeté de ce « quelque chose » qui fait nécessairement face à elle met à l'épreuve l'imagination et peut aussi mettre en déroute les synthèses qu'elle opère pour l'appréhender. Tel est le cas dans l'expérience du sublime, lorsque nous faisons l'expérience paroxystique de quelque chose qui nous fascine et, en même temps, nous effraie par son exorbitance, au point de nous stupéfier. L'acte de penser survient quand l'imagination s'exaspère à se figurer cette extériorité revêche qui résiste à ses projections fantasmatiques. L'acte de penser correspond à un changement de régime du *conatus mentis*. Plutôt que de subir à notre corps défendant la résistance de cette extériorité, il s'agit de la poser *a priori*, de manière irréductible, pour stimuler nos investigations, afin de déterminer les propriétés qui caractérisent sa densité ontologique : le connaître ira donc au-delà de ce auprès de quoi la pensée séjourne d'abord nécessairement. Avec

ce « quelque chose » qui va à l'encontre de notre propre
imagination, nous faisons l'expérience insolite des limites
de la vie phénoménale. La conscience elle-même est vouée
à se déprendre de ses propres représentations si elle veut
prendre au sérieux ce rapport avec un « quelque chose »
qui *a priori* lui échappe nécessairement et dont elle doit
pourtant faire sa cible. Par un mouvement de bascule,
le centre de gravité de la conscience est alors voué à se
déplacer du sujet vers ce qui doit devenir son objet. Si le sens
est censé nous permettre de nous orienter dans l'existence,
il requiert pour gagner en fiabilité que la conscience
prenne d'abord une « direction » qui peut sembler être
un détour, mais qui consiste à se diriger vers l'horizon
dans lequel des objets effectifs deviennent susceptibles
de tomber sous l'expérience de la synthèse empirique.
Il s'agit donc d'un « se rapporter préalable » à l'étant et
cette « relation à… » qui relève d'une pure synthèse de la
pensée est ce qui nous donne le « à quoi », soit l'horizon
sous lequel l'étant sera expérimentable en lui-même
par des synthèses empiriques[1]. Cette synthèse préalable
présente ici une dimension vérifactionnelle. Comme
l'avait vu Kant en parlant d'un « *Je* transcendantal », la
conscience incarnée est conduite à se débarrasser de ses
oripeaux pour se réduire à un pur pouvoir de la pensée
posant un quelque chose d'« exotopique », foncièrement
étrange, mais qu'il est pourtant indispensable de penser
comme un pôle fondateur : un réquisit voué à conditionner
l'objectivité des synthèses cognitives qui peuvent ensuite

---

1. « Cette pure manière de "se rapporter à …" (synthèse)
constitue primitivement la direction et l'horizon dans lesquels l'étant
devient susceptible de tomber sous l'expérience de la synthèse
empirique », M. Heidegger, *Kant et le problème de la métaphysique*,
trad. fr. A. de Wahlens et W. Biemel, Paris, Gallimard, 1968, p. 75.

être effectuées à son propos. La gageure de la conscience est justement de se constituer sur la base d'un tel rapport entre un sujet et quelque chose d'autre qu'elle-même censé potentiellement devenir son objet, car sinon nous resterions confrontés à la difficulté que Kant avait pointée : comment des conditions subjectives de la connaissance peuvent-elles avoir une valeur objective ? Il ne peut y avoir processus de connaissance que si les « conditions subjectives » transforment le « quelque chose » en objet : encore faut-il qu'il soit donc supposé. Mais, pour poser mentalement un tel objet, la projection de sens dont se réclame la conscience a à s'extirper de l'imagination primordiale qui lui rappelle sans cesse son incarnation et larguer les amarres des représentations psychiques. L'accès à l'objectivité du sens implique qu'il faille admettre un objet de la conscience qui soit distinct d'elle, sans qu'il soit pour autant un objet de connaissance déterminé. Comme le précise Kant, « Il est aisé de voir que cet objet ne doit être pensé que comme quelque chose (*Etwas*) en général = X »[1]. Pour s'affranchir des simples projections d'une conscience encore sous la coupe de l'imagination, il faut donc nécessairement supposer un potentiel objet préalablement posé devant la conscience : « Cet objet est considéré comme ce à quoi on fait face (*Gegenstand...*, *was dawider ist*) »[2]. Or, cet objet n'est, d'un côté, « rien pour nous, puisqu'il doit être quelque chose de différent de toutes nos représentations » ; mais d'un autre côté, même si cet objet nous est étrange, il ne se réduit pas non plus à un rien d'existence : au contraire, la conscience ne s'y rapporte que comme le garant nécessaire de l'objectivité

1. *CRPure*, p. 1410.
2. *Ibid.* p. 1410.

de l'existence, son pivot, et donc comme ce autour de quoi elle gravite.

Ce quasi-objet auquel se rapporte alors la conscience pensante ne peut présenter rien d'empirique et ne se laisse pas appréhender par une quelconque intuition sensible ou imagination, même s'il est pourtant la condition transcendantale pour que nos connaissances puissent prétendre rendre compte d'une réalité objective. Nous nous retrouvons ici en plein cœur de l'ontologie, au sens où l'objet X est, comme le précise Kant, le « quelque chose *en général* », c'est-à-dire comme l'un des « transcendantaux » de la *metaphysica generalis* classique, c'est-à-dire ce qui peut être dit de tout être[1]. Par contraste avec la *metaphysica specialis* qui prétend partir hiérarchiquement d'un suprême Être, Avicenne avait déjà présenté la *métaphysica generalis* comme une ontologie de l'être quelconque, de l'*ens commune*, présenté comme ce qui se situe en amont des différentes sciences et les conditionne. Or, cette approche avait été reprise par Duns Scot qui insista sur l'univocité de l'étant : l'être ne peut être considéré comme un privilège de Dieu, puisque le fait d'être concerne aussi bien Dieu (l'étant non participé) que n'importe quelle créature (l'étant participé). L'étant est l'élément neutre, indifférent et commun à tout ce qui existe. Selon cette approche, l'être n'est pas simplement pensé comme « ce qui a de l'existence » (*quod habet esse*), mais comme ce qui potentiellement existe, comme ce qui ne répugne pas à exister (*quod aptum natum est existere*) : l'étant déborde sa facticité ou actualité empirique. L'X dont

---

1. Heidegger décrit cet objet X comme le « pur horizon » et « l'orientation préalable » que présuppose toute connaissance empirique, cf. *Kant et le problème de la métaphysique*, § 25, *op. cit.*, p. 177-178.

parle Kant n'est donc pas sans rappeler cette problématique
ontologique dont l'enjeu est d'admettre que notre pensée
peut porter sur des objets réels, même si cette réalité
ne se réduit pas à leur *haecceité*, c'est-à-dire à leur
statut d'objets individués et bien déterminés. Pour Duns
Scot, l'*ens commune* existe d'abord indépendamment
de toute concrétisation, de toute instanciation, dans un
état d'indétermination ou d'indifférenciation positive.
Or, un auteur comme C.S. Peirce s'est efforcé à son tour
de reconnaître une telle réalité présentant d'abord une
irréductible indétermination, sous la double forme du
vague et de la généralité. Pour Peirce, même si aucune
chose ne peut exister indépendamment de toute relation
que l'esprit peut en établir, le réel lui-même nous est
d'abord présent sous une forme indéterminée[1]. En mettant
l'accent sur cette indétermination primordiale, Peirce ne
fait que rejoindre Kant qui, à propos de ce *X* transcendantal,
parle de « la pensée tout à fait indéterminée de quelque
chose en général »[2] comme constituant la condition de
l'objectivité, son lieu d'arrimage. Il ne s'agit donc pas de
s'en remettre uniquement aux conditions transcendantales
subjectives par lesquelles le sujet humain peut prendre
connaissance d'objets mondains discrets, les distinguer,
mais de reconnaître la nécessité de recourir en amont à
une condition transcendantale qui est gage d'objectivité,
comme l'avait déjà souligné Duns Scot en définissant
l'étant lui-même comme un transcendantal : « Tout ce
qui convient à l'étant en tant qu'indifférent au fini ou

---

1. « Si l'existence de l'universel dépendait de ce qu'il *nous arrivait*
de penser, la science ne se rapporterait à rien de réel », C.S. Peirce,
Collected Papers, VIII, 18, *op. cit.*
2. *CRPure*, p. 980. Cette notion d'indétermination sera également
reprise dans la seconde édition, cf. *ibid.*, p. 982.

à l'infini [...] lui convient, non point en tant qu'il est déterminé au genre mais en tant qu'antérieur, et par conséquent en tant qu'il est transcendantal et hors de tout genre »[1]. Dès lors, cet étant ainsi présupposé nous apparaît à la fois incontournable et problématique. Le détour par l'ontologie permet ici de défendre un réalisme transcendantal qui est la clé de l'objectivité de la vie phénoménale. Ce n'est qu'à cette condition que nous pouvons dépasser le monde du rêve, du jeu hasardeux des représentations. Reconnaître un transcendantal objectif comme ce « quelque chose en général (*Etwas überhaupt*) » est la condition d'après laquelle peut être posé ensuite un certain divers comme corrélat de la conscience cognitive censée le déterminer comme tel. Cette condition vaut comme règle qui permet de poser un « objet intentionnel total », au sens où il s'agit de l'être visé par le sujet dans tout ce qu'il reçoit et construit par la suite. Comme le précise encore Kant : « Le concept pur de cet objet transcendantal (qui en réalité dans toutes nos connaissances est toujours de même sorte = X) est ce qui peut procurer à tous nos concepts empiriques en général, un rapport à un objet, c'est-à-dire de la réalité objective »[2]. Sans la pensée de l'existence d'un tel objet transcendantal, le sujet pourrait se contenter de la succession de ses représentations fantaisistes, mais en même temps il s'y abîmerait : c'est cet objet transcendantal qui constitue, au bout du compte, le pôle de l'accomplissement synthétique de la conscience, nécessaire pour fiabiliser ses certitudes.

---

1. J. Duns Scot, *Ordinatio*, cité par O. Boulnois, dans *Jean Duns Scot, Sur la connaissance de Dieu et l'univocité de l'étant*, Paris, P.U.F., 2011, p. 241.

2. *CRPure*, p. 1413.

LA NATURE AMPHIBOLIQUE DE L'X TRANSCENDANTAL

L'ambiguïté de ce quasi-objet à caractère transcendantal tient en ce qu'il ne se réduit pas à une forme immanente de la conscience – puisqu'il correspond plutôt au dépassement de celle-ci vers un « tout autre » –, mais en même temps, il ne peut être tenu pour une chose en soi totalement indépendante – puisqu'il reste un corrélat de la conscience, lorsque son souci du sens la fait accéder à la pensée. Si la conscience est bien toujours « conscience de *quelque chose* », nous atteignons ici le point le plus haut de la fonction réaliste de l'intentionnalité, sans que ce « quelque chose » puisse pourtant être pris pour la chose en soi, puisqu'il ne peut être considéré que comme une idéalité transcendantale d'objet vague : il est la conscience d'un être indéterminé en ce qu'il nous échappe et pourtant fait signe à partir de son retrait. Il est la clé de ce qui fera la différence entre l'expérience et la simple fiction : « Tous les principes de détermination de mon existence, qui peuvent être trouvés en moi, sont des représentations, et ont besoin, comme telles, de quelque chose de permanent, qui soit distinct de ces représentations »[1]. Mais Kant souligne le caractère hybride de cet objet transcendantal et il s'interroge dans la première version de la *Critique de la raison pure* : « Qu'est-ce donc que l'on entend quand on parle d'un objet correspondant à la connaissance et par conséquent aussi distinct d'elle ? ». Kant ne dissimule pas son embarras quand il s'agit de préciser la nature de ce quasi-objet transcendantal : « Les phénomènes sont les seuls objets qui peuvent nous être immédiatement donnés, et ce qui en eux se rapporte immédiatement à l'objet s'appelle intuition. Or, ces phénomènes ne sont pas des

---

1. *Ibid.*, p. 955.

choses en soi, mais ils sont eux-mêmes des représentations, qui à leur tour ont leur objet, qui par conséquent ne peut plus être intuitionné par nous, et peut par suite être appelé l'objet non empirique, c'est-à-dire transcendantal = X »[1]. L'objet (*Object*) transcendantal est donc affaire d'une pensée affranchie des intuitions empiriques, parce que celles-ci peuvent aussi devenir des œillères. Même si cette pensée n'assure pas encore une connaissance précise, elle présente une fonction véritative. Cette visée par une consciente pensante d'un objet en général constituant son horizon est une exigence fondamentale pour que l'entendement puisse ensuite se poser comme « la source même de toute vérité, c'est-à-dire de l'accord de notre connaissance avec des objets (*Objecten*) »[2], c'est-à-dire des objets qui sont alors empiriquement déterminés dans leur signification. Ce quasi-objet transcendantal présupposé est en quelque sorte l'objet de pensée qui contient potentiellement tous les objets possibles, la clé de leur objectivité. L'objet transcendantal est la condition préalable de toute l'objectivité dont peuvent se réclamer nos jugements d'expérience, à l'opposé de nos jugements de perception qui restent entièrement subjectifs. Kant précise qu'à cet objet transcendantal comme corrélat nécessaire d'une conscience pensante épurée – et posé devant elle comme « quelque chose en général (*Etwas überhaupt*) » ou « chose en général (*Ding überhaupt*) » – peut lui être attribué le statut de « noumène au sens négatif ». C'est encore dans la première édition de la *Critique de la raison pure* que Kant explicite cette notion : « Le mot phénomène indique déjà une relation

1. *CRPure*, p. 1413.
2. *Ibid.*, p. 971. La notion de vérité signifie ici ce qui est objectivement valide.

à quelque chose, dont la représentation immédiate est sans doute sensible, mais qui, en soi, même sans cette constitution de notre sensibilité, doit être quelque chose, c'est-à-dire un objet indépendant de la sensibilité. Or, de là résulte le concept d'un noumène, qui n'est nullement positif, et ne signifie pas une connaissance déterminée d'une chose quelconque, mais seulement la pensée de quelque chose en général, pensée dans laquelle je fais abstraction de toute forme de l'intuition sensible »[1]. Kant y revient dans la deuxième édition de son œuvre : « Si par noumène nous entendons une chose, en tant qu'elle n'est pas un objet de notre intuition sensible, en faisant abstraction de notre manière de l'intuitionner, cette chose est alors un noumène dans le sens négatif » – dans un sens dit « négatif », parce qu'il nous est également impossible de le déterminer positivement et directement. C'est pourquoi l'objet transcendantal est nécessairement indéterminé et problématique, au sens où nous ne pouvons le saisir assertoriquement tel quel. Ce « noumène négatif » qui taraude pourtant toute connaissance objective apparaît comme l'accomplissement de notre exigence de sens, sans pour autant permettre d'en établir un usage positif, au point d'en produire une connaissance précise. Ce substrat présupposé pourrait être abusivement appelé matière[2] ou être déterminé d'une façon plus précise comme, par exemple, la terre par rapport au soleil, mais de telles appellations faussent la nature de ce qui n'est, au départ,

---

1. *Ibid.*, p. 980 (*additif*).
2. « Nous n'avons rien de permanent, que nous puissions mettre comme intuition sous le concept d'une substance sinon la *matière*, et même cette permanence n'est pas tirée de l'expérience, mais elle est supposée *a priori* par l'existence des choses extérieures » *ibid.*, p. 958. Sur l'ambiguïté de cette notion, cf. *ibid.*, p. 956.

qu'un objet problématique de pensée et nous ramènent encore sous l'empire des intuitions empiriques. Désigner ce substrat en ces termes relèverait d'une expérience mobilisant déjà un entendement pour définir, distinguer et déterminer la nature d'objets mondains précis. Considérer, par exemple, ce X comme une « pâte primitive »[1] serait encore le ramener au niveau de l'expérience sensible, même s'il n'est pourtant pas sans rappeler la *Khôra* de Platon, dans le *Timée*… Ce quelque chose indéterminé qu'il nous faut penser ne peut ensuite être déterminé que médiatement, par le biais des catégories de l'entendement et de la sensibilité qui seules pourront fournir ensemble une connaissance précise des propriétés d'objets. L'objet transcendantal ne peut servir, à titre de corrélat nécessaire de l'unité de la conscience, que de caution à l'unité du divers dans l'intuition sensible qui s'avère indispensable à l'entendement pour en produire un jugement d'expérience. Penser une telle unité du divers revient à admettre un *nexus* qui constitue le « ciment des choses »[2], même si ce « ciment » ne scelle jamais définitivement l'ordre des choses. Kant le précise encore : « L'expérience repose sur l'unité synthétique des phénomènes, c'est-à-dire sur une synthèse selon des concepts de l'objet des phénomènes en général, sans lesquels elle ne serait jamais une connaissance, mais une rhapsodie de perceptions, qui ne s'adapteraient pas les unes aux autres »[3]. Pour être effective, l'expérience présuppose de penser une certaine unité synthétique des phénomènes sur laquelle elle puisse s'appuyer, car sinon nous risquerions de nous retrouver

1. Expression de P. Boghossian, cf. *La Peur du savoir*, Marseille, Agone, 2009, p. 44.

2. Expression de C. Tiercelin, cf. *Le Ciment des choses*, Paris, Ithaque, 2011, p. 13.

3. *CRPure*, p. 897.

sans cesse en absurdie[1]. Ainsi, toute conscience pose qu'il
y a quelque chose plutôt que rien, même s'il ne s'agit
encore que d'un X : « Cet objet transcendantal ne se laisse
nullement séparer des données sensibles, puisqu'alors il
ne reste rien par quoi il serait pensé ; il n'est donc pas
un objet de la connaissance en soi, mais seulement la
représentation des phénomènes, sous le concept d'un
objet en général, qui est déterminable par ce qu'il y a en
eux de divers. C'est précisément pour cette raison que
les catégories ne représentent aucun objet particulier,
donné à l'entendement seul, mais qu'elles ne servent qu'à
déterminer l'objet transcendantal (le concept de quelque
chose en général) par ce qui est donné dans la sensibilité,
et par là à connaître empiriquement des phénomènes sous
des concepts d'objets »[2]. L'entendement différenciant
mobilise donc toujours nécessairement l'activité réflexive
de la pensée, même quand il se polarise sur la connaissance
précise d'objets empiriques, puisque c'est d'elle qu'il tient
sa compétence universalisante. L'entendement comme
faculté de connaissance objective présuppose toujours la
conscience pensante d'un objet à déterminer.

L'ABDUCTION COMME ACTIVITÉ DE LA PENSÉE
POUR ACCÉDER À L'OBJECTIVITÉ DU SENS

L'objectivité d'une réalité – fût-elle énigmatique – ne
peut être posée qu'en s'émancipant du régime hallucinatoire
de l'existence pathique et suppose donc de se soustraire
au surinvestissement subjectif que notre imagination
empirique fait subir aux objectités de la conscience, au

---

1. Sans cela, Kant décrit par une sorte de conditionnelle contrefactuelle,
le cauchemar qui en résulterait, *cf.* l'exemple du cinabre tantôt rouge,
tantôt noir ou d'un langage sans respect de règle aucune, p. 1407-1408.
2. *Ibid.*, p. 980 (*additif*).

point de les réduire à n'être que des simulacres. Mais en même temps, la nature de ce quasi-objet qu'il nous faut présupposer restant indéterminée, la connaissance ne peut s'élaborer que par le biais d'hypothèses – des « idées », au sens kantien –, dans la mesure où elles relèvent d'expériences de pensée qui restent en suspens tant qu'elles ne sont pas corroborées, tant qu'elles ne peuvent être assertées comme vraies ou vaines. Aussi, l'efficacité de la connaissance différenciante suppose d'abord le pouvoir de la pensée s'exerçant dans l'abduction. La découverte scientifique, par exemple, ne peut reposer ni sur l'induction empirique qui se contente de généraliser à partir d'un certain nombre de cas, ni sur une simple déduction analytique qui ne peut que demeurer formelle. Seule l'abduction nous fait accéder à ce type de « noumène négatif » au sens de Kant : elle consiste effectivement en une pensée noumélisante qui, sans prétendre saisir la chose en soi, nous permet de poser un objet indéterminé et problématique par une expérience de pensée qui lance des hypothèses sur sa détermination possible. Pour Peirce, cette notion d'abduction est centrale pour cerner les conditions de la recherche scientifique. Ainsi, s'oppose-t-il aux positivistes qui prétendent court-circuiter tout recours à des entités abstraites pour ne s'en tenir qu'à des déductions logiques formelles arrimées à des constats empiriques observables. Or, à l'encontre de la conception positiviste qui assigne la scientificité à l'unidimensionnalité d'un univers s'en tenant à la surface de la perception sensible, Peirce souligne la nécessité de recourir à des hypothèses contre-intuitives pour activer la recherche scientifique. Ce qui est le plus éloigné de l'expérience peut alors s'avérer nous rapprocher de la réalité objective. Dans l'abduction, nous passons de l'observation de certains faits qui font polémiques à la supposition d'un principe général qui, s'il était vrai, expliquerait que les faits soient tels qu'ils sont. L'abduction constitue un saut par la pensée qui permet de supposer, de manière contre-intuitive, l'existence de quelque chose allant à l'encontre de ce que nous pouvons observer empiriquement et relevant plutôt de l'inobservable. L'abduction est une procédure inférentielle, un raisonnement posant des entités qui sont, dans l'état actuel des connaissances, non susceptibles d'être observées empiriquement, mais qui néanmoins ont du sens. Il s'agit, selon Peirce, de « la seule espèce de raisonnement susceptible d'introduire des idées nouvelles, la seule espèce qui soit, en ce sens, synthétique »[1]. C'est pourquoi il n'y a pas d'observation première qui ne présuppose déjà un cadre théorique antérieur : Peirce considère l'abduction comme un « aperçu créatif (*a creative insight*) » consistant à effectuer un saut au-dessus des faits en vue de faire face à un problème. Le processus de découverte ne peut être identifié ici à celui de la vérification, sans pour autant être réduit à une capacité simplement psychologique ou à des éléments irrationnels comme dans le cas de la sérendipité : il correspond à une démarche fondée en raison. Peirce insiste sur le fait que cette activité de « *guessing* »[2] est rationnellement fondée, puisque devant le caractère aberrant de certains faits vis-à-vis de nos connaissances acquises, la nécessité de trouver une autre approche s'impose nécessairement à l'esprit. L'abduction est donc

---

1. *Cf.* C.S. Peirce, *Collected Papers, op. cit.*, 2. 777. Peirce précise encore « *Abduction is, after all, nothing but guessing* », *ibid.*, 7.755.

2. *Cf.* l'usage que fait Bayes de cette notion, dans *Essai en vue de résoudre un problème de la doctrine des chances*, Paris, Hermann, 2017.

bien une inférence et non un simple pari[1], même si avec
elle un argument encore faible peut ensuite devenir un
argument tout à fait valide. Peirce s'efforce de dégager
l'abduction de toute gangue psychologique qui tendrait à
l'assimiler à une extrapolation fantaisiste due à l'inspiration
du moment. Nous pouvons considérer, par exemple,
Épicure et Lucrèce comme ayant recouru à l'abduction
pour avoir formulé avec audace l'hypothèse du vide, de
l'atome et même de l'infinité de l'univers avec l'expérience
de pensée du lanceur de javelot, et ce grâce à une « *épibolè
tès dianoias* » – pour Épicure – ou l'« *injectus animi* »
– pour Lucrèce. Dans l'épistémologie contemporaine,
Bachelard a lui-même repris la notion de noumène pour
rendre compte des recherches en microphysique : « Ce
noumène n'est pas un simple postulat métaphysique ni
un conventionnel signe de ralliement. Nous lui trouvons
en effet, par la réflexion, une structure complexe ; c'est
même à cette complexité harmonique qu'il doit son
objectivité discursive, cette objectivité qui seule peut
s'exposer, s'éprouver, confirmer son universalité »[2].
De même, selon Popper : « Des idées audacieuses, des
anticipations injustifiées et des spéculations constituent
notre seul moyen d'interpréter la nature, notre seul outil,
notre seul instrument pour la saisir »[3]. L'abduction relève
donc du sens plutôt que de la signification : il y a du sens
à se donner des objets de pensée, fussent-ils des êtres de
nature mathématique dans le cas de la microphysique

1. « *I reckon it (l'aduction) as a form of inference, however
problematical the hypothesis may be held* », Peirce, cité par J. Chenu,
dans *Textes anticartésiens*, Paris, Aubier, 1984, p. 27, note 1.
2. G. Bachelard, « Noumène et microphysique », dans *Études*, Paris,
Vrin, 1970, p. 18.
3. K. Popper, *Logique de la découverte scientifique*, trad. fr.
N. Tyssen-Rutten et P. Devaux, Paris, Payot, 1973, p. 286.

– comme le spin d'électron –, avant même d'en chercher leur signification pour des approximations phénoménales. Pour Karl Popper, l'abduction nous fait accéder à des « contenus objectifs de pensée » qui constituent un arc-en-ciel de « problèmes » ou de « situation de problèmes » : ils se maintiennent de manière indépendante vis-à-vis de la cataracte du monde sensible dans lequel nous sommes la plupart du temps immergés[1]. Ainsi, en dépsychologisant l'activité de la pensée, Popper s'inscrit dans les pas de Frege pour souscrire à un objectivisme sémantique[2].

L'OBJET DE PENSÉE ET SON STATUT IRRÉDUCTIBLE DE PROBLÈME

La distinction entre représentation et pensée vise à établir que seule cette dernière permet d'avoir en perspective des objets réels qui ne se réduisent pas à une simple projection psychologique subjective. L'accès à la pensée fait franchir un cap décisif à notre souci de sens dans l'existence. Dans cet esprit, Frege a pu soutenir que le sens est « le mode de donation de l'objet »[3]. Le sens ne peut donc se réduire au prisme des représentations que la conscience se forge et qui fausse toute prétention à l'objectivité. Frege distinguait à juste titre trois domaines : celui de l'expérience sensible, celui des représentations de la conscience imageante et

1. *Cf.* K. Popper, « Une épistémologie sans sujet connaissant », dans *La Connaissance objective*, Paris, Aubier, 1991, p. 181-238.
2. « Le "troisième monde" a ainsi beaucoup à voir avec la théorie platonicienne des Formes ou Idées et, par conséquent, aussi avec la théorie hégélienne de l'Esprit Objectif […]. Elle a plus à voir encore avec la théorie d'un univers des propositions en soi et des vérités en soi de Bolzano […] mon troisième monde, c'est l'univers des contenus de pensée objectifs de Frege », *ibid.*, p. 182.
3. *Cf.* G. Frege, *Écrits logiques et philosophiques*, *op. cit.*, p. 103.

celui du sens ou de la pensée. Dans la réalité empirique, les
choses qui s'offrent à nous dans leur extériorité concrète
sont certes publiques et bien visibles, mais leur perception
par nos sens est souvent surinvestie de représentations
qui nous sont propres. Les représentations expriment ici
les états d'âme que l'on peut ressentir et qui enveloppent
la perception de ces choses concrètes. Pour celui-ci, tel
paysage suscite, par exemple, la tristesse, alors qu'il inspire
à tel autre une joie en fonction de l'impression de liberté
éprouvée. Les représentations ne font donc pas partie des
réalités du monde extérieur, mais appartiennent aux états
de conscience relatifs à chacun et restent le plus souvent
incommunicables. Les représentations relèvent donc
d'une expérience privée, subjective et intime, surchargée
d'imaginaire. Dès lors, si les choses concrètes ont une
existence empirique indépendante de nous, il n'en est
pas de même des représentations qui nécessairement ont
besoin d'un porteur, puisqu'elles n'habitent que nos états
de conscience. Ainsi, la plupart du temps nous associons
à nos perceptions sensibles des représentations qui portent
la marque de notre imagination primordiale taraudée
par nos désirs et qui diffèrent d'un individu à un autre
selon ses émotions, ses humeurs, ses affects. Bien que
plusieurs personnes puissent voir la même chose, elles
n'auront pas alors les mêmes représentations, en raison
de connotations différentes qui viennent surinvestir leur
perception sensible. Il faut donc distinguer, d'une part,
les représentations et, d'autre part, la pensée proprement
dite qui constitue, par un effort réflexif, le domaine fiable
du sens. Certes, comme les représentations, la pensée est
invisible en tant qu'elle n'est pas nécessairement arrimée
à la réalité empirique, mais en revanche, elle présente
un caractère public et, dans l'abstrait, ne requiert pas

nécessairement un porteur. À ce sujet, Frege indique :
« Il faut admettre un troisième domaine. Ce qu'il enferme
s'accorde avec les représentations en ce qu'il ne peut pas
être perçu par les sens, mais aussi avec les choses en ce
qu'il n'a pas besoin d'un porteur dont il serait le contenu
de conscience. Telle est la pensée que nous exprimons avec
le théorème de Pythagore, vraie intemporellement, vraie
indépendamment du fait que quelqu'un la tienne pour vraie
ou non. Elle n'a pas besoin d'un porteur. Elle est vraie non
pas depuis l'instant où elle a été découverte, mais comme
une planète était déjà en interaction avec d'autres planètes
avant qu'on l'ait observée »[1].

Le sens nous apparaît donc comme une conquête
incessante sur l'absurde, c'est-à-dire qu'il n'émerge qu'en
nous arrachant aux extravagances de la représentation, parce
que celle-ci ne dépend que de nos états psychologiques,
des projections de nos affects subjectifs. Ce n'est qu'en
accédant à la pensée que notre souci du sens peut trouver
un fondement objectif. Dire avec Frege que le sens joue
comme « mode de donation de l'objet » revient à soutenir
qu'il nous permet d'appréhender un objet autonome distinct
du sujet, au point que sa résistance lui fait alors prendre
l'aspect d'un problème[2] incontournable pour la pensée.
Ce n'est qu'à partir d'une telle expérience de pensée que
nous pouvons ensuite espérer nous orienter objectivement
dans l'existence. Au cœur même de la conscience pensante,
le sens s'impose comme médiation objectivante qui se
libère des affres du régime hallucinatoire de l'existence.
Pour étayer sa thèse, Frege recourt à la métaphore de

---

1. G. Frege, « Recherches logiques », dans *Écrits logiques et philosophiques, op. cit.*, p. 184.
2. *Problema* en grec signifie d'abord « ce qu'on a devant soi »,
puis « tâche ».

l'observation de la lune grâce au télescope : la lune elle-même constitue un objet empirique évanescent, selon les circonstances, voué à nourrir notre imagination, mais l'image objective produite dans la lunette par l'objectif équivaut alors au sens comme donation de l'objet en tant qu'objet. La vue fournie par la lunette reste certainement partielle, puisqu'elle dépend de la façon dont celle-ci est tournée ou réglée, mais elle est objective dans la mesure où elle donne la même information homologuée pour tous les observateurs potentiels. Alors que, par exemple, la lune peut nous apparaître à l'œil nu comme étant un disque plat figurant – par paréidolie – un visage, en revanche elle se donne à voir, grâce au télescope, comme étant objectivement sphérique et couverte, en réalité, de cratères. Le dépli du sens peut donc être assimilé à une conquête de l'objectivité qui gagne en amplitude avec la pensée réflexive. La métaphore du télescope est ici intéressante, puisqu'il s'agit d'un instrument scientifique et chacun sait combien, à l'origine, Galilée a dû batailler pour faire reconnaître la fiabilité de la lunette à lentilles. L'instrument est effectivement un gage d'objectivité et est déjà en lui-même un « théorème réifié » : il est déjà le fruit d'un « objet de pensée », techniquement mis au point, qui permet ensuite de mieux connaître notre environnement et de mieux nous repérer dans le ciel et sur terre. L'homme joue sa condition dans son accès à l'univers du sens et du degré d'objectivité des significations qu'il peut ensuite mettre au jour. Le sens permet à l'homme de sortir de la servitude des préjugés afin de se confronter à la réalité objective. Dans le cas de la lune, chacun sait combien celle-ci peut être personnifiée, sous le coup de nos affects, au point pour certains de prétendre lui parler ou la chanter… Certes, la pensée n'est pas ce que nous appelons habituellement le réel, puisqu'elle n'est pas de l'ordre des choses perçues par les sens, mais elle ne se réduit pas non plus à une représentation : « La pensée n'appartient ni au monde intérieur en tant qu'elle serait ma représentation, ni au monde extérieur, le monde des choses perçues par les sens »[1]. La pensée formulée à travers une proposition sensée n'a rien à voir avec les représentations arbitraires et passagères portées pas les états de conscience subjectifs : elle seule peut prétendre à la valeur de vérité et permettre ensuite de trancher entre des propositions fausses ou vraies.

La métaphore du télescope à laquelle recourt Frege peut cependant déconcerter dans la mesure où lorsque le sens gagne en objectivité, il chevauche les limites de la vie phénoménale : avec lui, nous appréhendons encore une image, mais débarrassée de toute projection puisque produite par l'« objet de pensée » réifié qu'est cet instrument, qui nous permet lui-même de penser de manière réfléchie cet autre objet qu'est le satellite de la terre. L'audace de Frege est d'avoir soutenu l'indépendance de la pensée vis-à-vis de toutes nos façons particulières de l'appréhender, et ce afin de garantir alors son irréductible objectivité. Pourtant, cette pensée ne peut être totalement désincarnée : si elle n'est pas de l'ordre d'un imaginaire produit par nos affects, elle ne peut cependant être appréhendée qu'habillée d'un langage : « La pensée [...] revêt l'habit sensible de la proposition et devient ainsi plus saisissable »[2]. Ce n'est pas par hasard si Kant lui-même fait dériver la table des catégories de celle des jugements. Quel serait le statut d'une pensée en soi disposant d'une telle objectivité si l'on ne pouvait asserter sa valeur de vérité ? Pour comprendre ce paradoxe, il ne suffit pas de

---

1. G. Frege, *Écrits logiques et philosophiques, op. cit.*, p. 192.
2. *Ibid.*, p. 173.

miser sur un langage suffisamment formalisé pour qu'il puisse garantir l'expression objective d'une pensée : le sens ne peut être fourni par la pensée formelle ni s'y réduire. Le progrès qu'a représenté l'algèbre a été d'accéder à un niveau d'abstraction formelle tel qu'on n'a jamais affaire qu'à des signifiants sans signifiés. Le propre du calcul est de substituer aux raisonnements des opérations sur le signifiant et de réduire la théorie des choses à la théorie des signes, au moyen de symboles artificiels choisis de telle manière que la combinaison des signes puisse remplacer les opérations que l'on serait contraint d'effectuer, sans cela, au moyen de concepts[1]. Dans le langage formalisé, le signifiant a conquis son autarcie, mais aux dépens du signifié et donc du sens : la pensée formelle comme computation est vide de pensée, comme l'est la rationalité technologique ou téléologique qui se contente de réfléchir sur le choix optimal de moyens, sans se poser la question des fins. En revanche, la signifiance se joue dans ce rapport entre, d'une part, l'élan spéculatif de la pensée conceptuelle qui s'arrache à l'englument des certitudes sensibles, et d'autre part, l'ancrage empirique de la signification qui s'avère nécessaire pour distinguer des entités particulières à travers la grille d'intelligibilité des catégories de l'entendement différenciant. Avec la prédication, la proposition saisit une propriété isolable d'un référent préalablement pensé et permet de situer ce dernier dans une classe d'objets connus pour surmonter ce qui fait son étrange singularité. Ce qui est alors proposé à l'assentiment n'est plus la visée d'un objet de pensée indéterminé, mais une signification précise préconisée par un jugement censé déterminer les propriétés de cet objet. La tension entre sens et signification s'exerce dans ce clivage entre démarche abstractive universalisante

---

1. *Cf.* J.-L. Gardies, *Esquisse d'une grammaire pure*, *op. cit.*, p. 56.

et démarche de concrétisation qui va jusqu'à cerner les propriétés spécifiques d'une entité empirique. Ainsi, on peut aller jusqu'à soutenir que l'accès à la signification ne dissipe jamais totalement l'indétermination inhérente au sens, puisque la signification ne s'établit qu'en passant par l'expérience préalable d'une conscience pensante qui en demeure la condition transcendantale. La détermination de significations bien arrêtées ne peut occulter cette mouvance persistante entre synthèses dénotationnelles et synthèses spéculatives, due à l'indétermination qui taraude initialement le sens. Si l'imagination comme schématisation entre concept et percept témoigne de l'ascendant pris par l'entendement différenciant, les tensions entre sens et signification demeurent et s'expriment à l'occasion d'un autre régime de l'imagination : celui des hypotyposes symboliques qui, de nouveau, réactivent l'indétermination féconde du sens.

En fin de compte, l'objectivisme sémantique de Frege permet de répondre aux perplexités de Kant sur ce « *quelque chose* = X » qu'il nous faut penser comme un quasi-objet. Car prendre en considération le fait qu'il puisse y avoir une pensée ayant accès à un « quelque chose » indépendant de nous revient à lui donner le statut d'une sorte de « noumène ». Or, comme nous l'avons souligné, par noumène, il ne faut pas entendre ici une pensée de ce que serait la chose en soi elle-même, cachée derrière les phénomènes, mais simplement de ce « à quoi » se rapporte nécessairement et implicitement l'entendement quand il déploie ses capacités cognitives indépendamment de toutes les données empiriques fournies par la sensibilité : bref, ce que nous appelons un objet-de-pensée. Autant la sensibilité est tributaire de données empiriques, autant l'entendement se révèle, quant à lui, tributaire de la conscience pensante en rapport à un objet, fût-il indéterminé. Nous pouvons rapprocher ce que Kant appelle « noumène au sens négatif » de ce que Frege appelle « pensée », en tant qu'il faut la distinguer de toute représentation et dans la mesure où elle renvoie à un objet indéterminé et donc problématique. Toute conscience pensante ne peut être qu'une « pensée d'objet », au sens où celui-ci ne peut se réduire à une projection de notre subjectivité, mais interpelle la conscience en lui faisant objection : la conscience est objective quand elle concède qu'un quasi-objet irréductible s'oppose à elle, qu'elle y est confrontée, mais qu'il ne peut lui être donné que par la pensée, seule capable de s'arracher au règne des représentations subjectives. En ce sens, un tel objet ne peut que poser effectivement problème, puisqu'il constitue un obstacle à notre tendance à vouloir tout ramener aux projections psychologiques de nos désirs, de nos souhaits. La valeur de vérité de nos hypothèses au sujet de cet objet indéterminé dépendra ensuite du processus de connaissance qui permettra de le déterminer. Le principe d'inertie, par exemple, nous parle d'un point matériel soustrait à l'action de tout autre corps : son mouvement est alors rectiligne uniforme. Ce principe ne peut donc être directement expérimenté : il est dépourvu de signification expérimentale, mais il a pourtant un sens et on peut comprendre pourquoi le principe, en vertu de son sens, échappe justement à un tel contrôle expérimental. À l'inverse, en mathématiques par exemple, le continu est une idéalité, mais qui ne trouve de signification ostensible qu'à travers le discret, le dénombrable, le calculable[1].

---

1. « L'objet mathématique est idéal. Son être s'épuise et transparaît de part en part dans sa phénoménalité ; absolument objectif, c'est-à-dire totalement délivré de la subjectivité empirique, il n'est pourtant que ce qu'il paraît », souligne J. Derrida, *Introduction à* L'Origine de la géométrie *de Husserl*, Paris, P.U.F., 1962, p. 6.

SENS (SINN) ET SIGNIFICATION (BEDEUTUNG)

S'il nous apparaît pertinent ici de souscrire à la distinction opérée par Frege entre *Sinn* et *Bedeutung*, entre sens et signification, rappelons néanmoins que nous trouvons déjà les prémices de cette distinction chez Kant[1], à propos justement de cet objet *X* que toute conscience doit nécessairement poser en face d'elle, sans pour autant pouvoir encore le déterminer. La distinction entre *penser* et *connaître* que Kant établit peut donc être mise en regard de la distinction opérée par Frege entre sens (qui ne renvoie d'abord qu'à un objet frappé d'indétermination) et signification (qui renvoie, en revanche, à la détermination référentielle empirique d'un tel objet) : « Au moyen d'une catégorie pure, où l'on fait abstraction de toute condition de l'intuition sensible, en tant qu'elle est la seule possible pour nous, on ne détermine aucun objet, mais on exprime, suivant divers modes, la pensée d'un objet en général […] Les catégories pures, sans les conditions formelles de la sensibilité, ont un sens simplement transcendantal, mais elles n'ont pas d'usage transcendantal »[2]. Tout exercice de l'entendement différenciant présuppose tacitement la pensée générale d'un objet – fût-il indéterminé – et le passage à un usage pragmatique et effectif des catégories correspond au passage du sens à la signification. Dans son chapitre sur « Le principe de la distinction de tous objets en général en phénomènes et noumènes »[3], Kant opère lui-même une claire distinction entre *Sinn* et *Bedeutung* : le sens (*Sinn*) renvoie alors à ce qu'il appelle « noumène négatif »

1. *Cf.* le § 23 de l'« Analytique transcendantale », *Critique de la raison pure, op. cit.*, p. 865 et la note des traducteurs qui font référence à Frege, p. 1608.
2. *CRPure*, p. 978.
3. Cf. *CRPure*, p. 970-988.

d'un objet et la signification (*Bedeutung*) ne peut intervenir que s'il y a un référent configuré, discerné, distingué dans l'expérience sensible. Ainsi précise-t-il : « L'usage transcendantal d'un concept, dans un principe, consiste à le rapporter aux *choses en général* et *en soi* », c'est-à-dire à un objet qui n'est offert par aucune intuition sensible et qui relève donc d'un acte de penser : telle est la condition du déploiement accompli du sens. Or, cette démarche est réitérée ensuite à chaque étape de la détermination d'un objet empirique, en tant que celui-ci est supposé avoir d'abord été pensé, fût-ce problématiquement. L'objet auquel la conscience pensante rapporte le phénoménal « en général » est « la pensée tout à fait indéterminée de quelque chose en général ». Et Kant de préciser la difficulté pour la conscience de vivre ce moment où un objet problématique est présenté par la pensée : « Il y a quelque chose d'étrange, et même de paradoxal, à parler d'un concept qui doit avoir une signification, mais qui ne serait susceptible d'aucune définition »[1], d'aucune détermination précise. Cette étrangeté provient de la caractéristique de l'objet – ou quasi-objet – constitutif de la conscience pensante transcendantale qui est censée le poser, avant d'avoir pu en déterminer la nature. Bien plus, toute détermination ou explication n'épuisera jamais totalement l'étrangeté de cet objet et toute signification qu'on lui attribuera demeurera partielle, en dépit du fait de le penser. La conscience pensante nous permet donc de faire l'expérience d'une altérité irréductible, dont nous sommes tributaires en tant qu'êtres raisonnables, mais finis : en ce sens, il ne peut s'agir en aucun cas d'une simple auto-affection, mais plutôt d'une expérience de dés-affection, de dépassement de l'affectivité. La reconnaissance de cette altérité est un

---

1. *CRPure*, p. 972-980.

préalable pour produire une connaissance objective par une conscience qui s'extirpe du régime hallucinatoire de notre existence. Si l'activité de penser implique un espacement intérieur[1], celui-ci s'effectue d'abord vis-à-vis de notre moi empirique exposé aux passions et passe par un dialogue avec soi-même à partir de ce *topos* invisible qu'est le moi transcendantal. Kant admet donc qu'établir une signification référentielle déterminée passe d'abord par la médiation du sens, c'est-à-dire de la pensée d'un objet indépendant de nous, de nature problématique : « Si je retranche d'une connaissance sensible toute la pensée (effectuée au moyen des catégories), il ne reste plus aucune connaissance d'un objet quelconque ; car par la simple intuition (sensible) rien n'est pensé, et le fait qu'il y ait en moi cette affection de la sensibilité ne produit aucun rapport d'une telle représentation à quelque objet. Si, en revanche, je retranche toute l'intuition (sensible), il reste encore la forme de la pensée, c'est-à-dire la manière de déterminer un objet pour le divers d'une intuition possible »[2]. On ne saurait mieux souligner combien la pensée peut s'étendre problématiquement en chevauchant les limites de la sphère des phénomènes, comme c'est le cas dans l'expérience de l'abduction. C'est pourquoi, pour Kant, le « *quelque chose = X* » autour duquel gravite la conscience est le quasi-objet d'un noumène problématique[3]. Cette

---

1. *I.e.* une mise en retrait : « pas tant en retrait du monde, d'ailleurs […] que de la *présence* du monde à l'égard des sens. Tout acte mental repose sur la faculté qu'a l'esprit d'avoir en sa présence ce qui est absent pour les sens », H. Arendt, *La Vie de l'esprit, op. cit.*, p. 92.

2. *CRPure*, p. 983.

3. « Le concept d'un noumène est donc simplement un concept limitatif, pour restreindre les prétentions de la sensibilité, et il est donc d'un usage seulement négatif ; il n'est pas cependant une fiction arbitraire », *ibid.*, p. 984.

dimension problématique contient deux caractéristiques négatives que sont l'absence de contradiction et l'absence de preuve immédiate, mais il ne se réduit pas du tout à de l'imaginaire : c'est « un mode d'exister en lui-même pour l'objet (*Object*), indépendamment de l'intuition qui est limitée à nos sens », mais dont nous en avons la « notion ». En un mot, ce n'est pas parce que cet objet est nécessairement abstrait qu'il n'existe pas. Bien plus, parce que cet objet transcendantal est la « cause du phénomène (et par conséquent n'est pas lui-même phénomène) », toute connaissance qui prétend à l'objectivité le présuppose : « l'aperception et, avec elle, la pensée précèdent tout arrangement déterminé possible des représentations »[1].

Nous comprenons ici le sens profond de ce que Kant a appelé une « révolution copernicienne » en métaphysique, sauf qu'il ne s'agit pas du tout – comme on l'avance trop souvent de manière simpliste – d'une révolution copernicienne qui aurait été faite à l'envers – puisqu'elle aurait consisté à faire tourner les objets autour d'un sujet conscient –, mais d'un renversement bien plus complexe et bien plus fidèle au décentrement opéré par Copernic lui-même, puisque l'objet est présenté ici comme le centre de gravité du sujet transcendantal. Pour le dire autrement, l'*Ego* transcendantal ne peut être une condition transcendantale pour la connaissance que si lui-même intègre la pensée d'un « objet-alter » problématique. Or, seul un *Ego* transcendantal peut le faire, c'est-à-dire une conscience qui se départit de toute représentation psychologique. Si la conscience est censée accompagner toutes mes représentations, celles-ci n'accompagnent pas nécessairement la vie de la conscience. Encore une fois,

---

1. *CRPure*, p. 1008-1010.

loin d'avoir rompu avec l'*ens commune* de Duns Scot, Kant repense à nouveaux frais la notion de transcendantal objectif. Heidegger s'en souviendra lorsqu'il affirmera, dans sa thèse d'habilitation : « Nous saisissons quelque chose d'antérieur à toute détermination de forme catégoriale. L'*Ens* signifie ainsi le sens global de la sphère objective, le point qui se maintient à travers tout ce qu'il y a d'objectif, c'est la catégorie des catégories »[1]. N'est-ce pas encore là admettre qu'il s'agit du prédicable qui rend possible toute prédication ? Certes, en maintenant fermement le rapport que la conscience implique entre sujet et objet, Kant précise que pour une conscience transcendantale un tel quasi-objet transcendantal posé *a priori* ne peut encore qu'anticiper la forme d'une expérience possible en général. Aussi souligne-t-il qu'au « nom orgueilleux d'une ontologie », il veut faire place « au nom modeste d'une simple analytique de l'entendement pur ». Cependant, si Kant se méfie du nom pompeux d'ontologie, cette analytique porte bien encore sur ce « quelque chose » qui pose problème, de manière irréductible, pour une conscience. Ce n'est certainement pas la conscience pensante qui forge de toutes pièces ce cintre de l'objectivité : elle le découvre comme assurant son centre de gravité. L'analytique transcendantale porte bien sur notre accès au réel, c'est-à-dire à l'être objectif. Si la notion d'ontologie peut sembler contestable, c'est dans la mesure où il n'est pas possible de prétendre traiter ici de la chose en soi, ni même d'objet au sens strict, c'est-à-dire déterminé de manière précise. Cependant, si nous devons nécessairement présupposer des objets qui ne sont pas encore des étants déterminés,

---

1. M. Heidegger, *Traité des catégories et de la signification chez Duns Scot*, trad. fr. F. Gaboriau, Paris, Gallimard, 1970, p. 47.

mais qui sont néanmoins « quelque chose » (le « *X* » de l'*Etwas*, chez Kant), peut-être faudrait-il alors parler, comme le préconise J.-Fr. Courtine, d'une « tinologie »[1] – à défaut d'une ontologie au sens strict –, en reprenant la racine « *Ti* » de la langue grecque qui signifie le « quelque chose », le « quoi ». La pensée de ce quelque chose qui n'est ni tout, ni rien, fait pourtant basculer la conscience vers l'objectivité et assure la fiabilité du sens qu'elle recherche dans son existence. Une telle « tinologie » vient ici prendre avantageusement la place d'une ontologie, aux confins de la vie phénoménale.

LES ENJEUX EXISTENTIELS DU PASSAGE DU PROBLÉMATIQUE À L'ASSERTORIQUE

Le passage du problématique à l'assertorique correspond, chez Kant, à celui de la pensée d'un quasi-objet indéterminé à la connaissance d'un objet déterminé, soit le passage du sens à la signification, pour le dire dans un vocabulaire frégéen. Comme l'a reconnu Frege, les pensées sont d'abord saisies sous forme d'interrogations puisqu'elles portent sur des objets problématiques, et non sous forme d'assertions. D'où la distinction qu'il opère entre contenu jugeable et contenu jugé, entre pensée et jugement. À la suite de remarques d'Aristote[2], les Stoïciens avaient déjà reconnu, à part du référent et du signe linguistique tous deux corporels, une place spécifique au *lekton*[3], au

---

1. J.-F. Courtine, *Présentation* de A. Meinong, *Théorie de l'objet et présentation personnelle*, Paris, Vrin, 1999.
2. « Ce qui tombe sous la négation et l'affirmation n'est pas soi-même affirmation et négation », Aristote, *Catégories* X, 12b6-10, trad. fr. J. Tricot, Paris, Vrin, 1966, p. 59.
3. *Cf.* É. Bréhier, *La Théorie des incorporels dans l'Ancien stoïcisme*, Paris, Vrin, 1989, p. 19-22.

signifié incorporel d'une proposition, à l'exprimable, au dicible, c'est-à-dire à la pensée d'un état de choses idéel[1]. La pensée n'est pas une simple propriété de celui qui pense, mais le fait d'affirmer une hypothèse plutôt qu'une autre implique l'existence d'un tel porteur. Comme le remarque Frege : « Les propositions interrogatives et les affirmatives contiennent la même pensée, mais la pensée affirmative contient quelque chose en plus »[2]. Une interrogation présente un sens qui n'est pas encore un jugement. Il est donc possible de partager des pensées avant de les reconnaître comme vraies ou fausses : « Il faut admettre les pensées au sens proposé, puisque la science fait méthodiquement usage de questions. Il arrive même que le chercheur doive se contenter de poser une question jusqu'à ce qu'il sache y répondre. En formulant la question, il saisit une pensée. Je peux donc dire : le chercheur doit parfois se contenter de saisir une pensée »[3]. L'esprit de recherche implique donc de maintenir fermement la distinction entre le jugeable et le jugé. Une proposition peut avoir du sens sans être nécessairement référentielle, du point de vue empirique. D'autant que la vérification d'une pensée n'est pas toujours acquise : « Il se peut que plusieurs années de recherche séparent la saisie d'une pensée et la reconnaissance de sa vérité »[4]. Ainsi, entre la formulation de l'hypothèse du vide dès l'Antiquité et la vérification expérimentale de son existence par Pascal, des siècles les

---

1. Sur le *dictum propositionnis* ou le *complexe significabile*, *cf.* A. de Libera, *La Référence vide*, Paris, P.U.F., 2002 ; F. Nef, *L'Objet quelconque*, Paris, Vrin, 1998 ; J. Benoist, « Variétés d'objectivisme sémantique » dans J. Benoist (éd.), *Propositions et états de choses*, Paris, Vrin, 2006, p. 13-49.

2. G. Frege, *Recherches logiques*, *op. cit.*, p. 175.

3. *Ibid.*, p. 197.

4. *Ibid.*, p. 205.

séparent. De même, le traitement – par les artistes de la
Renaissance – de la perspective artificielle a pu précéder
de deux siècles la découverte du théorème de Desargues en
géométrie projective. L'humanité est donc confrontée à des
pensées ou à des problèmes objectifs qui s'imposent à elle
et ne sont pas le simple reflet d'un contexte circonstanciel.
L'acte de saisie des pensées est donc un processus mental
dont nous sommes les porteurs, mais nous ne sommes
pas les auteurs de la pensée elle-même ou du problème en
tant que tel. Le monde des pensées demeure indépendant
de nous : il faut différencier le « noyau logique » des
pensées de leur « écorce psychologique ». Aussi faut-il
distinguer également l'intelligibilité d'une pensée de
son assertabilité. Le sens d'une proposition, autrement
dit d'une pensée, peut être intelligible sans qu'on puisse
l'asserter, lui associer une valeur de vérité. En raison
même du caractère indéterminé de l'objet d'une pensée,
sa valeur de vérité peut demeurer en suspens. Bien plus,
il est possible d'asserter à tort, à propos d'une pensée.
Comme le reconnaît Frege lui-même : « La connaissance
de la vérité passe par la saisie d'une pensée fausse »[1]. Bien
plus, une proposition peut garder du sens, sans pour autant
être référentielle empiriquement. Ainsi, nous saisissons
le contenu d'une vérité, avant de le reconnaître comme
vrai : alors nous ne saisissons pas seulement ce contenu,
mais aussi ses opposés et dans tout questionnement nous
hésitons entre des opposés[2]. En revanche, l'assertion elle-
même ne peut relever d'un sujet transcendantal abstrait,
mais bien d'un sujet ancré concrètement dans l'existence.

1. G. Frege, *Recherches logiques, op. cit.*, p. 198.
2. G. Frege, *Écrits posthumes*, Nîmes, Jacqueline Chambon, 1994,
p. 16.

Comme le souligne Bourdieu, si les vérités scientifiques sont transhistoriques, elles se produisent toujours dans un champ scientifique qui reste un « lieu historique »[1]. Selon Frege, la reconnaissance d'une vérité suppose la force assertive d'un jugement effectué par un porteur. L'assertion est la manifestation (*Kundgebung*) de ce jugement. La confrontation à l'expérimentation apparaît déterminante pour pouvoir asserter et étayer cette assertion : elle suppose alors de recourir à des pensées indexicales circonstanciées, puisqu'il serait impossible de comprendre les propositions retenues si on ne savait pas qui les prononce publiquement, où et quand il le fait, c'est-à-dire dans quel cadre – laboratoire ou tribunal – et dans quelles conditions les dispositifs permettant de trancher ont été institués. D'un point de vue concret, le jugement est exprimé par une phrase déclarative qui a force assertive (« *die behauptende Kraft* »). Celle-ci équivaut à un saut à effectuer : « On entend par jugement l'acte de juger comme un saut est l'acte de sauter »[2]. Mais de quel saut s'agit-il et avec quelles conséquences ?

La force assertive nécessairement requise pour affirmer ou nier nous replonge au cœur de la *Lebenswelt*, mais en même temps s'expose à la confrontation avec le régime hallucinatoire dans lequel se déroule souvent celle-ci, avec toutes les implications psychologiques, sociologiques, voire morales et politiques, qu'une telle situation entraîne. Cette nécessité de mobiliser une force assertive a bien été évoquée par l'expression utilisée par Kant : *das Für-Wahr-Halten*, le « tenir pour vrai »[3], où il s'agit bien d'un « tenir »

1. P. Bourdieu, *Science de la science et réflexivité*, Paris, Raisons d'agir, 2001, p. 136.

2. G. Frege, *Recherches logiques*, *op. cit.*, p. 205, note 1.

3. *CRPure*, p. 1376-1377.

au sens fort du terme et qui donc sous-entend un désir tenace de vérité qui n'est pas lui-même immanent à la vérité[1], contenu en elle[2]. Les Stoïciens l'avaient déjà remarqué : croire est plus que penser, puisque c'est un acte de jugement qui permet de s'extirper de la tentation du scepticisme. Croire revient donc, d'une certaine façon, à tenir, à soutenir et donc à vouloir : ce qui revient à reconnaître « qu'il y a quelque chose de subjectif en toute croyance, même la plus certaine »[3]. En termes cartésiens, nous dirions qu'il faut à la fois distinguer et associer la *facultas eligendi* et la *facultas cognoscendi*[4]. Chez Frege, le paradoxe est que lui qui voulait dépsychologiser la question du sens en défendant un objectivisme sémantique en arrive pourtant à admettre que le jugement relève d'un acte existentiel : « Si le jugement est un acte, il se produit à un moment déterminé, il appartient ensuite au passé. Un acte comporte un acteur, et l'acte n'est pas entièrement connu si l'acteur n'est pas connu »[5]. Toute vérité de raison est elle-même à un moment donné tributaire d'un événement d'assertion à caractère factuel, du recours à une véhémence puisée dans la *Lebenswelt*, c'est-à-dire qu'elle implique une tension vive, une vitalité qui se manifeste par une déclaration

---

1. Quand Kant exhorte : « *Sapere aude !* » (du verbe latin *audere*), le désir n'a pas sa source dans le savoir lui-même, mais dans les enjeux pragmatiques de notre vie phénoménale.

2. Kant utilise aussi « *Glauben* », mais dans un sens très large. Les traducteurs (cf. *CRPure*, p. 1734-1735) soulignent que « la foi en Dieu n'est qu'une espèce du *Glauben* en général » et ils traduisent « *das Fürwahrhalten* » par « créance », pour éviter les ambiguïtés de « croyance ».

3. *Cf.* V. Brochard, *De la croyance*, dans *Études de philosophie ancienne et de philosophie moderne*, Paris, Vrin, 1966, p. 462-488.

4. *Cf.* Descartes, *Méditation métaphysique VI*, *op. cit.*

5. G. Frege, *Recherches logiques*, *op. cit.*, p. 205, note 2.

illocutoire. Mais si Frege en est arrivé à faire une place incontournable à la force assertive nécessaire pour affirmer une vérité, il n'a pour autant jamais vraiment envisagé sérieusement la possibilité de sa dénégation, qui ne peut être confondue avec l'erreur : « Le jugement est le choix entre des phrases opposées. La reconnaissance de l'une et le rejet de l'autre sont un seul et même acte. On n'a, par suite, pas besoin d'un signe particulier pour l'acte de rejeter »[1]. Malgré les concessions faites sur l'acte d'asserter, l'anti-psychologisme radical de Frege l'a empêché de prendre au sérieux l'expérience existentielle de la dénégation qui correspond pourtant à un autre événement tensionnel prétendant annuler, effacer celui de la force assertive ou de la reconnaissance explicite d'une vérité. Russell a repris à nouveaux frais la problématique en opposant à la question purement logique de la vérité ou de la fausseté des propositions elles-mêmes, la question psychologique de l'assertion comme expression de la croyance d'un sujet humain. Du point de vue logique, une assertion peut certes porter sur une proposition affirmative ou une proposition négative, mais il doit être possible de tester la pertinence de l'une ou de l'autre ; en revanche, du point de vue psychologique, il est tout à fait possible d'envisager la dénégation considérée comme une opération venant s'opposer brutalement à ce qu'une assertion puisse être considérée comme vraie quand elle est confrontée objectivement aux faits : « Dénier une proposition n'est pas la même chose que d'asserter sa négation […] L'état d'esprit dans lequel nous rejetons une proposition n'est pas le même que celui par lequel nous acceptons sa négation »[2].

1. G. Frege, *Écrits posthumes*, *op. cit.* p. 236-237.
2. B. Russell, *Meinong's Theory of Complexes and Assumptions*, ed. D. Lackey, London, Allen & Unwin, 1973, p. 41.

L'enjeu n'est plus ici de se référer à un état de choses, mais bien à un état psychologique! Russell fait alors intervenir le concept de « *disbelief* » ou « discroyance » qui désigne cette attitude insidieuse et perfide visant à discréditer une croyance avérée, à détruire la confiance en elle... Il s'agit donc de saper la reconnaissance d'une vérité, de s'attaquer à la force assertive qui la porte pour décrédibiliser son contenu véridique, en profitant du fait qu'une vérité a besoin effectivement d'être reconnue à travers une assertion exprimée par des porteurs en chair et en os susceptibles d'être déstabilisés. Russell précise : « Le rejet d'une proposition, du point de vue psychologique, c'est l'inhibition des impulsions qui pourrait engendrer la croyance en la proposition ; il enveloppe toujours une certaine tension, puisque les impulsions liées à la croyance ne sont pas absentes, mais sont contrecarrées par une force opposée »[1]. Le but de la discroyance est d'arriver à faire croire de ne pas y croire : le « *y* » représentant ici l'arrimage de l'assertion à un état de choses irréfragable, à ce que H. Arendt appelle de son côté « l'entre-deux physique du-monde »[2]. Parce que l'état de choses ainsi établi ne correspond pas à ses désirs ni à ses fantasmes, le dénégateur enclenche un bras de fer avec celui qui tient à dire ce qui est objectivement. La dénégation relève donc d'un enjeu beaucoup plus grave que le simple mensonge, puisque le menteur connaît lui-même encore la vérité, même s'il s'emploie à la cacher : le menteur n'est encore

1. B. Russell, *Signification et vérité*, trad. fr. P. Devaux, Paris, Flammarion, 1969, p. 278.
2. « Les affaires du monde d'objets où se meuvent les hommes, qui s'étend matériellement entre eux et d'où proviennent leurs intérêts du-monde, objectifs », H. Arendt, *Condition de l'homme moderne*, dans *L'Humaine condition*, *op. cit.*, p. 206 : or, cet « entre-deux physique » peut être escamoté dans les relations humaines.

qu'un faussaire de vérité, alors que le dénégateur est un escamoteur de réalité. Le dénégateur[1] en vient à mépriser toute recherche de la vérité et à remettre en question tout principe de réalité pour s'en tenir – comme l'a prétendu Foucault – à cette ontologie minimaliste qui se réduit à l'événement de l'acte « parrhésiastique »[2]. Une telle situation correspond alors à un véritable *Kampfplatz*, où prime le rapport de forces et dont l'enjeu n'est pas seulement celui du discours vrai, mais aussi celui du rapport à la réalité. Dès lors, devant l'outrecuidance[3] du dénégateur, le souci de respecter les contraintes intrinsèques d'un raisonnement rigoureux ou de s'en tenir strictement à la détermination de faits attestés ne peut plus à lui seul suffire pour persuader. Pourtant, s'il y a bien une force légitime pour nous convaincre d'une vérité, elle n'est rien d'autre que cette « force extérieure » à nous-mêmes qui fait que la confrontation à une réalité objectivée nous permet d'accéder à une « assertabilité garantie »[4]. Mais, nous risquons toujours de replonger dans les dérives possibles de la vie phénoménale qui nous exposent à une régression dans le régime hallucinatoire de l'existence, au point de nous faire lâcher la proie pour l'ombre. Aussi faut-il alors insister sur l'intérêt pragmatique – aussi bien éthique que politique – de la recherche de la vérité et de l'attachement au principe de réalité pour favoriser l'épanouissement de

1. *Cf.* B. Williams, *Vérité et véracité*, trad. fr. J. Lelaidier, Paris, Gallimard, 2006, p. 18.
2. *Cf.* M. Foucault, *Le Courage de la vérité*, Paris, Gallimard-Seuil, 2009 ; *Le Gouvernement de soi et des autres*, Paris, Gallimard-Seuil, 2008. Sur cette critique de l'ontologie minimaliste de M. Foucault, *cf.* notre ouvrage *Philosophie de la post-vérité*, Paris, Hermann, 2019.
3. Au sens étymologique : celui qui ne croit qu'en lui-même.
4. Expression de J. Dewey, cf. *Logique. La Théorie de l'enquête*, trad. fr. G. Deledalle, Paris, P.U.F., 1995.

l'homme dans sa *Lebenswelt*[1]. Spinoza et Kant ont insisté sur un tel intérêt pragmatique dans l'existence humaine, par opposition aux dégâts que peut provoquer la dénégation du principe de réalité[2], au nihilisme auquel conduit le déni de la réalité. Aussi, Putnam rend hommage à Kant pour avoir défendu une « objectivité-pour-nous »[3] qui ne renvoie pas à un quelconque relativisme cynique, ni à un objectivisme édulcoré, mais qui signifie que, « pour-nous » humains, la recherche de l'objectivité représente un intérêt incontournable pour mener à bien notre existence dans la *Lebenswelt*. Comme le précise encore Putnam : « Notre conception de l'épanouissement intellectuel fait partie (et n'a de sens qu'en faisant partie de) de notre conception de l'épanouissement humain en général »[4].

---

1. Sur l'intérêt pragmatique de la recherche de la vérité pour l'existence humaine, *cf.* nos ouvrages, *Philosophie de la post-vérité*, Paris, Hermann, 2019 et *Qu'est-ce la métaphysique ?*, Paris, Vrin, 2016.

2. « Le monde phénoménal n'est pas un sanctuaire idéaliste à l'abri des coups de la dure réalité, mais une zone sismique en activité où les objets intentionnels travaillent sourdement à se distinguer de leurs propres qualités », G. Harman, *L'Objet quadruple, op. cit.*, p. 34.

3. H. Putnam, *Raison, Vérité et Histoire, op. cit.*, p. 67.

4. H. Putnam, *Le Réalisme à visage humain*, Paris, Seuil, 1994, p. 134 : *cf.* notre article « Les Inconséquences du relativisme », *La Pensée* 408, Paris, 2021, p. 8-20.

CHAPITRE V

MANIÈRES DE FAIRE
NOTRE ÊTRE-AU-MONDE

La reconnaissance de l'objet transcendantal vaut comme principe de réalité : son *ob*-sistance vaut comme *ob*-jection à tout repli solipsiste. L'hypothèse d'une conscience totalement souveraine qui à elle seule pourrait déployer sans limites son propre monde est battue en brèche. L'idée d'un objet foncièrement irréductible que doit prendre en compte toute conscience exerce une fonction transcendantale en ce qu'il sert de pierre de touche pour démarquer le réel du rêve et la vie phénoménale du simple règne des apparences : la vie n'est ni un songe, ni le monde d'Alice au pays des merveilles où tout peut arriver sans suite, de manière totalement arbitraire. Dans la deuxième partie de la *Critique de la Raison pure* – intitulée *Théorie transcendantale de la méthode* –, Kant insiste sur le fait que penser un tel objet transcendantal est indispensable pour garantir l'objectivité de nos connaissances : « La matière des phénomènes, par quoi des choses nous sont données dans l'espace et le temps, ne peut être représentée que dans la perception, par conséquent *a posteriori*. Le seul concept qui représente *a priori* ce contenu empirique des phénomènes, c'est le concept de la *chose en général* »[1].

1. *CRPure*, p. 1033.

Un tel objet de pensée est un passage obligé pour que le sens que nous mettons dans l'existence ne soit pas une simple projection hallucinatoire de la subjectivité. L'idée d'un tel objet n'est donc en aucun cas une fiction, mais assure au contraire une fonction qui est essentielle ensuite pour la connaissance : celle d'exiger, en dernier ressort, une référence pour tout « parler sérieux », c'est-à-dire quand nous parlons effectivement de « quelque chose » et non pas « en l'air ». Cet objet transcendantal est surtout celui qui nous garde en prise avec le réel : il vaut comme principe d'objectivité, afin de nous orienter au mieux dans la vie phénoménale. Même s'il lui impose des formes à l'aide des catégories de l'entendement, l'homme ne peut prétendre construire lui-même le réel, mais est censé au contraire toujours le présupposer pour le connaître et ses connaissances ne peuvent être salutaires que dans la mesure où il se règle dessus pour éclairer ses choix existentiels. Le « quelque chose » est donc « l'exposant d'une règle en général »[1] qui, pour la conscience, joue le rôle de principe gravitationnel et lui permet de ne pas perdre pied.

Cette polarisation de la conscience qui la porte à présupposer un « quelque chose » d'autre qu'elle-même est la marque de sa dépendance vis-à-vis de ce qui lui oppose une résistance – ici *apriorique* – en lui faisant face, et donc de sa finitude. En aucune façon une conscience objective ne peut exister sans avoir ce sens du réel, sans quoi elle ne serait encore qu'une conscience irresponsable : le souci de l'objectivité ne relève pas d'un caprice, mais d'une obligation. Toute conscience sensée est conscience d'un tel « quelque chose » d'autre qu'elle-même pour s'assurer de pouvoir reconnaître ensuite des objets effectifs,

1. *CRPure*, p. 899.

chargés de significations précises. Ce sens du réel est donc la « règle » d'une pleine conscience, règle qui consiste à reconnaître l'être d'un phénomène en général (*das Dasein einer Erscheinung überhaupt*), plutôt que de se complaire dans la pure fantaisie. Comme le souligne Kant : « La conscience de ma propre existence est en même temps une conscience immédiate de l'existence d'autres choses hors de moi »[1]. Moi-même je ne peux me considérer que comme un existant en commerce avec d'autres étants, même si leur nature m'apparaît au premier abord énigmatique. Moi-même je ne puis me connaître que sur la route, à condition d'avoir su préalablement me diriger vers elle pour l'emprunter. Nous ne sommes donc pas condamnés à subir simplement cette résistance du réel à nos projets : puisque nous sommes capables d'en prendre la mesure par la pensée et d'en produire une connaissance objective, nous sommes capables également d'agir sur elle et de la transformer pour instaurer notre être-au-monde humain.

LA CAPACITÉ DE L'HOMME À SE RÉAPPROPRIER LE « QUELQUE CHOSE » POUR EN FAIRE SON ÊTRE-AU-MONDE

Au sens strict, le *X* transcendantal ne peut même pas être considéré comme un objet. Pour filer la métaphore à laquelle Kant lui-même recourt[2], il peut être assimilé à une *terra ignota*, une nature sauvage (*rohe Natur*), un *terrenum* encore en friche que l'homme a pour tâche de cultiver et sur lequel il est voué à y délimiter le *templum* de son être-au-monde. Ainsi, pour reprendre les

---

1. *Ibid.*, p. 957.
2. Cf. *CFJ*, Introduction, *op. cit.*, p. 927-928.

termes de Kant[1], il s'agit bien de défricher ce « quelque
chose » pour en faire tour à tour un champ (*Feld*), puis
un territoire (*territorium/Boden*), mais surtout un domaine
sous l'empire de l'entendement légiférant et déterminant
(*Ditio/ Gebiet*), voire une demeure légitime où il fait bon
vivre (*domicilium*). Ainsi, le « *quelque chose = X* » ne
peut être assimilé immédiatement à notre être-au-monde :
il nous apparaît même plutôt comme inhabitable, en raison
de son adversité foncière. C'est donc bien à nous de nous
déployer à partir de lui, de l'humaniser en y déterminant
des objets significatifs qui seront autant de constituants
de notre être-au-monde. Aussi, en même temps qu'elle
est confrontée à une résistance *apriorique*, la conscience
découvre également sa liberté à travers l'expérience
de la spontanéité de l'entendement qui est capable de
transformer – au moins partiellement – ce qui semble à
première vue hostile en monde humain. Il ne s'agit donc
pas de faire de nécessité vertu, de se soumettre à son
Fatum, mais au contraire de relever ce défi de ménager
une place pour des objets à dimension humaine dans ce qui
nous semble le plus étranger : « Toute nécessité a toujours
pour fondement une condition transcendantale » précise
Kant[2], en congédiant ainsi toute résignation fataliste. En
même temps que je pense ce « quelque chose » qui me
résiste, j'entrevois déjà le *templum* que je peux y dresser.
Ainsi, le *Je Pense* comme aperception transcendantale
est en même temps un *Je Peux*, un pouvoir au sens de
l'*Actus* : en l'occurrence, je peux faire en partie de la nature
sauvage de ce « *quelque chose = X* » une terre cultivable,

1. *Cf.* les distinctions opérées par Kant entre *territoire*, *domaine* et
domicile qui permettent de cerner différentes modalités de notre être-
au-monde : *CFJ*, Introduction, p. 927-928.
2. *CRPure*, p. 1411.

un territoire ou un domicile : en un mot, le champ de mon être-au-monde. Le pouvoir de penser est déjà un pouvoir d'agir et le devoir n'aurait pas de sens sans lui. Tout comme l'attention relève de l'acte de « tendre vers (*ad-tendere*) » et qu'étymologiquement *percipere* signifie « saisir », *ad-percipere* signifie « saisir vers », c'est-à-dire se saisir dans l'agir : soit un pouvoir de réappropriation de soi, dans le hors de soi. Car il ne s'agit pas d'entretenir la prétention impérialiste de s'approprier l'ensemble de ce « *quelque chose = X* », de le dompter intégralement, dans la mesure où il ne peut jamais nous apparaître dans sa totalité et échappe à toute entreprise de synthèse absolue, parce que celle-ci ne pourrait être qu'un mirage : il s'agit plutôt de la capacité de s'y aménager objectivement une place viable humainement, un havre de paix qui permette de donner objectivement du sens à notre existence. C'est dans le déploiement de son être-au-monde que se joue l'objectualité (*Gegenständlichkeit*) du sujet humain. En même temps que nous déployons notre être-au-monde dans l'extériorité, nous nous transportons nous-mêmes dans cette extériorité pour y épanouir nos propres capacités. Si l'entendement dispose du pouvoir de catégoriser, il le doit d'abord à cette spontanéité de la pensée qui est capable de reconnaître ce qui n'est pas elle pour ensuite en faire la pierre de touche de son existence. Comme le dit Kant : « Le *Je pense* exprime l'acte de déterminer mon existence […] Cette spontanéité fait que je me nomme *intelligence* »[1]. L'expression intelligence signifie ici que tout ne se réduit pas au *hic et nunc* empiriques ou à une existence pathique, mais que notre liberté relève de l'intelligible, que nous sommes libres en tant qu'être

---

1. *CRPure*, p. 871, note.

actifs, que nous pouvons nous projeter objectivement dans l'existence en accomplissant notre destin d'êtres intelligents. Comme dit Frege : « L'action de l'homme sur l'homme est la plupart du temps médiatisée par des pensées »[1]. Les pensées détiennent une puissance plus grande que celle d'un marteau et cette puissance est libérée par ceux qui les pensent et les saisissent. Ainsi, de figurant de l'existence, l'homme en devient pleinement acteur. L'enjeu de l'accès à la pensée et au sens n'est donc pas simplement cognitif, mais d'abord éthique : celui de l'accomplissement pragmatique de l'existence humaine. La réalité n'est donc pas seulement ce qui nous résiste, mais ce qui peut être – au moins en partie – transformé, ce qui permet de faire, d'instituer notre être-au-monde. Nous retrouvons ici[2] ce verbe grec de *teukhein* qui peut illustrer cet agir avec intelligence : « *teukhein* signifie : assembler-ajuster-fabriquer-construire. C'est donc : faire être comme… à partir de… de façon appropriée à…et en vue de… Ce qui a été appelé *techné*, mot dérivé de *teukhein* et qui a donné le terme technique, n'est qu'une manifestation particulière du *teukhein* »[3]. La liberté alors en jeu n'est plus celle folâtre d'une imagination livrée à elle-même, mais une liberté comme autonomie qui, pour agir effectivement, s'assigne des règles.

Le sens ne se réduit pas à la raison abstraite, puisqu'il régit notre orientation dans la vie phénoménale ; mais comme celle-ci est propice aux illusions, l'objectivité du sens que l'on met dans notre existence est tributaire de l'intervention de l'entendement. Sans ce souci de

1. G. Frege, *Recherches logiques*, *op. cit.*, p. 194.
2. Cf. *supra*, chapitre III, p.121.
3. C. Castoriadis, *L'Institution imaginaire de la société*, *op. cit.* p. 354.

l'objectivité du sens, l'existence vécue équivaudrait au triomphe d'un subjectivisme aveugle. L'objectivité du sens consiste d'abord à reconnaître que le sujet humain ne peut s'orienter qu'en rapport à des objets qui témoignent de son être-au-monde. Cependant, ces objets ne se réduisent pas tous à des entités données empiriquement que l'entendement aurait transformées en repères significatifs. Dans la vie phénoménale, l'homme est non seulement capable de découvrir, mais aussi d'inventer. Kant lui-même reconnaît cette autre puissance de l'entendement capable de se donner lui-même des objets non empiriques : « Quand nous appelons certains objets, en tant que phénomènes, êtres des sens (*Sinnenwesen/phaenomena*), en distinguant la manière dont nous les intuitionnons de leur nature en soi, il est déjà dans notre idée d'opposer en quelque sorte à ces phénomènes : ou ces mêmes objets envisagés selon cette nature en soi, bien que nous ne les intuitionnons pas en elle ; ou encore d'autres choses possibles, qui ne sont nullement des objets de nos sens, à titre d'objets pensés simplement par l'entendement, et de les appeler des êtres de l'entendement (*noumena*) »[1]. En face des objets empiriques, Kant souligne ici que l'entendement humain est capable non seulement de penser ces objets au point de vue de leur nature indépendante en soi, mais aussi d'autres types d'objets considérés comme « êtres de l'entendement » appelés *noumena*. En dehors de ce « noumène négatif » qui nous permet de penser un « quelque chose en général » et qui s'impose comme problème récurrent pour la conscience, l'entendement humain est aussi capable de penser des objets qui n'existent pas encore, mais qui sont susceptibles de contribuer à une dilatation ontologique de notre être-

1. *CRPure*, p. 981.

au-monde. La notion de noumène exerce une fonction stimulante pour l'esprit qui permet de ne pas rester rivé à nos intuitions sensibles immédiates : « Le concept du noumène n'est donc pas le concept d'un objet, mais la tâche (*Aufgabe*) inévitablement attachée à la limitation de notre sensibilité, celle de savoir s'il ne peut y avoir des objets entièrement indépendants de cette intuition de sensibilité, question à laquelle on ne peut faire que cette réponse indéterminée : puisque l'intuition sensible ne se rapporte pas sans distinction à toutes les choses, il reste de la place pour davantage d'objets qui sont autres »[1]. *Die Aufgabe* : le terme de « tâche » rappelle ici la racine étymologique grecque de « problème » et correspond à l'idée d'un défi à la fois théorique et pratique, c'est-à-dire l'idée d'un devoir qui suppose lui-même de disposer d'un pouvoir. L'enjeu est bien ici de dépasser les limites du donné empirique et de concevoir des objets qui ne renvoient pas à ce qui s'offre préalablement dans l'expérience. Aussi, de ces êtres de l'entendement, il n'est pas possible d'en parler en termes de choses, qu'elles soient elles-mêmes en soi ou empiriques. Dès lors, Kant en vient à poser, à la fin de l'*Analytique transcendantale*, que le concept le plus élevé de la philosophie transcendantale, c'est-à-dire de la philosophie qui concerne les conditions de possibilité de la connaissance, est le concept « d'objet en général » et non pas de « chose » : « Il faut qu'un concept plus élevé encore soit indiqué, et ce concept est celui d'un objet en général (pris de manière problématique, et sans décider s'il est quelque chose ou rien) »[2]. L'objet en général devient ici le concept premier de l'ontologie, même si cette notion déborde celle de l'être. Dans cette optique,

1. *CRPure*, p. 1008.
2. *Ibid.*, p. 1010.

la « *Table du Rien* (*Nichts*) » – qui achève l'*Analytique transcendantale* – le décline selon quatre modalités qui font du non-être, du « rien d'étant » une forme encore d'objet : l'*ens rationis* ou « *concept vide sans objet* » (l'« être de raison ») ; le *nihil privativum* ou « *objet vide d'un concept* » ; l'*ens imaginarium* ou « intuition vide sans objet » (l'« être imaginaire ») ; le *nihil negativum* ou « objet vide sans concept ».

LE « RIEN D'ÉTANT » COMME CLÉ DE VOÛTE DU DÉPLOIEMENT DE NOTRE ÊTRE-AU-MONDE

Jusqu'alors Kant avait posé le recours à un « quelque chose en général », mais ici la notion même de « chose en général » fait clairement place à une notion d'« objet en général » à laquelle il ajoute une remarque décisive : cet objet n'est pas nécessairement un « quelque chose », mais peut étrangement n'être « rien ». La primauté accordée à la notion d'objet s'explique parce qu'elle est posée en surplomb de la notion de chose et peut alors renvoyer à ce qui n'est encore qu'un « rien d'étant ». La position en surplomb de tels objets permet de ménager ensuite la possibilité pratique d'intervenir, grâce à eux, sur les états de choses, plutôt que de les subir. Car, comme le montre la « *Table du Rien* », ce rien ne signifie pas nécessairement néant ou non-être absolu, mais peut avoir du sens : il s'agit donc d'un « presque rien » qui peut cependant présenter pour nous une plénitude de sens. Meinong reprend cette problématique qui fait déborder la notion d'« objet », par rapport aux limites de celle d'« étant » ou de « chose » : « Il y a des objets dont il est vrai de dire qu'il n'y a pas de tels objets »[1]. La notion d'objet est plus universelle que

---

1. A. Meinong, *Théorie de l'objet et présentation personnelle*, trad. fr. J-Fr. Courtine et M. Delaunay, Paris, Vrin, 1999, p. 73.

celle de l'être, au sens exact où elle apparaît comme un défi
à l'ontologie, en amont du partage de l'être et du non-être.
Ainsi s'ouvre le champ de l'extra-territorialité ontologique
de l'objet anhyparxique – l'objet non-existant –, au point
que Chilsholm les appelle « *homeless objects* »[1], « objets
SDF » ou apatrides : les objets sans abri ontologique.

Concernant cet « objet » qui subsiste dans l'entendement
sans pour autant exister empiriquement et auquel le nom
de *res* se révèle inadéquat, Kant précise qu'il peut s'agir
de l'*ens rationis*, c'est-à-dire d'un concept auquel ne
correspond aucune expérience, mais qui exerce cependant
une fonction. Tel est le cas des noumènes pris justement
au sens négatif : ce « quelque chose d'indéterminé » qui
toujours néanmoins nous précède et qu'il s'agira ensuite
éventuellement de déterminer plus amplement, en vue d'en
établir une signification précise. Nous ne pouvons faire
l'économie du recours à des « êtres de raison », même
dans notre vie pratique. Ainsi la notion de « peuple » peut
être entendue comme un être de raison dont la fonction
est de rendre le pouvoir politique inappropriable par
celui ou ceux qui le représentent, puisqu'ils ne peuvent
légitimement exercer ce pouvoir qu'au nom précisément
du « peuple ». Alors que Rousseau considérait que le
peuple pouvait avoir une existence concrète et que l'État
n'était en lui-même qu'un être de raison[2], Kant rétorquait
que la notion de peuple ne peut renvoyer qu'à un être
de raison et jouer un rôle régulateur[3]. La démocratie
vit de l'indétermination de la notion de Peuple, de sa

1. *Cf.* R. Chisholm, *Brentano and Meinong studies*, Rodopi,
Amsterdam, 1982, p. 37-52 et *A Realistic Theory of Categories, An Essay
in Ontology*, Cambridge, Cambridge University Press, 1997, chap. 3.

2. *Cf.* J.-J. Rousseau, *Du Contrat social*, I, 7, *op. cit.*, p. 363.

3. *Cf.* Kant, *Doctrine du droit*, trad. fr. A. Philonenko, Paris, Vrin,
1971, p. 221.

désincorporation : celle-ci reste un terme général qui demeure incomplet, insaturé[1], mais qui néanmoins révèle un sens précieux et opératoire. Mais Kant entrevoit que cette notion d'« être de raison » ou de noumène peut également exercer une fonction heuristique en science, concernant, par exemple, « certaines forces nouvelles que l'on pense, et cela certes sans contradiction, mais sans exemple tiré de l'expérience ». L'anticipation de Kant trouve un écho dans les découvertes de la microphysique contemporaine : nous avons déjà souligné comment Bachelard mobilise, à son tour, la notion de noumène pour penser ces « forces nouvelles » qui semblent relever d'un monde jusqu'ici inconnu et comme s'exprimant en « hiéroglyphes ». Si ces « forces » sont désubstantialisées, elles ne peuvent cependant être considérées comme illusoires, mais relèvent d'une capacité « noumélisante » pour les penser : « Dans l'infiniment petit, les propriétés nouménales sont plus nombreuses que les propriétés phénoménales »[2]. Bachelard insiste sur « l'indétermination objective » que révèle le principe d'incertitude de Heisenberg, puisqu'il montre une interférence essentielle de la méthode et de l'objet qui engendre un « trouble de la désignation objective »[3]. Car, en microphysique, Heisenberg a confirmé l'étroite interdépendance irréductible entre un sujet et un objet tels que leurs rapports ne peuvent être pensés que mathématiquement : la perte en testabilité empirique n'est pas ici synonyme d'une perte en objectivité. Par

1. « "la volonté du peuple" […] cette expression n'a pour le moins aucune dénotation généralement acceptée » G. Frege, *Écrits logiques et philosophiques, op. cit.*, p. 117.

2. G. Bachelard, « Noumène et microphysique », dans *Études, op. cit.*, p. 18.

3. G. Bachelard, *Le Nouvel esprit scientifique*, Paris, P.U.F., 1966, p. 126.

rapport aux nouvelles pistes de recherche offertes par la microphysique, Bachelard insiste également sur « la défaillance de l'imagination sensible » : « Voilà donc bien une borne humaine du réel imaginé, autrement dit, une limite à la détermination imagée du réel »[1]. Clairement, nous nous affranchissons ici de toute prétention à se représenter le réel comme si l'on pouvait en faire le décalque[2]. On peut certes produire plusieurs images microphysiques des constituants de l'atome – Bohr lui-même ne s'en est pas privé –, mais la constante de Planck h intervient pour constituer une limite inférieure d'approximation du produit de deux imprécisions, dans le calcul de la détermination d'une particule quantique : impulsion et position. L'indétermination mise au jour par Heisenberg n'ouvre donc pas la porte au relativisme subjectiviste, puisqu'elle reste codifiée par la prise en considération de la constante h de Planck. Avec cette indétermination en microphysique, l'école de Copenhague a pointé de manière objective cet horizon originaire de monde pré-individuel, pré-catégoriel et donc proto-ontique qui taraude tout étant empirique bien défini et déterminé. D'une certaine façon, on peut avancer que la mécanique quantique dévoile un champ de possibles qui équivaut ici au sens – pensé mathématiquement comme une densité de probabilités – et qui est susceptible de passer à la signification comme détermination, lors de chaque mesure entendue comme « effondrement de la fonction d'onde (*wave function collapse*) »…

1. G. Bachelard, *Le Nouvel esprit scientifique*, p. 132. Il précise encore : « la connaissance scientifique est toujours la réforme d'une illusion » dans *Études, op. cit.*, p. 14.

2. *Cf.* M. Richir, *La Crise du sens et la phénoménologie*, Grenoble, Million, 1990, p. 256-261.

DE L'« ÊTRE DE RAISON » À L'USAGE FONCTIONNEL
DE L'« ÊTRE IMAGINAIRE »

Dans la « *Table du Rien* », est envisagé également le cas d'intuitions vides qui n'auraient pas encore d'objets au sens strict, c'est-à-dire la condition formelle pour qu'apparaissent des objets comme phénomènes, avant même que ceux-ci puissent être perçus comme tels. Il s'agit surtout de l'*ens imaginarium*[1], qui est un « rien », mais qui ouvre la possibilité d'engendrer de nouveaux objets : ainsi ce « rien d'étant » est ambivalent, puisqu'il peut être aussi bien l'imaginaire trompeur que l'ouverture d'un espace pour l'invention. Kant souligne donc de nouveau la « spontanéité » d'une imagination qui devient fiable quand elle se fait l'auxiliaire de l'entendement. Spinoza avait déjà pointé l'enchaînement productif et déductif du « *conatus mentis* » : « L'entendement, par sa propre force innée, se forge des outils intellectuels grâce auxquels il acquiert d'autres forces pour d'autres œuvres intellectuelles, et grâce à ces œuvres, d'autres outils, c'est-à-dire le pouvoir de chercher plus avant »[2]. Comme le souligne également Kant, la pensée mathématique « par construction de concepts » illustre cette puissance de l'entendement. Mais ici est mis l'accent sur le rôle joué par l'imagination dans cette capacité humaine à produire de nouveaux objets. Si l'entendement joue un rôle décisif dans la détermination objective des phénomènes, il ne

---

1. Cf. *supra*, chap. I, p. 43-44.
2. Spinoza, *Traité de la réforme de l'entendement*, *op. cit.*, p. 27. *Cf.* également, Spinoza, *Éthique*, II, déf. 4, *op. cit.*, p. 161.. Pour Spinoza, une « idée adéquate » est sans relation avec un objet phénoménal extrinsèque : elle a toutes les propriétés intrinsèques d'une idée vraie. Mais dans le livre V de l'*Éthique*, il précise qu'il y a un *ars imaginandi* donnant plus d'énergie à notre régime mental.

peut pour autant prétendre produire lui-même le réel : il
ne fait encore que le découvrir, même s'il le configure
et en détermine la signification. Dans la découverte, la
nouveauté anticipée est suffisamment déterminable pour
que l'on puisse supposer qu'elle existe déjà : il s'agit
donc toujours d'une nouveauté pour la connaissance,
mais non du point de vue de la réalité. Dans ce cas, les
considérations psychologiques sont alors impérieusement
soumises aux déterminations objectives que permet l'état
du corpus de connaissances et des méthodes établies, de
sorte que ce soit bien à propos de l'objet phénoménal que se
trouve déterminée la nouveauté, le gain de connaissance :
la propriété nouvellement découverte, par exemple,
est alors reconnue comme préexistante, malgré tout
l'effort de construction que l'expérimentation nécessite
pour la mettre au jour. Parce que des chercheurs se
soumettent à des conditions exigeantes auxquelles ils
consentent pour garantir l'objectivité de leurs travaux,
une même découverte peut donc être faite en plusieurs
lieux et par plusieurs personnes au même moment :
Frege parle d'un « trésor commun de pensées ». Ce qui
est découvert scientifiquement aurait pu l'être, en droit,
par n'importe quel autre chercheur se penchant avec les
mêmes exigences sur le même problème. La connaissance
permet, de cette façon, de passer de l'indétermination d'un
« quelque chose » encore inchoatif à sa détermination
phénoménale, de l'objet transcendantal – qui, en tant que
problème, reste encore indéterminé – à des objets phéno-
ménaux plus ou moins complets. C'est de cette façon
que procède le plus souvent l'entendement : il use de sa
spontanéité pour imposer ces formes logiques que sont les
catégories pour déterminer, avec l'aide de l'imagination
schématisante, les propriétés des « étants », l'être-ainsi

des choses phénoménales. L'entendement détermine en structurant et c'est parce qu'il effectue cette opération qu'il permet de produire une connaissance. Il est, dans ce cas, toujours tributaire d'un donné sensible qu'il s'agit de mettre en forme : il dépend donc du « fertile *Bathos* de l'expérience »[1]. Mais cette expérience peut être simplement simulée : l'entendement lui-même est alors censé faire preuve d'imagination… Même la mécanique quantique qui pense la particule dans son état quantique comme « quelque chose d'autre qu'une chose » la considère pourtant comme susceptible d'être traduite au moins indirectement dans des expériences concrètes, puisqu'elle reste « quelque chose » quand même, fût-elle « non-ontique », c'est-à-dire désubstantialisée et dématérialisée. La chambre de Wilson comme expérience physique incarnée implique un appareillage technique qui doit être soumis à des critères de validité de fonctionnement renvoyant aux règles de l'objectivation expérimentale classique, c'est-à-dire inscrite dans l'ordre des phénomènes. D'un côté, nous construisons les moyens logiques et matériels pour connaître le réel et le déterminer en passant des simples jugements de perception à ceux d'expérience[2], mais d'un autre côté nous ne le créons pas de toutes pièces. Or, l'imagination intervient déjà nécessairement pour implémenter les formes logiques de l'entendement catégorisant dans le champ de l'expérience : c'est à la condition même de cette implémentation que ces formes logiques de

1. *Cf.* Kant, *Prolégomènes à toute métaphysique future*, trad. fr. J. Gibelin, Paris, Vrin, 1967, p. 170 note.
2. « Des jugements empiriques, en tant qu'ils ont une valeur objective, sont des jugements d'expérience, mais ceux qui ne sont valables que subjectivement, je les appelle de simples jugements de perception », Kant, *Prolégomènes* , *op. cit.*, p. 66.

l'entendement peuvent dénoter et signifier des étants précis. Ainsi les catégories de l'entendement disposent chacune d'un « schème transcendantal » permettant la connaissance empirique, parce qu'elles sont alors la clé de toute instanciation du pouvoir de l'intellect au cœur de l'expérience phénoménale. Dans ce cas, le « schème transcendantal » est plus qu'une image : une règle, un procédé pour appliquer la catégorie au matériau empirique, le déterminer, le lier conformément à l'unité du concept de l'entendement. Le « schème transcendantal » est cette médiation qui permet de surmonter l'hétérogénéité entre les concepts et le matériau empirique en le modélisant. Mais, de par son caractère transcendantal, il prend davantage la forme d'une sorte de monogramme qui détiendrait la clé de la production d'une figure. Si l'idée de cercle préexiste au dessin d'un cercle tracé à la craie, il apparaîtrait purement descriptif d'en rester à la définition d'une figure dont tous les points sont équidistants à partir de son centre. Le schème transcendantal du cercle permet plutôt de présenter la règle pour le construire et de passer alors de l'idée au dessin, de nous donner la clé de son *modus operandi* : un segment de droite dont une extrémité est fixe et l'autre mobile. Une des fonctions fondamentales de l'imagination transcendantale est donc de permettre la simulation, qui est aussi l'auxiliaire des expériences de pensée[1]. Si l'entendement fournit des structures, l'imagination concerne le versant opératoire de la théorie scientifique et permet la transformation de la structure en opération. Dans le cas de la connaissance scientifique, l'imagination

---

1. « L'imagination si parfois elle divague [...] au moins est-elle animée et fortifiée par la liberté d'un semblable élan et il sera toujours plus facile de modérer sa hardiesse que de venir en aide à sa lassitude », Kant, *Prolégomènes* , *op. cit.*, p. 91.

reste au service de l'entendement pour que la puissance du concept reste en accord avec l'expérience phénoménale, fût-elle virtuelle. Cependant, cette imagination apparaît incontournable par son pouvoir de simuler qui nous met en rapport avec le monde sensible, même en dehors de sa présence, en anticipant des expériences. La connaissance théorique partage avec la technique de s'en remettre à ce rôle de l'imagination qui, par son pouvoir de simulation, permet à la conscience intentionnelle de réconcilier image et idéalité.

DÉCOUVRIR ET INVENTER

Si le but de la science demeure celui de la découverte, la technique fait franchir un pas de plus vers la capacité d'inventivité de l'homme, d'un « faire instaurateur » à partir de la coordination entre l'entendement et l'imagination pour mettre en œuvre une force ontologisante. L'inventivité fait que la nouveauté de ce qui est anticipé consiste non plus en la connaissance d'un « quelque chose » qui préexiste de toute façon, mais en la promotion de ce qui n'existe pas encore : cette nouveauté ne peut être instaurée que par la résolution d'un problème de réalisation. En ce sens, l'inventivité peut être rapprochée de la créativité, mais l'invention technique se soumet encore à des exigences strictes d'objectivité, au point d'être corrélée au progrès des sciences pour prendre en compte les contraintes du réel afin de garantir son efficacité pratique. Spinoza avait déjà pointé cette capacité de l'intellect : « Si nous supposions que l'entendement perçoive un objet nouveau, n'ayant jamais existé (c'est ainsi que certains conçoivent l'entendement de Dieu avant qu'il ait créé les choses et, dans ce cas, la perception n'a pas pour origine un objet extérieur) et que de cette perception l'entendement déduise légitimement d'autres pensées, celles-ci seraient toutes vraies et ne seraient déterminées par aucun objet extérieur, elles ne dépendraient que de la puissance et de la nature de l'entendement »[1]. Pourtant, Spinoza revient dans l'*Éthique* sur le rôle de l'imagination qui permet d'amplifier la « puissance de l'entendement »[2] : il y a bien un *ars imaginandi* qui perfectionne notre régime mental, en donnant plus d'énergie au *conatus mentis*. La productivité des idées et de leur enchaînement permet d'aller au-delà de ce qui existe déjà de fait, puisqu'il est possible de passer d'une idée à une autre idée cohérente, indépendamment de toute référence empirique préalable. Cette puissance de la pensée ne relève pas ici d'une performance simplement personnelle, mais du fait que « nous sommes une partie d'un être pensant »[3], au sens où cette pensée n'est pas l'apanage d'une subjectivité, mais présente une objectivité telle qu'en suivre le déploiement logique peut nous assimiler à un « automate spirituel »[4]. Simondon a repris à nouveaux frais l'analyse de cette « fonction du nouveau » à l'œuvre dans l'invention technique. La réalité technique est le résultat d'une résolution de problème, au cours de laquelle la cohérence de la pensée objective – soit l'aspect mental de l'invention – s'instancie ensuite dans l'auto-corrélation de l'artefact inventé. Ainsi, il définit l'objet technique comme « ce dont il y a genèse par

---

1. Spinoza, *Traité de la Réforme de l'entendement, op. cit.* p. 42-43.
2. Spinoza, *Éthique*, V, prop. 6 et 12.
3. Spinoza, *Traité de la Réforme de l'entendement*, § 73, *op. cit.*, p. 95.
4. *Ibid.*, § 85, p. 107.

concrétisation »[1]. L'invention technique détient une « force ontologisante » : Simondon parle, à ce propos, d'une « surabondance d'être qui a lieu »[2]. C'est justement parce qu'il y a alors une objectivité de pensées qui débordent l'existant actuel que l'homme peut faire preuve de ce « faire instaurateur ». Aussi, la critique heideggerienne de l'objet technique a commis une erreur en se plaçant exclusivement du point de vue de l'usager, du consommateur, pour en faire un simple être-à-portée-de-la main[3] et en manquant alors ce qui fait la spécificité de l'objet technique : en l'occurrence, être le fruit d'une ingéniosité inventive[4]. Loin d'être nécessairement une source d'aliénation, la genèse concrétisante de l'objet technique apparaît bien plutôt comme un « trajet d'existence ». « La machine est un être allagmatique » souligne Simondon[5] : il est possible de définir l'objet technique en lui-même par le processus de concrétisation et de surdétermination fonctionnelle qui lui donne sa consistance au terme d'une évolution, prouvant qu'il ne peut être considéré comme un simple ustensile[6].

1. G. Simondon, *Du Mode d'existence des objets techniques*, Paris, Aubier, 1989, p. 19-49.

2. G. Simondon, *L'Invention des techniques. Cours et conférences*, *op. cit.*, p. 291.

3. En définissant l'objet technique comme *Zuhandenheit*, Heidegger est passé également à côté de ce qui fait la spécificité de la main humaine.

4. « La continuité du créé […] n'apparaît que si l'on fait abstraction de la destination d'utilité des objets techniques ; une définition par l'utilité, selon la catégorie des besoins est inadaptée », G. Simondon, *Cours de 1965*, *op. cit.*, p. 281-282.

5. G. Simondon, *L'Individuation à la lumière des notions de forme et d'information*, Grenoble, J. Millon, 2005, p. 524. Plus qu'un objet utile, la machine met en rapport réciproque l'homme et le monde (en grec, *allagma* signifie « échange »).

6. G. Simondon, *Du Mode d'existence des objets techniques*, *op. cit.*, p. 15.

Prenons l'exemple de la machine à vapeur qui totalise dans son organisation achevée les inventions successives de nombreux chercheurs : elle a d'abord été un engin constitué d'éléments disparates (wagon, chaudière, rails, bielle-manivelle, condenseur, etc.) qui ont été auto-corrélés afin de constituer un ensemble intégré. Ainsi, la technique témoigne d'une puissance ontogénétique de l'homme : elle fait advenir un être véritablement inédit, qui n'avait guère de chance d'arriver par hasard, par variation spontanée de formes existantes, puisqu'il ne pouvait advenir sans être d'abord pensé et calculé précisément comme la solution d'un problème. Bien plus, chaque invention technique implique également celle de son « milieu associé » et de ses propres artefacts. L'objet technique est donc condition de lui-même en tant que condition d'existence de ce milieu associé qui lui est nécessaire, fait d'un mixte à la fois technique et géographique[1]. L'artefact technique témoigne que l'*homo faber* contribue à édifier durablement notre être-au-monde[2].

DE L'INVENTIVITÉ TECHNIQUE À LA CRÉATIVITÉ ARTISTIQUE

On peut considérer également l'artiste comme « *worldmaker* »[3], mais pour autant lui-même ne peut s'affranchir d'une double exigence d'objectivité : celle transcendantale pour tout sujet humain d'instaurer son être-au-monde et celle plus spécifique qui fait que son art

1. G. Simondon, *Du Mode d'existence des objets techniques*, *op. cit.*, p. 55-57.
2. *Cf.* H. Arendt, *Condition de l'homme moderne*, *op. cit.*, chap. IV, p. 168-199.
3. *Cf.* N. Goodman, *Manières de faire des mondes*, trad. fr. M.-D. Popeco, Nîmes, Jacqueline Chambon, 1992.

puisse se cristalliser dans une œuvre. À la différence de la découverte et même de l'inventivité, l'art est indexé sur un pouvoir de créativité. Cette créativité se caractérise par la transgression des règles établies qui fait qu'elle ne peut déterminer d'avance tout ce qui prendra corps dans l'œuvre. Dès lors, il semble bien que ce soit dans l'intimité de la subjectivité que se trouve l'essentiel des ressorts de la créativité et que son projet ne puisse présenter, par principe, qu'un caractère indéfini, au point de faire toujours une place à l'improvisation : il est impossible à l'artiste d'anticiper intégralement ce qu'il va faire. Cependant, même si dans la créativité, le « nouveau » cristallisé dans une œuvre advient selon une modalité qui fait la part belle au sujet, il serait très réducteur de faire de cette œuvre le résultat d'une simple expression subjective. Les œuvres d'art ne peuvent être considérées comme le simple exutoire des désirs et des fantasmes de chacun. Lorsqu'il peint *La Raie verte* en 1905, Matisse ne peint pas les sentiments qu'il éprouve intimement pour sa femme, mais inaugure surtout un nouveau style. Dans *L'Art et ses objets*, Richard Wollheim[1] critique toute théorie de l'œuvre d'art qui en ferait uniquement quelque chose de psychologique. De même, Hannah Arendt met l'accent sur la nécessaire réification de l'œuvre d'art au sein d'un monde humain et dénonce toute théorie ectoplasmique de l'œuvre d'art qui entretiendrait l'illusion d'un art sans œuvres : « Cette essentielle appartenance-au-monde de l'artiste ne change évidemment pas lorsqu'un "art non objectif" remplace la représentation des objets ; prendre ce "non-objectivisme" pour un subjectivisme dans lequel l'artiste se croirait appelé

---

1. R. Wollheim, *L'Art est ses objets*, § 22-23, trad. fr. R. Crevier, Paris, Aubier, 1994, p. 44-49.

à "s'exprimer", à exprimer ses sentiments subjectifs, voilà qui est typique du charlatan. Peintre, sculpteur, poète ou musicien, l'artiste produit des objets-de-ce-monde, et sa réification n'a rien de commun avec la pratique très discutable et en tout cas totalement inartistique de l'expression »[1]. *A fortiori,* il ne peut être question ici de création sur le modèle du dieu judéo-chrétien capable de *creatio ex nihilo* : une telle conception ne peut conduire qu'à une sorte de mysticisme[2] qui entretiendrait l'illusion que l'artiste n'est pas toujours déjà partie prenante d'un être-au-monde.

La créativité artistique suppose la liberté de l'imagination qui déborde alors les règles de l'entendement : « Lorsque son usage est orienté vers la connaissance, l'imagination est soumise à la contrainte de l'entendement et subordonnée à la limitation qui lui impose d'être adéquate au concept de ce dernier ; elle est libre, en revanche, dans une perspective esthétique »[3]. Cependant, cette liberté ne peut se confondre avec l'arbitraire, sans quoi l'imagination ne pourrait accoucher d'aucune œuvre. Comme le souligne également Kant : « Dans tous les domaines il faut qu'il y ait une certaine contrainte, ou, comme on le dit, un mécanisme, sans lequel l'esprit, qui dans l'art doit être libre et qui seul anime l'œuvre, n'aurait aucun corps et s'évaporerait complètement »[4]. Si le génie est cette notion qui permet de

1. H. Arendt, *Condition de l'homme moderne, op. cit.*, chap. 6, p. 322.

2. *Cf.* nos chapitres « Art et pouvoir : La souveraineté de l'artiste en question » et « La démondéisation de l'art et ses limites », dans I. Kustosz (éd.), *Art et savoir*, Paris, L'Harmattan, 2004.

3. *CFJ.*, § 49, p. 1101.

4. *CFJ*, § 43. Kant précise encore : « Tous les beaux-arts sans exception admettent pour condition essentielle de l'art un élément d'ordre mécanique » § 47, *ibid.*, p. 1093.

penser l'originalité propre d'un artiste – son *ingenium* –, il ne peut être considéré comme un affranchissement de toute règle : la création artistique est certes vouée à transgresser les règles établies, mais elle inaugure néanmoins elle-même de nouvelles règles. Car des règles sont requises pour accomplir une œuvre. Aussi, la créativité artistique ne peut être pensée comme étant antinomique avec la connaissance scientifique ou l'inventivité technique. L'architecture confirme évidemment la nécessité d'un tel rapprochement. Il en est de même avec la *perspectiva artificialis* qui correspond à l'invention d'une scénographie rationnelle[1] tout autant que l'expression d'un style culturel[2] : elle démontre qu'il peut y avoir des points de vue qui peuvent être aussi des points de vérité[3]. Cette maîtrise de la *perspectiva artificialis* comme « machine virtuelle optique » inaugure le principe de l'objectif que l'on retrouvera dans la photographie et le cinéma. Même Cézanne revendiquera en peinture une dette vis-à-vis de la géométrie : « Traiter la nature par le cylindre, la sphère, le cône, le tout mis en perspective »[4].

L'artiste n'est pas seulement celui qui puise dans une « *cosa* mentale »[5] les ressources nécessaires pour concevoir son œuvre, il est surtout celui qui est censé faire reconnaître son talent à travers sa réalisation : une œuvre correspond alors à une véritable extranéation de soi ou opération

1. *Cf.* H. Damisch, *L'Origine de la perspective*, Paris, Champs Flammarion, 1993.

2. *Cf.* E. Panofsky, *La Perspective comme forme symbolique*, Paris, Minuit, 1975.

3. *Cf.* Pascal, *Pensées*, fr. 21, *op. cit.*, p. 502.

4. Cézanne, Lettre à Émile Bernard du 15 avril 1904.

5. Expression de Léonard de Vinci.

d'*Entfremdung*[1]. Or, cette opération passe nécessairement par la prise en charge d'un matériau – quel qu'il soit – qui l'inscrit dans la réalité objective. Ainsi Étienne Souriau insistait sur ce fait : « l'Art consiste à nous conduire vers une impression de transcendance par rapport à un monde d'êtres et de choses qu'il pose par le seul moyen d'un jeu concertant de *qualia* sensibles, soutenu par un corps physique aménagé en vue de produire des effets »[2]. Dans la même optique, Roger Pouivet insiste sur la co-variance entre propriétés physico-phénoménales et propriétés esthétiques[3]. Même si les propriétés esthétiques d'une œuvre d'art ne se réduisent pas à ses propriétés physico-phénoménales, celles-là restent tributaires de celles-ci : par exemple, mettre une « corniche » aux tableaux comme le souhaitait Poussin ou ne pas mettre de cadre comme chez Cézanne est une disposition qui va participer d'une façon différente aux propriétés esthétiques du style de chacun de ces deux peintres… Parler de règles de l'art ne signifie pas faire appel à des lois, mais apparaît constitutif de l'émergence d'un style. Si la règle entendue comme convention arbitraire et formelle peut sembler faire obstacle à la pratique artistique, elle présente également une spécificité intrinsèque qui la distingue de la norme : elle codifie une manière d'agir dans les limites d'une situation et définit un *modus operandi* comme condition de la naissance d'une œuvre. La règle n'a ni la valeur absolue ni l'extension d'une loi, mais elle instaure le tracé d'une

1. Expression de Hegel, cf. *Phénoménologie de l'esprit*, VI, *op. cit.*, p. 420-428.
2. É. Souriau, *La Correspondance des arts*, Paris, Flammarion, 1969, p. 96, chap. 16.
3. R. Pouivet, *L'Ontologie de l'œuvre d'art*, Nîmes, Jacqueline Chambon, 1999, chap. 6.

permanence, d'une fidélité qui est la marque d'un style.
L'artiste fait alors preuve d'héautonomie, c'est-à-dire qu'il
se donne lui-même ses propres règles. Panofsky parle de
« légalité idiomatique »[1] pour désigner ce que l'on entend
par style d'un artiste : non pas la simple transposition d'une
forme préexistante dans une matière, mais le résultat d'une
conquête patiente de ce qui fait son originalité.

L'ART COMME TRANS-FIGURATION

Le style peut être considéré comme un type qui ne peut
exister indépendamment de son *token*, en l'occurrence qui
ne peut transparaître indépendamment d'une succession
d'œuvres singulières[2]. Ainsi, Simondon parle de processus
d'individuation, d'opération « ontogénétique » à propos
de cette puissance ontologisante à l'œuvre dans l'art[3]
et Merleau-Ponty recourt, de son côté, à la notion de
« sillage » : « Ce que le peintre met dans le tableau, ce n'est
pas le soi immédiat, la nuance même du sentir, c'est son
style, et il n'a pas moins à le conquérir sur ses propres essais
que sur la peinture des autres ou sur le monde… Le peintre
travaille et fait son sillage […] comme si chaque pas fait

---

1. E. Panofsky, *Idea*, trad. fr. H. Joly, Gallimard, 1983, p. 260,
note 304.
2. « Toute œuvre d'art est un emblème-d'un type […]. Dire qu'un
artiste a créé un nouveau type est une formule elliptique pour dire qu'un
ensemble de particuliers constitue les emblèmes d'un type », J. Margolis,
« La spécificité ontologique des œuvres d'art », dans *Philosophie
analytique et esthétique*, trad. fr. D. Lories (éd.), Paris, Klincksieck,
1988, p. 211-219.
3. « L'être ne possède pas une unité d'identité, qui est celle de
l'état stable dans lequel aucune transformation n'est possible […].
L'individuation doit être saisie comme devenir de l'être », G. Simondon,
L'Individuation à la lumière des notions de forme et d'information,
op. cit., p 31.

exigeait et rendait possible un autre pas, comme si chaque expression réussie prescrivait à l'automate spirituel une autre tâche »[1]. Si l'art pictural produit une augmentation iconographique qui remonte la pente de l'entropie que subit le réel quotidien, cette puissance néguentropique se concrétise au fur et à mesure d'un travail de stylisation qui fait que l'objectivation de soi dans l'œuvre est en même temps un processus de formation de soi, comme un trajet d'existence qui s'affirme dans le monde en même temps qu'il le modifie. Ainsi l'artiste déréalise, mais pour réaliser autrement en opérant une trans-figuration : il fait voir autrement ce qui est et initie au « voir comme ». Comme le précise Goodman, le faire de l'artiste est toujours un « refaire » : « En définitive pas à partir de rien, mais à partir d'autres mondes […] Faire, c'est refaire »[2].

On ne peut réduire l'art à une simple traduction de la subjectivité intime de l'artiste, parce qu'à travers l'œuvre il invente un nouveau langage symbolique à vocation publique. L'art est la faculté d'expression d'idées esthétiques par le biais d'hypotyposes symboliques : plutôt que de schématiser servilement pour connaître, l'imagination symbolise alors pour évoquer. Par le jeu de l'imagination qui permet de stimuler les idées esthétiques affranchies de la tutelle de l'entendement cognitif, l'art prend le relais d'une pensée conceptuelle trop déterminée pour permettre de « penser plus ». Émancipée de sa fascination première pour des images obsessives, l'imagination permet alors un retour aux sources de l'entendement, à la puissance réflexive de la pensée, et elle assure la relance de la souveraineté dynamique de l'esprit. Kant précise :

---

1. M. Merleau-Ponty, « Le langage indirect et les voix du silence », dans *Signes*, Paris, Folio-Gallimard, 2001, p. 85.
2. N. Goodman, *Manières de faire des mondes, op. cit.*, p. 32.

« Par idée esthétique, j'entends cette représentation de l'imagination qui donne beaucoup à penser (*so viels... als*), sans pourtant qu'aucune pensée déterminée, c'est-à-dire sans qu'aucun concept, ne puisse lui être approprié »[1]. Le rapport est ici patent entre l'indétermination de la pensée qu'inspire l'œuvre d'art et son affranchissement vis-à-vis de la détermination du concept à vocation cognitive. En un mot, l'œuvre d'art fait sens, sans pour autant nous imposer une signification précise. Le sens se libère de la servitude de la signification, puisqu'il nous ouvre à une multitude d'interprétations. S'il y a bien un effet de transcendance, de trans-figuration[2], il s'agit d'un dépassement de la signification déterminée qui vaut comme élargissement (*Erweiterung*), entendu à la fois comme extension et comme libération : en l'occurrence, se dégager de ce à quoi on est assujetti. L'œuvre d'art entretient au plus haut point la tension dynamique entre le sens et la signification.

NOTRE EXISTENCE EN RÉSONANCE SYMBOLIQUE AVEC LE MONDE

Avec l'expérience du beau naturel, le sens s'apprécie également, aux dépens de la signification. Il n'est pas besoin d'être ornithologue, par exemple, pour apprécier le chant d'un oiseau. Le jugement esthétique fait alors l'expérience d'une forme de finalité sans pour autant y saisir de fin particulière qui serait assignée. Le beau naturel semble nous offrir des « faits de sens »[3], qui donnent à penser, sans pour autant nous attacher à une signification

---

1. *CFJ*, § 49, p. 1097.
2. La notion de transfiguration renvoie à l'ouvrage d'A. Danto, *La Transfiguration du banal*, trad. fr. C. Hary-Schaeffer, Paris, Seuil, 1989.
3. Expression de E. Weil, cf. *Problèmes kantiens*, Paris, Vrin, 1963, chap. 2, p. 57-107.

déterminée. Parler de « faits de sens » veut dire qu'alors les faits ne sont pas à prendre exclusivement pour des états de choses aux angles bien définis, mais peuvent être appréciés pour ce qu'ils évoquent. La rose, par exemple, a beau être sans pourquoi, elle plaît en suscitant de la pensée par le biais de l'imagination, c'est-à-dire prend une dimension symbolique qui amplifie sa valeur esthétique[1]. Alors que les jugements déterminants relèvent d'un entendement catégorisant et différenciant les objets empiriques les uns des autres, les jugements esthétiques visent plutôt des « correspondances » symboliques qui – comme l'indique Baudelaire dans son célèbre poème éponyme – « chantent les transports de l'esprit et des sens ». Si le jugement réfléchissant semble nous faire remonter au pré-catégorial en s'affranchissant des déterminations que fixe l'entendement, il part nécessairement d'un étant particulier qui possède bien une réalité déterminée, mais à travers lui il nous ouvre à l'univers des valeurs, puisqu'il nous incite à ne pas prendre simplement les choses pour des choses, mais toujours pour autre chose[2] : la rose que l'on vise, à travers telle rose de telle espèce, est alors « l'absente de tous bouquets »[3]. Nous partons toujours d'un particulier, d'une entité singulière, d'une « pièce » déterminée du monde : une œuvre d'art ou une fleur, un simple nuage,

---

1. « Ce que nous trouvons beau dans une œuvre d'art, ce n'est pas grâce à nos yeux, mais à notre imagination » G.E. Lessing, *Laocoon*, Paris, Hermann, 1990, p. 78.

2. « On peut nommer Idées de telles représentations de l'imagination ; d'une part parce qu'elles tendent pour le moins à quelque chose qui se trouve au-delà des limites de l'expérience et cherchent ainsi à s'approcher d'une présentation des concepts de la raison (des idées intellectuelles) », *CFJ*, § 49, p. 1098.

3. *Cf.* S. Mallarmé, « Divagation », dans *Crise de vers*, Paris, E. Fasquelle, 1897, p. 251.

un épi de blé, mais avec le jugement réfléchissant nous débordons toujours toute conceptualité qui voudrait les définir et les réduire en fonction des concepts institués. Le jugement réflexif est une expérience d'émancipation de la pensée vis-à-vis du « lit de Procuste » qu'impose l'entendement à la réalité empirique. Nous visons ainsi la part non-conceptualisable, la dimension invisible qui taraude toute signification déterminée, quand celle-ci s'efforce, par souci d'objectivité, d'écarter la question des valeurs.

La détermination d'objets particuliers par l'entendement cognitif n'épuise donc pas ce qui fait toute la dimension phénoménale de la réalité. Ainsi, la part de cet objet transcendantal qui ne peut être réduite aux jugements déterminants laisse ouverte la possibilité d'un débordement de ces derniers par d'autres types de jugements qui nous initient à un autre type de rapport au monde. La faculté du jugement réflexif ne prescrit rien, comme peut le faire l'entendement avec ses catégories, mais nous fait éprouver un sentiment de plaisir qui, par le biais d'une appréciation de valeur, préexiste à l'entreprise cognitive. Ce type de jugement ne peut se réduire à une expérience purement subjective, mais renvoie à une sorte d'*a priori* affectif comme premier signalement de l'objet[1]. C'est sur cette base que le jugement réflexif, bien qu'indéterminé, en appelle à l'assentiment des autres et invoque une pétition d'universalité. Car ce type de jugement s'émancipe également de l'empire du désir d'appropriation. On peut estimer une femme désirable, par exemple, sans pour autant vouloir la désirer. Le sentiment esthétique est une certaine façon désintéressée de prendre conscience d'une

---

1. *Cf.* M. Dufrenne, *Phénoménologie de l'expérience esthétique*, Paris, P.U.F., 1967, t. II, p. 543.

qualité affective comme structure d'un objet. En même temps, cette structure affective d'un objet particulier ne peut être saisie selon les critères de l'objectivité auxquels se réfère l'entendement, dont le but est d'en produire une connaissance rationnelle en le faisant rentrer dans une catégorie générale. Ici, l'expérience affective ne peut avoir lieu qu'à propos d'un objet singulier qui ne peut alors être appréhendé et apprécié qu'à travers une sorte de sympathie, comme si effectivement, au-delà de l'altérité de cet objet, nous nous affections encore nous-mêmes à travers lui. D'où aussi cette façon anthropomorphique d'approcher les objets du monde, comme « les trois arbres d'Hudimesnil » chez Proust[1]. Dire qu'un paysage est triste ou que la campagne est riante ne peut apparaître que comme une sorte d'abus, puisque seuls les êtres sentants peuvent être tristes ou gais. Mais la réalité phénoménale se prête à de telles projections symboliques. La *Lebenswelt* nous conduit donc à faire une expérience immédiate de projection de sens sur le monde qui nous environne au point d'éprouver le sentiment d'avoir affaire à du quasi-construit en fonction d'une fin : « On peut appeler figurée cette finalité des formes, et figurée également la technique de la nature à leur égard »[2], comme si (*als ob*) nous étions en présence d'un art de la nature qui offrirait des « faits de sens » à la faveur desquels nous pourrions nous orienter dans la condition humaine. Certes, le beau dans la nature n'est pas voulu comme tel, mais se rencontre dans des objets propices à une plaisante collaboration de nos facultés, à un accord vécu subjectivement et agréablement entre imagination et

---

1. *Cf.* M. Proust, *À l'ombre des jeunes filles en fleurs*, Paris, GF-Flammarion, 1987, p. 91-94.
2. Kant, *Première introduction à la Critique de la faculté de juger*, *op. cit.*, p. 890.

entendement. Le beau est immédiatement senti, comme s'il était adapté à un but, mais sans représentation pour autant d'un tel but précis. De même, l'organisme vivant se présente donc également comme un « fait de sens », comme quelque chose de différent de tout ce qui doit sa forme à la seule action de la biochimie. En lui, fait et valeur se trouvent réconciliés. Ainsi, non seulement le monde phénoménal se prête à la constitution d'objets différenciés par le biais de notre entendement s'appuyant sur la sensibilité, mais il se donne à voir autrement grâce à sa capacité à y faire résonner symboliquement le sens. En un mot, le monde phénoménal n'est pas pour nous quelque chose de radicalement étranger et semble nous fournir au contraire des repères hospitaliers : être avec nous en correspondance. Il y a donc non seulement une certaine affinité au sein du divers sensible[1], mais aussi une certaine affinité de l'homme avec le monde phénoménal, au point qu'il le ressent comme son *Umwelt*, même si ce sentiment ne peut être éprouvé que par un être incarné. Avant même toute médiation de l'entendement et de la science, l'homme sent par une sorte d'*Urdoxa* qu'il habite un monde phénoménal dans lequel il est enraciné et qui déjà le familiarise avec la question des valeurs. Non seulement le jugement réfléchissant nous suggère une affinité avec le monde phénoménal qui nous environne, mais également une affinité, une correspondance avec les autres hommes, puisqu'il nous apprend à juger comme si

---

1. « S'il y avait entre les phénomènes qui s'offrent à nous une si grande diversité, je ne dis pas quant à la forme […], mais quant au contenu, c'est-à-dire à la variété des êtres existants, que même l'entendement humain le plus pénétrant ne pût trouver, en les comparant les uns avec les autres, la moindre ressemblance entre eux, il n'y aurait plus […] d'entendement », *CRPure*, p. 1255.

nous pouvions nous mettre à la place d'autrui et à solliciter son assentiment. Le jugement réfléchissant invoque alors la possibilité d'un « sens commun » universel qui puisse garantir sa légitimité[1].

Un jugement réfléchissant n'est pas constatif comme lorsque je dis « La feuille de papier est sur le bureau », puisqu'il s'agit toujours d'un jugement enchâssé tel que « J'estime que cette femme est belle ». Ce type de jugement ne relève alors ni d'un savoir, ni d'une sensation, mais se veut le jugement d'un sentiment, susceptible cependant d'être partagé. Le souci de faire partager son expérience esthétique vaut également pour l'art lui-même, mais en tant que jugement, cette exigence implique d'y associer des critères qui interviennent aussi tacitement dans l'appréciation du beau naturel. L'appréciation de la valeur témoigne que l'homme prétend aussi établir une différence critique entre ce qui peut faire partie de son être-au-monde et l'im-monde. La création artistique ne se confond pas avec les divagations de la *Phantasie*, quand le jeu libre de l'imagination verse dans la vésanie. L'esthétique ne peut se passer totalement de canonique. Même si nous insistons sur le libre jeu de l'imagination que permet l'art, toute œuvre requiert des règles, tant pour la produire que pour la réceptionner. Un jugement esthétique ne peut être une affaire purement subjective, puisqu'il se veut communicable : nous sommes invinciblement portés à mesurer l'objet apprécié comme beau par rapport à une image-modèle (*Musterbild*)[2] qui peut servir de repère

---

1. « Un tel principe ne saurait être considéré que comme un sens commun, lequel est essentiellement différent du bon sens […]; car ce dernier ne porte pas de jugements d'après le sentiment, mais toujours d'après des concepts, bien que ce ne soit communément que d'après des principes représentés de façon obscure », *CFJ*, § 20-21, p. 1001-1003.

2. Cf. *CFJ*, § 17, p. 993-999.

commun pour revendiquer le consentement d'autrui. Ou, pour le dire avec Goodman, une œuvre d'art requiert un certain degré de convenance (*fitting*) qui doit permettre d'éviter qu'on exclue l'esthétique du dicible[1]. Car la règle fondamentale est surtout que l'art demeure un langage[2], et donc communicable, fût-ce au moyen d'un langage symbolique qui, tout en transcendant la signification ou dénotation classique, demeure néanmoins susceptible d'un accord reconnu sur la valeur de l'objet qu'il évoque. S'il s'agit encore d'un langage, il implique donc certaines règles pour y saisir du sens. Même si toute œuvre d'art est marquée du sceau de l'incomplétude quant à sa signification, l'ampleur du sens qui s'en dégage présente malgré tout certaines limites, sans quoi se profile le risque du suicide esthétique comme chez Frenhofer, dans *Le Chef-d'œuvre inconnu* de Balzac.

L'ŒUVRE D'ART : ENTRE EXISTENCE RÉIQUE ET OBJET SYMBOLIQUE

Ce n'est pas parce qu'il ne respecte pas l'expressivité logique et échappe à la signification strictement empirique que le langage de l'art n'aurait pas de sens. Comme le dit Grimaldi : « Il est de l'essence de l'art d'être un langage mais de n'être pas une langue, d'avoir toujours du sens mais de n'avoir pas de signification »[3]. Ici l'absence d'objet strictement référentiel (*Gegenstandslosigkeit*) n'est pas pour autant absence de vouloir-dire (*Bedeutunslosigkeit*). Si le langage de l'art nous parle, par exemple, d'une

1. Sur ce point, voir *Lire Goodman, Les voies de la référence*, R. Pouivet (éd.), Paris, Les éditions de l'éclat, 1992.
2. Dans le § 53 de la *CFJ*, Kant classe les beaux-arts par analogie avec les différents aspects de la communication linguistique.
3. N. Grimaldi, *L'Art ou la feinte passion, op. cit.*, p. 265.

« lune carrée », il ne s'agit pas pour autant d'une ineptie. Bien plus, cela ne signifie pas qu'il n'indique rien : il renvoie bien à cette autre chose, à cet objet virtuel en vue duquel l'existence réique de l'œuvre a été élaborée. À ce type d'indication, Goodman lui donne le nom d'exemplification : elle prend une direction inverse de celle de la dénotation[1]. Dans la dénotation, le langage est censé renvoyer à un objet empirique comme lorsque l'entendement catégorise l'expérience phénoménale, alors qu'inversement, avec l'exemplification dans l'art, l'existence réique de l'œuvre renvoie plutôt à un objet qui n'existe pas au sens strict, mais qui néanmoins est un objet virtuel sur lequel les jugements portés sont même susceptibles de correction. Le propre de l'œuvre d'art est qu'elle est, d'une part, un objet bien déterminé du monde, avec ses caractéristiques physico-phénoménales, mais qui, d'autre part, renvoie à autre chose que lui-même, exemplifie un autre objet symbolique qui survient sur lui et n'est pas simplement une chose physico-phénoménale : dans sa réalité réique, un tableau peint ne peut être, par exemple, confondu physiquement avec un tableau gravé, mais toujours est-il que le paysage triste que l'un ou l'autre évoque ne peut être un vrai paysage : il reste un paysage feint, vis-à-vis duquel je vois ressortir une certaine tristesse, et c'est sur un tel objet virtuel que sont portés les jugements esthétiques. Lorsque nous apprécions esthétiquement un objet physico-phénoménal, nous ne l'apprécions pas pour la description prosaïque que l'on peut en faire, comme signe littéral, mais nous l'apprécions pour l'objet dérivé qu'il exemplifie médiatement, obliquement. Le sens se noue dans ce travail d'exemplification, mais cependant il ne peut se réduire à une interprétation purement subjective,

---

1. *Cf.* N. Goodman, *Langages de l'art, op. cit.*, p. 86-99.

puisqu'il porte sur un objet idéal qui certes n'existe pas au sens strict, mais n'est pas pour autant rien. Nous ne regardons pas un tableau comme une certaine surface de toile plus ou moins arbitrairement couverte de pigments, mais comme un objet d'un monde idéel sur lequel nous ouvrons les yeux et sur lequel porte notre appréciation. Pourtant, il a bien fallu passer par toutes les contraintes du métier pour que, au cœur même de la banalité de notre monde physico-phénoménal, peintres, musiciens, comédiens[1] nous permettent de scruter la présence d'un autre monde. Comme le dit Meinong au sujet des objets idéaux, on ne peut dire qu'ils existent au sens strict (*existieren*), mais qu'ils consistent (*bestehen*)[2]. Meinong prend en considération un pouvoir de supposer (*annehmen*) y compris à l'encontre de toute conviction et de toute possibilité de conviction, y compris dans le cas d'objets logiquement « impossibles ». Meinong fait donc une place non seulement aux objets qui n'ont pas d'existence de fait – comme une « montagne d'or » –, mais aussi à ceux qui, comme « cercle carré » ou « lune carrée », transgressent le principe de non-contradiction[3]. Nous prenons là la mesure de l'extra-territorialité ontologique de l'objet anhyparxique – l'objet non-existant – qui englobe les êtres imaginaires, voire contradictoires. Or, une telle approche nous conduit à y inclure les œuvres d'art sous leur double statut d'objets :

1. *Cf.* Diderot, « Paradoxe sur le comédien », dans *Œuvres complètes*, t. X, Paris, Club Français du Livre, 1969-1973, p. 424-432.
2. *Cf.* A. Meinong, *Théorie de l'objet et présentation personnelle*, *op. cit.*, p. 73.
3. « N'importe quel non-étant doit être en mesure de fournir un objet du moins pour les jugements qui appréhendent ce non-être » A. Meinong, *op. cit.*, p. 72. Meinong a parlé, à propos du bouc-cerf ou du « cercle carré », d'un quasi-être (*Quasisein*), voire d'un « hors l'être » (*Aussersein*).

d'une part, en tant que ces œuvres disposent nécessairement d'une existence réique, ils ne sont que des objets physico-phénoménaux ; mais d'autre part, en eux sont exemplifiés les objets virtuels offerts à notre appréciation esthétique : ces derniers « consistent » en tant qu'ils ont un *Bestand*, alors que les premiers existent empiriquement comme *Dasein*. Dans les œuvres d'art, le sens ne se joue pas dans leur dénotation qui ne serait alors que signification terre-à-terre[1], mais dans leur pouvoir d'exemplification qui nous fait entrer dans un autre monde, sans pour autant nous faire quitter ce monde – sans quoi nous ne serions encore que dans le rêve ou la folie[2]. On ne peut confondre l'objet esthétique avec un prodige superstitieux. L'artiste n'a rien à voir avec un enfant aux prises avec ses rêves ou cauchemars et celui-là même qui apprécie la tristesse exemplifiée dans une œuvre d'art n'est pas lui-même nécessairement triste : il peut juger la tristesse évoquée dans un tableau sans pour autant être lui-même ravagé de tristesse. Ainsi, en écoutant le quatrième mouvement de la *Pastorale* de Beethoven, nous ne nous mettons pas à ouvrir notre parapluie ! De même, dans *Le Songe d'une nuit d'été*, Shakespeare nous montre le voile hypnotique qui enveloppe toute existence vécue, mais il ne cherche pas pour autant lui-même à nous hypnotiser et le recours à la technique de la mise en abyme concourt à nous en préserver. Si elles ne renvoyaient pas à des objets idéels qui offrent une consistance et tracent le sillage d'un style,

1. Comme le feraient des philistins ou les « célibataires de l'art » qui s'en tiennent à une affectation technique de l'œuvre d'art.
2. « L'art ne peut donc être pour nous l'expérience d'*un autre monde* qu'autant que nous faisons *encore* l'expérience de celui-ci. En quoi le monde de l'art est absolument différent de celui du rêve et de la folie », N. Grimaldi, *L'Art ou la feinte passion, op. cit.*, p. 257.

les œuvres d'art seraient réduites à susciter simplement une sorte de contagieuse hallucination, sans même pouvoir communiquer avec des récepteurs susceptibles d'exprimer leurs jugements esthétiques.

RETOUR À LA « TABLE DU RIEN » POUR COMPRENDRE LA NATURE DE L'OBJET SYMBOLIQUE

Il nous faut donc revenir ici à la « *Table du rien* » de Kant, lorsqu'il répertorie le quatrième cas : soit celui de « l'objet vide sans concept », c'est-à-dire l'objet d'un concept qui se contredit lui-même et qui pourtant ne peut être réduit à rien. En effet, ce qui est annulé ici n'est pas l'objet en tant que tel, mais le concept. Or, l'art crée de tels objets « impossibles » à partir d'objets qui disposent pourtant d'une existence réique façonnée par l'artiste : tel est bien l'enjeu du langage symbolique de l'art. Les créations artistiques dérogent à la référentialité que requiert la signification caractérisante, mais elles ne présentent pas pour autant une absence de sens. L'envers de la déroute de la signification empirique, de la torsion de la signification littérale est une aperture de sens, appréhendée par un jugement esthétique qui s'émancipe des catégories fixées par l'entendement logique. Bolzano avait déjà également souligné que des expressions contradictoires comme « cercle carré » ou « fer en bois » ou « montagne d'or » peuvent pourtant correspondre à « quelque chose » et figurer dans des propositions[1]. Un objet peut être visé à tort d'un point de vue logique, mais entretenir néanmoins un rapport à un objet symbolique, fût-il feint comme dans

---

1. *Cf.* J. Benoist, *Représentations sans objet*, Paris, P.U.F., 2001, chap. 1, p. 17-41.

le cas de la licorne. De même, Twardowski[1] souligne
que « rien » est un terme syncatégorématique qui n'est
encore qu'un opérateur logique : le rien est toujours « rien
de quelque chose ». Chez Kant, le rien prend même une
valeur catégorématique, puisqu'il est posé néanmoins
comme objet à part entière, sans pour autant avoir de réalité
effective, de *Wirklichkeit*. Une représentation ne peut être
considérée « sans objet » que dans la mesure où, en un
certain sens, elle en a un malgré tout. Pour reprendre la
distinction établie par Brentano entre prédicat déterminant
et prédicat modificateur[2], reconnaître un tableau peint
revient à lui appliquer un prédicat caractéristique pour
rendre compte de son existence réique, mais le paysage
peint qu'il offre à l'appréciation esthétique est un prédicat
modificateur qui n'est pourtant pas du tout au sens strict un
paysage, comme celui que l'on peut en voir en se promenant
dans la campagne. Ce paysage peint par pigments peut
d'ailleurs être totalement surréaliste. L'art nous ouvre
les portes, par le biais de l'expression exemplifiante, à
l'imaginaire du sens qui ne se réduit pas du tout à du
sens imaginaire. L'artiste effectue toujours une opération
amphibolique de trans-*figuration* : grâce à son *ingenium*,
il crée un objet ambigu, hétérotopique – puisqu'il suppose
une référence dédoublée – qui suscite notre imagination,
sans pour autant être lui-même imaginaire. Le paysage
peint n'a pas en soi d'existence au sens strict, mais en
tant qu'il relève du symbolique, il subsiste en venant
modifier, sublimer l'« être » qu'on attribue à l'objet ouvré
dans son existence strictement réique. Nous avons alors

1. K. Twardowski, « Sur la théorie du contenu et de l'objet des
représentations » 1894, dans *Husserl-Twardowski, Sur les objets
intentionnels*, trad. fr. J. English, Paris, Vrin, 1993, p. 85-200.
2. *Cf.* F. Brentano, *Psychologie d'un point de vue empirique.*

affaire à une « objectivité immanente » – comme dit Brentano –, au sens où elle est liée et livrée à la visée du jugement esthétique d'un public. L'exemplification joue donc le rôle d'un processus de *Gegenstandlichkeit* d'un autre monde au cœur de notre monde prosaïque. C'est pourquoi, Ricœur parle, de son côté, de « véhémence ontologique » : « Même dans les usages en apparence les moins référentiels du langage, comme c'est le cas avec la métaphore et la fiction narrative, le langage dit encore l'être, même si cette visée ontologique se trouve ajournée, différée par le déni préalable de la référentialité littérale »[1]. Dans un texte poétique, le sens littéral perd sa pertinence au profit d'un pouvoir plus indirect de référence à des aspects non descriptifs de notre être-au-monde qui sont pourtant visés de manière positivement assertive, au point de nous faire découvrir des réalités qui élargissent notre horizon existentiel.

DE LA SIGNIFICATION AU SENS ET VICE-VERSA

S'il y a des représentations dont les objets n'existent pas effectivement, mais néanmoins subsistent, les œuvres d'art les suscitent par leur statut dédoublé. La contrainte de l'entendement rationnel qui nous empêche de prendre en considération des monstres logiques comme la « lune carrée » ne permet pas une juste appréhension du caractère idéellement objectif que peut présenter la fiction. Pour cela, il nous faut faire déborder la notion d'objet des limites de celle d'étant. Dans les œuvres d'art, nous avons affaire à un être-comme, par exemple un paysage, que nous feignons voir comme tel, de même que nous pouvons

---

1. *Cf.* P. Ricœur, *Soi-même comme un autre*, Paris, Seuil, 1990, p. 350 et *La Métaphore vive*, « Étude VII », Paris, Seuil, 1975, p. 273.

parler d'un « carré rond » sans jamais prétendre pouvoir
en voir effectivement. Car si on parle bien en disant que
le cercle ne peut être carré, on peut néanmoins bien parler
en disant « le cercle est carré » : il y a du sens dans cette
expression, même s'il ne peut s'agir d'une vérité[1]. Dans
le langage poétique, les mots ne servent plus seulement de
passerelles utiles pour désigner un référent empirique : le
poète en fait son matériau – comme le peintre ses pigments
ou le sculpteur la pierre – et par le biais de la métaphore, il
en fait un objet qui, malgré son impertinence sémantique
apparente, fait sens et provoque une expérience esthétique
nourrie d'imaginaire. On ne peut qualifier les signes qui
ne promettent aucune connaissance de non-sens (*Unsinn*),
car il faudrait alors rejeter comme non-sens absolu tout
langage poétique transgressant les lois de la logique,
voire de la grammaire. Comme nous l'avons souligné
avec Meinong, il nous faut assumer les êtres-tels d'objets
paradoxaux, pouvant apparaître contradictoires. Le statut
de ce type d'objet qui ne comprend pas l'existence n'est
pourtant nullement subjectif et ce quasi-être est toujours
prédonné dans une œuvre qui elle est bien réelle et le
conditionne. Magritte a su ironiser sur le dédoublement
de l'objet symbolique, même lorsqu'il semble ne faire
qu'imiter un objet prosaïque[2]. Il y a donc des objets qui
dépassent la question ontologique de l'être ou du non-
être, indifférents à la question du possible logique et sans
existence empirique effective : ils n'existent que sur la base
de leurs tracés ou de leur mélodie. Bien qu'elle ne puisse
exister que sous la condition de ses notes, une mélodie ne

1. *Cf.* Husserl, « Elle reste plus qu'un *flatus vocis* (*leerer Wortlaut*),
bien qu'elle soit dépourvue de l'intuition qui la fonde et lui donne son
objet », *Recherches II*, Première partie, I, § 9, *op. cit.*, p. 43.

2. *Cf.* M. Foucault, *Ceci n'est pas une pipe*, Montpellier, Fata
Morgana, 1973.

se confond pourtant pas avec ces notes. Un objet de cette nature n'est donc pas forcément défini ou peut l'être plus ou moins, alors que les objets dans l'expérience phénoménale effective peuvent l'être presque entièrement. Plus un objet est saturé de signification, plus il renvoie à sa fonction et se réduit à ses déterminations, au point d'oblitérer alors la possibilité d'une expérience esthétique. L'art nous détache de la signification liée à l'ancrage empirique de l'œuvre, pour déployer à partir de celui-ci un autre champ référentiel de nature idéelle qui délimite alors des horizons de sens. Même lorsqu'un véritable l'artiste charge son art de délivrer un message explicite, une signification précise, son œuvre déborde toujours cette mission. Pionnier de l'hyperréalisme américain, Duane Hanson a eu beau déclarer – en usant ici de la notion de sens comme un équivalent de « signification descriptive » – que « le but d'une œuvre n'est pas qu'elle soit jolie, mais qu'elle soit porteuse de sens », ses sculptures ne font encore que feindre l'authenticité prosaïque : elles présentent une dimension qui reste symbolique et expriment un style artistique. Dans le cinéma comme art – qui n'a plus rien à voir avec celui imaginaire que se figure une conscience imageante –, l'œuvre a beau être tributaire d'un massif appareillage technique, voire industriel, au service d'un réalisateur, elle ne peut pourtant se réduire à une prouesse technologique – fût-elle la plus sophistiquée : elle est censée produire un objet « auratique », « une singulière trame d'espace et de temps : l'unique apparition d'un lointain, si proche soit-il »[1]. Une œuvre d'art donne à « penser plus », en sollicitant le jugement esthétique des récepteurs. C'est

---

1. W. Benjamin, « L'œuvre d'art à l'ère de sa reproductibilité technique », dans *Œuvres* III, trad. fr. M. de Gandillac, R. Rochlitz et P. Rusch, Paris, Folio-Gallimard, 2000, p. 75.

pourquoi, on a pu voir dans la musique l'acmé de l'art, dans la mesure où il serait ce qui nous livre l'objet symbolique le plus immatériel et donc celui qui ouvre son public à une spiritualité qui impose si peu de contraintes de signification précise qu'il favorise, plus que tout autre art, une pléthore d'interprétations[1]. Dans l'expérience esthétique, le jugement réflexif porte sur un objet virtuel dont l'indétermination favorise des interprétations elles-mêmes ambiguës, sans pourtant qu'elles puissent être synonymes d'arbitraire total. Cependant, l'objet du jugement esthétique a beau être virtuel, il n'est pas pour autant ectoplasmique : il est toujours relié à un objet qui possède une réalité empirique et conditionne son déploiement. La dimension virtuelle de l'univers ressenti par les récepteurs demeure tributaire du potentiel-réel de l'œuvre, telle qu'elle se présente dans son existence réique, même si cette dernière est, par principe, vouée à être transcendée. La transfiguration qui survient demeure proportionnée aux potentialités réelles que recèle l'œuvre et aux conditions dans lesquelles celle-ci nous apparaît. C'est pourquoi, si l'on ne peut parler ici de vérité au sens strict, on peut en revanche mobiliser les notions d'appropriation, de justesse[2], voire de « correction »[3] à propos du jugement esthétique. En musique, une fausse note reste réellement une note qui malheureusement hypothèque gravement l'objet symbolique censé faire « penser plus » celui qui l'entend... L'exemplification métaphorique qui se prête à

---

1. « La musique est par excellence l'art qui exprime la vie spirituelle », W. Kandinsky, *Du spirituel dans l'art*, Paris, De Beaune, 1954, p. 36.

2. *Cf.* H. Putnam, *Raison, Vérité et Histoire*, *op. cit.*, p. 61 et p. 153-154.

3. *Cf.* N. Goodman et C. Elgin, *Reconceptions en philosophie*, *op. cit.*, p. 166-169.

l'interprétation n'échappe pas à des critères de correction :
« D'une cathédrale gothique dont on dit qu'elle s'élance
ou qu'elle chante, on ne peut pas dire qu'elle s'affaisse et
qu'elle murmure. Bien que les deux descriptions soient
littéralement fausses, seule la première, et pas la seconde,
est métaphoriquement vraie »[1]. La liberté d'interprétation
de l'œuvre ne peut donner lieu à une *sémiosis*[2] illimitée :
si l'art nous fait accéder à l'univers du sens, il peut y avoir
cependant des sens « interdits » – inappropriés, désajustés
– dans l'interprétation des œuvres[3].

DE L'EXPÉRIENCE ESTHÉTIQUE À L'EXPÉRIENCE ÉTHIQUE DE NOTRE ÊTRE-AU-MONDE

Si l'homme rencontre des « faits de sens » qui relèvent
de jugements réflexifs, c'est-à-dire de jugements de valeur,
le problème devient encore plus prégnant quand il s'agit
de donner du sens à sa propre vie, de faire en sorte que
son existence fasse sens. C'est d'abord admettre que sa
vie telle qu'elle se présente sous son aspect abrupt ne peut
à elle seule le satisfaire. Notre existence est marquée du
sceau de l'indétermination et nous avons à l'orienter
éthiquement. Nous sommes nous-mêmes tributaires d'un
« quelque chose indéterminé » : en l'occurrence, notre
propre facticité, notre propre *quoddité* existentielle. Mais
nous pouvons déterminer notre existence en accomplissant
notre être-au-monde humain. Ici s'articule donc un
devoir-être sur un pouvoir qui relève de la liberté d'agir :

---

1. N. Goodman et C. Elgin, *Reconceptions en philosophie, op. cit.*,
p. 37.

2. Soit l'idée d'une variabilité infinie des interprétations d'un signe
symbolique, en fonction des contextes.

3. *Cf.* U. Eco, *Les limites de l'interprétation*, Paris, Livre de Poche,
2018.

le pouvoir d'avoir à se déterminer éthiquement. Tout être humain entend ainsi la voix de ce devoir comme une injonction à se réapproprier éthiquement son existence, en accédant au règne des valeurs. L'expérience éthique n'est pas celle d'un fait, mais l'expérience d'une aspiration qui s'articule sur un « avoir à faire » qui s'impose de manière normative et qui n'est autre que le fait de cette obligation à déterminer ce que l'on peut être : ce devoir est bien constitutif de notre existence, dans la mesure même où l'homme ne peut se contenter d'être jeté dans le monde, ni se satisfaire de ce que l'on a fait de lui. Loin d'être une contrainte, cette injonction vise à l'accomplissement de notre liberté. Nous avons tous conscience d'avoir quelque chose à faire de nous-mêmes, même si cette prise de conscience ne révèle pas nécessairement – loin de là – ce que nous avons justement à faire. Mais chacun fait l'expérience qu'il a à « faire en sorte » de donner une tournure à sa vie qui le définira. Or, le choix d'agir de cette façon plutôt que de telle autre relève de l'arbitre du sujet et de son jugement réflexif permettant d'apprécier des valeurs. La conscience de « l'avoir à faire » n'entraîne pas immédiatement la conscience de ce que j'ai à faire personnellement et ne peut nous permettre de faire l'économie de notre capacité à juger par nous-mêmes[1]. Nous n'avons ni une conscience innée de ce que nous avons à faire de notre existence, ni ne sommes si inconscients que nous n'en aurions aucun souci. Il serait irresponsable de nous en laver les mains en nous laissant bercer paresseusement au nom de « la continuelle variation des

1. *Cf.* H. Arendt, *Eichmann à Jérusalem*, Paris, Folio-Gallimard, 1997, chap. 8, p. 221-245.

choses humaines »[1] : car les « choses humaines » dont
parle Montaigne ne sont justement pas des choses, mais
renvoient toujours à des intentions signifiantes, des
manières d'agir, des valeurs qui peuvent être sédimentées
culturellement, mais qui peuvent aussi toujours être
réactivées pour servir de tremplin à des initiatives nouvelles.
Ce qui sous-tend les « choses humaines », c'est toujours
le sens que nos prédécesseurs ont mis dans ce qu'ils ont
fait, puisque tout ce qui a été fait par l'homme l'a été avec
une intentionnalité et que notre passé est lui-même le fruit
de futuritions antérieures. Notre orientation dans l'existence
est régie par un « schème obligatoire », parce que nous
avons toujours à être, et donc à agir pour être tel. Tout
homme est confronté à un « schème obligatoire » qui
manifeste une intentionnalité pratique impérative. Car du
fait de notre incomplétude existentielle, toujours quelque
chose se donne à l'homme comme étant à faire par lui pour
déterminer ce qu'il vaut éthiquement. La conscience morale
ou juridique du devoir n'est encore qu'une des
manifestations dérivées de notre condition existentielle et
de notre sentiment de manque vis-à-vis de nous-mêmes,
dans la mesure où nous prenons conscience que nous ne
sommes jamais, au départ, notre propre fondement, que
nous sommes toujours en dette… Ce « schème obligatoire »
donne du poids à l'existence et impute de la responsabilité.
Car cette « voix de la conscience » implique un dialogue
avec soi-même qui est l'anti-bavardage par excellence,
puisqu'elle est la conscience que nous avons à nous choisir.
L'*ob*-ligation qui revient à lier le sens de son existence
devant les autres[2] apparaît comme notre souci profond,

---

1. Expression de Montaigne, cf. *Les Essais* I, chap. 49.
2. *Cf.* l'étymologie de la notion d'obligation : *ob-ligare*, en latin.

qui nous soustrait à la tentation du divertissement. La difficulté est que le contenu pragmatique que notre action a à accomplir – c'est-à-dire ce que concrètement nous avons à faire – n'est jamais fixé d'avance et reste suspendu à une conscience réflexive, à nos jugements à la fois déterminants et réfléchissants. La dimension normative qui taraude toute existence humaine ne s'impose jamais d'une manière catégorique – à moins de se considérer comme une simple marionnette –, mais toujours de manière hypothétique, en lien avec les situations dans lesquelles nous nous retrouvons immergés. La puissance obligatoire n'est jamais inscrite dans les choses, ni dans un devoir qui s'imposerait mécaniquement de manière abstraite : la nature de l'obligatoire dépend toujours d'une évaluation qui relève de soi-même, au regard des circonstances. L'obligation ne peut être fondée que sur la croyance en la valeur de ce qui peut être jugé préférable, et non par rapport à un Bien absolu. Seule une conscience réflexive a le pouvoir de se sentir obligée : ce qui suppose donc que l'être obligé est toujours libre, au point même de chercher à ne pas s'obliger, quand l'on reste fasciné par l'insoutenable légèreté de son être... Ainsi, ne suis-je jamais obligé, mais pourtant toujours j'ai à faire l'effort de m'obliger... L'exigence formelle du devoir-faire ni n'exclut la désinvolture, ni n'implique l'aperception immédiate du contenu pragmatique qui est censé en constituer la plus valeureuse concrétisation. Une certaine lecture très restrictive du kantisme, en rejetant la question du contenu pragmatique, a pu conduire à une conception rigoriste et formaliste insupportable de l'obligation, comme dans le cas de la condamnation catégorique du recours au mensonge. Mais inversement, si nous sommes de notre fait condamnés à agir et donc à choisir, nous ne pouvons échapper au cas de conscience, à l'hésitation, voire à la possibilité de nous exposer à la faute. Même s'il y a une évidence du fait de devoir-être, il n'y a pas d'évidence de ce que nous devons avoir à être. Car l'homme est loin d'être un être qui pourrait spontanément se conformer à un bien absolu, fixé d'avance par une norme divine ou une autre autorité. Le sens d'une vie survient justement sur fond de cette in-détermination qui taraude notre existence et que nous avons à déterminer pour assurer notre être-au-monde, sans pour autant que cette indétermination puisse être dissipée totalement. Le tracé de nos choix existentiels successifs par rapport à ce devoir d'« avoir à faire »[1] exemplifie le sens de notre vie qui consiste à passer de la question du *Que suis-je ?* à celle du *Qui suis-je ?*, à passer de cette identité-*idem* assignée d'avance à notre identité-*ipse* choisie[2] qui ne peut se révéler qu'au fil du temps : il s'agit donc de l'exemplification de l'individuation propre à chacun, du sillage que chacun trace au cours de son existence. Ce processus d'individuation manifeste, au bout du compte, un style de vie. Si, comme le soulignait Cicéron – en reprenant une thèse de Chrysippe –, une même force peut s'exercer sur deux êtres différents, ceux-ci peuvent néanmoins prendre un chemin très différent, comme dans le cas du cylindre qui, selon sa nature propre, roulera droit quand le cône, selon la sienne, tournera : à ceci près que cette nature propre est, chez l'homme,

---

1. « Avoir à être, c'est avoir à se faire autre que ce que l'on est, promouvoir un état de soi différent de l'état dans lequel on se trouve. Avoir à être signifie un certain non-être de mon être, et, corrélativement, une idée concernant l'être que j'ai à être », J. Henriot, *La Condition volontaire*, Louvain, Béatrice-Nauwelaerts, 1970, p. 92-93.

2. *Cf.* P. Ricœur, *Soi-même comme un autre*, Paris, Seuil, 1990, p. 143.

suspendue au pouvoir de son assentiment[1] et surtout ne peut se révéler qu'à la fin de son existence, puisqu'il peut toujours en infléchir le cours. Cette nature propre, ce *Grund*[2] n'est jamais préfixé et ne peut se manifester paradoxalement que quand nous avons quitté la vie phénoménale : *quod quid erat esse.* Ce qui est ainsi exemplifié à travers nos choix et actes successifs est une manière d'être qui constitue notre sillon en ce monde. L'obligation nous permet d'orienter notre existence d'un « plus-de-vie » vers un « plus-que-la-vie » : la question éthique des valeurs ne peut concerner qu'un sujet qui se sent motivé pour s'obliger. De la réponse apportée à ce sens de l'obligation dépend la tournure que prend notre individuation, au fur et à mesure de nos interactions sociales. Chacun est incapable de savoir d'avance s'il « roulera » ou s'il « tournera » dans son existence, et seule l'attestation des autres pourra peut-être, après coup, éclairer ce qu'une vie humaine aura été : des témoins plus ou moins fidèles, jamais de preuves... Dès lors, seul un examen éthique et pragmatique des conséquences de nos choix peut permettre de limiter les effets de cette indétermination qui à la fois ménage la possibilité de donner du sens à son existence, mais peut aussi nous faire verser dans l'absurde[3].

---

1. Cylindre et cône « ne peuvent commencer à se mouvoir sans une impulsion : mais quand celle-ci est donnée, c'est, croit-il, en vertu de leur nature propre que, pour le reste, le cylindre roule tout droit, et le cône en rond [...] mais notre assentiment restera en notre pouvoir » Cicéron, *Traité du destin*, Paris, Les Belles Lettres, 2002, p. 22.

2. *Cf.* M. Kundera, *L'immortalité*, Paris, Gallimard, 1990, p. 285.

3. Quand, par exemple, l'éthique de la conviction l'emporte aveuglément sur l'éthique de la responsabilité, *cf.* M. Weber, *Le Savant et le politique*, trad. fr. J. Freund, Paris, Plon, 1963, p. 182-183.

CONCLUSION

SENS ET FINITUDE

L'être humain n'assume son existence qu'en y mettant du sens. Mais le sens qu'il croit y mettre ne résiste pas toujours à l'adversité du réel. À chaque fois qu'il se figure son existence, l'homme s'expose au risque de déconvenues, à l'expérience amère de l'absurde. Celle-ci émerge quand il s'aperçoit que ce qu'il s'imaginait être ou faire se heurte frontalement au principe de réalité. Aussi lui faut-il ajuster ou corriger sa façon de s'orienter dans la vie phénoménale, pour asseoir son être-au-monde. De la pré-figuration offerte par l'imagination primordiale à la figuration proprement dite par la conscience, jusqu'à la configuration d'objets significatifs opérée par l'entendement pour permettre de nous repérer objectivement, notre orientation dans l'existence gagne en fiabilité. C'est surtout avec l'institution d'objets symboliques que la profondeur de notre être-au-monde s'accroît. Cependant, tout établissement d'un monde humain présuppose d'abord le processus de signification, c'est-à-dire le travail à l'emporte-pièce de « l'entendement différenciant ». Car celui-ci permet de distinguer – dans ce qui nous apparaît d'abord comme un magma énigmatique – des étants bien définis, de les caractériser, de les connaître, voire de les démontrer. Alors la réalité à laquelle nous sommes confrontés devient un milieu familier qui nous fait signe. Pourtant, l'incomplétude du sens n'est jamais surmontée totalement : son indétermination initiale persiste et même se ressource avec l'instauration d'objets à dimension symbolique, comme le sont les œuvres d'art. Car cette indétermination est concomitante du caractère métastable de la vie elle-même. Aussi, le sens ne s'identifie jamais avec la raison, même si le recours à celle-ci, par le biais de l'entendement, contribue incontestablement à lui permettre d'éviter les écueils mortifères.

L'incomplétude du sens est un marqueur de notre finitude

L'exigence de sens demeure propre à la vie phénoménale, c'est-à-dire à la vie telle qu'elle apparaît à une conscience qui est toujours marquée du sceau de la subjectivité. Dès lors, pour être en prise sur le réel, toute conscience est vouée à se départir d'elle-même pour gagner en objectivité, sans que cette part de subjectivité puisse être totalement réduite. Le souci du sens implique toujours une conquête sur soi-même. De toute façon, prétendre atteindre un absolu du sens serait confiner au non-sens, conduire à une nouvelle forme de l'absurde. Ce serait alors faire fi de son incomplétude, c'est-à-dire dénier tout à la fois le sentiment d'inachevé qui lui est inhérent et son côté indécidable. Vouloir voir en Dieu, par exemple, l'Absolu du sens, en court-circuitant le processus de signification, nous condamne paradoxalement à faire encore l'expérience de l'absurde – parfois même pleinement revendiquée[1]. Même chez Platon ou Aristote, si Dieu est assimilé au Bien, à l'Un ou au « Vivant éternel parfait », il n'est pour autant jamais présenté mystiquement comme l'« Être absolu » ou l'« Existant parfait ». Consentir à ce que ce Dieu puisse se

---

1. *Cf.* la formule attribuée à Tertullien : *Credo quia absurdum.*

présenter comme l'ineffable Tétragramme ou s'exprimer en une pure tautologie comme « *Je suis celui qui suis* », et refuser toute possibilité de le caractériser par des attributs revient à verser dans un obscurantisme qui consiste à dénier la possibilité de controverses à son propos. Bien plus, un tel Absolu de sens conduit à se replier sur une croyance totalement subjective, sur une conviction inconditionnelle, sur une ferveur d'autant plus exacerbée qu'elle prend congé avec tout critère de vérité. La force de la foi ne fait jamais une preuve[1]. De même, postuler un sens absolu de l'Histoire comme dirigé inéluctablement vers une fin préfixée, un but incontournable, nous fait verser dans le prophétisme historiciste qui se révèle être une méthode de misère[2]. Ce prophétisme entretient la croyance qu'un événement ne pourrait être que l'avènement de quelque chose de prévu, d'annoncé et considéré comme devant s'accomplir nécessairement. Ainsi, tout événement qui arrive est censé confirmer cette orientation et n'est perçu que dans ce sens. Aucun fait n'est alors traité comme une infirmation possible de la théorie favorite ou alors est totalement ignoré et vidé de ses significations spécifiques : aucune remise en question de la grille idéologique imposée aux événements historiques n'est autorisée. Par exemple, la révolte du cuirassé Potemkine, en 1905, a été magnifiée par les bolcheviks qui y voyaient le signe annonciateur de la révolution. Pourtant, après la prise de pouvoir par les révolutionnaires radicaux en octobre 1917, la révolte de la base navale de Kronstadt en 1921 fut réprimée dans un bain de sang, par les mêmes bolcheviks, alors que les marins de cette base avaient pourtant constitué le fer de

---

1. *Cf.* F. Nietzsche, *L'Antéchrist*, § 50-54, *op. cit.*, p. 1085-1091.
2. *Cf.* K. Popper, *Misère de l'Historicisme*, trad. fr. H. Rousseau, Paris, Plon, 1956.

lance de la révolution. Lorsqu'un événement se met au travers des prophéties dogmatiques, ses significations spécifiques n'apparaissent pas dignes d'être analysées objectivement, sous prétexte qu'elles ne concordent pas avec le sens présupposé de l'Histoire. Ainsi, non seulement les protagonistes du soulèvement de Kronstadt furent éliminés physiquement, mais la portée de cet événement a été rayée des livres d'histoire soviétiques qui se sont adonnés au révisionnisme. Les révolutionnaires-prophètes se sont interdits paradoxalement d'étudier les significations précises d'une révolte et de la reconnaître comme un événement qui signalait que la révolution était en train de perdre son âme. Nous voyons ici encore comment une croyance dogmatique en la complétude du sens peut conduire au nihilisme, en déniant non seulement l'indétermination foncière du sens de l'Histoire, mais aussi le rôle critique d'un entendement rationnel capable d'établir des significations objectives d'un fait historique. Se réclamer d'un Absolu de sens[1], de sa totalisation, conduit à se couper des réalités et surtout à favoriser une démondéisation, à renoncer à notre être-au-monde humain, au risque de verser dans l'im-monde.

Assurer la continuité du sens malgré les discordances de l'existence

Le sens consiste d'abord à établir du continu sur le discontinu, à surmonter ce qui est d'abord vécu comme une pluie chaotique d'événements divers en y mettant un fil

---

1. Cet absolutisme se retrouve également dans le réalisme spéculatif de Quentin Meillassoux (cf. *Après la finitude, op. cit.*). Michel Bitbol a souligné la dérive dogmatique où conduit cet absolutisme qui escamote la finitude de notre condition, cf. *Maintenant la finitude. Peut-on penser l'absolu ?*, Paris, Flammarion, 2019.

conducteur, un avant et un après par rapport à un moment présent qui les sous-tend. Ce fil conducteur prend l'aspect d'un écheveau continu du temps, même si cette continuité figurée est d'abord une temporalité toute subjective que déroule le pouvoir spontané de synthèse de l'imagination primordiale. En exprimant la force mentale du *Gemüt*, celle-ci permet de nouer ensemble des événements disparates et discrets, de dépasser leur caractère hétéroclite pour les rassembler, suivant un flux temporel seulement présent en nous, et forger ainsi l'amorce phantasmée d'une intrigue. Au creux des « profondeurs obscures de l'ultime conscience qui constituent toute temporalité du vécu »[1], l'imagination détient un dynamisme intégrateur tel que nous sommes alors capables de nous donner un horizon, de raconter en images mentales des bribes d'histoires sur le déroulement de notre vie phénoménale. Ainsi se brodent, par exemple, les romans familiaux. Sans même que la conscience ne le décide, cette auto-constitution de l'imagination permet de dépasser, de rédimer ce qui est d'abord ressenti comme la cacophonie des soubresauts hétérogènes de l'existence – même s'il ne s'agit que de les faire entrer dans un cours subjectif du temps qui n'a encore rien de logique ou de rationnel. Aristote définissait le *muthos* comme l'« imitation d'une action »[2] – c'est-à-dire l'agencement de faits en système –, mais qui peut tourner à la fabulation, voire à l'affabulation. Plutôt que de *mimésis*, il s'agit donc plutôt ici de la capacité à *se* représenter : en l'occurrence, non seulement le pouvoir de représenter, mais de *se* présenter dans cette représentation.

1. *Cf.* Husserl, *Idées directrices pour une phénoménologie*, § 85, *op. cit.*, p. 288.
2. Aristote, *Poétique* 1447a2, trad. fr. B. Gernez, Paris, Les Belles Lettres, 1997, p. 3.

Le pouvoir de synthèse de l'imagination primordiale est la capacité de théâtraliser, de scénariser ce qui nous arrive apparemment de manière contingente, mais ce pouvoir est toujours sous-tendu par nos désirs, au pli du physiologique et du psychologique. Aussi, la *followability* de l'imagination est-elle toujours marquée du sceau de la subjectivité et de ses souhaits.

La vie phénoménale entretient l'exigence d'une continuité dans l'existence qui est censée garantir son sens. L'imagination a toujours un temps d'avance, mais lui-même toujours subjectif. Aussi s'expose-t-elle à la rencontre disruptive avec des événements qui peuvent surgir de manière brutale : nous les appelons alors les accidents de la vie, comme peuvent l'être les séparations déchirantes ou les maladies qui font chanceler notre vision du monde. À chaque cahot qui nous affecte, à chaque accroc qui nous décontenance, l'imagination s'emploie pourtant à retisser patiemment sa trame. Nous sommes sans cesse confrontés à des péripéties pouvant ébranler notre vie organique ou traumatiser notre psychisme, mais l'enjeu du sens est toujours de déployer de la concordance sur ces discordances de l'existence. Ces dernières peuvent néanmoins nous surprendre et nous mettre en péril, en nous précipitant dans le sentiment de l'absurde. Alors, nous éprouvons comme Hamlet – dans la scène 5 de l'acte I de la pièce de Shakespeare – que « *The time is out of joint* » : mais si le temps nous apparaît désarticulé, disjoint, « hors de ses gonds »[1], il s'agit le plus souvent ici d'un temps vécu subjectif – voire intersubjectif – dont la linéarité supposée se trouve prise en défaut et qui, d'un seul coup, suscite le désarroi. L'être humain qui ne peut

---

1. Selon la traduction de Yves Bonnefoy de Hamlet, Paris, Folio-Gallimard, 1957.

exister qu'en ourdissant du sens est nécessairement voué à être pris de court et à repriser sa vie après coup, en reconstruisant alors son passé par le biais de la mémoire – le plus souvent d'ailleurs en la fictionnalisant. Chacun a ainsi tendance à croire que le fil de l'existence peut être tissé à volonté. Chacun projette sur l'écran de sa conscience une succession de représentations dont le défilement serait voué nécessairement à perdurer, en fonction de ses désirs ou de ses intérêts, jusqu'à ce qu'un brutal événement vienne remettre en question l'assurance que la réalité pourrait se réduire au « cinéma » que nous nous en faisons[1]. La vie vécue par la conscience se projette toujours en avant de la vie organique et s'expose à se retrouver en décalage : aussi, la maladie ou la mort nous rattrapent souvent quand nous ne les attendions pas et nous prennent au dépourvu. Car la conscience préfère spontanément se donner des horizons plutôt que des frontières. Alors que la conscience a joué sur l'indétermination du *conatus* organique pour s'imaginer des buts, formuler des souhaits, se projeter en avant d'elle-même et s'arranger une histoire, au point de se croire la maîtresse du jeu, la mort – comme déjà la maladie – interrompt cette mise en scène et sonne comme l'ultime coup de théâtre. Parmi tous les événements disruptifs qui nous menacent, la mort est évidemment le plus frappant. Pourtant, du point de vue de la *Lebenswelt*, chacun d'entre nous ne se croit pas fait pour mourir : chacun s'affaire plutôt à vouloir persévérer dans l'existence. Certes, nous savons qu'être né est déjà un âge pour mourir, comme nous le rappelle une citation à laquelle

---

1. Sur ce point, *cf.* L. Naccache, *Le Cinéma intérieur*, Paris, Odile Jacob, 2020 : même si ce « cinéma » ne peut être assimilé à une œuvre cinématographique qui est alors le fruit du talent de ce que l'on appelle, à juste titre, un « réalisateur ».

se réfère Heidegger : « *Sobald ein Mensch zum Leben kommt, sogleich ist er alt genug zu sterben* »[1] ; mais cette imminence absolue de la mort est toujours différée. Après tout, même la vie organique peut être définie comme la tendance à retarder la croissance de l'entropie et Bichat la définissait comme « l'ensemble des fonctions qui résistent à la mort »[2]. L'agonie n'est-elle pas le témoignage du dernier combat que mène ultimement un être vivant ? Dans la vie telle qu'elle est vécue, les hommes savent qu'ils sont mortels, mais ce savoir demeure abstrait ; car – comme dit Sénèque dans son *De Brevitate vitae* – si nos craintes sont des craintes de mortels, tous nos désirs semblent des désirs d'immortels. Nous vivons la plupart du temps comme si nous allions toujours vivre et jamais notre vulnérabilité ne nous effleure l'esprit. Si la mort a pu être définie par Heidegger comme « la possibilité de l'impossibilité de l'existence en général »[3], le problème est que cette « possibilité » n'apparaît ni logique, ni même soutenable du point de vue de la vie à vivre. La mort est vécue comme l'inimaginable, même si nous pouvons la penser comme l'altérité fatale. Nous sommes opiniâtres à ne pas céder à la mort, sauf quand la maladie, le concours des circonstances nous semblent plus cruels encore… Nous sommes tous voués à périr, mais la mort échappe, par principe, à notre vécu, puisqu'elle correspond à un basculement hors de la vie phénoménale. Nous faisons plutôt l'expérience de la mort à travers celle des autres et d'ailleurs la plupart ont tendance à croire que la mort

1. Citation tirée de *Der Ackermann aus Böhmen* (*Le Paysan de Bohême*), cf. *Être et Temps, op. cit.*, p. 182.
2. Cité par C. Bernard, *Leçons sur les phénomènes de la vie*, Paris, Vrin, 1966, p. 28.
3. M. Heidegger, *Être et Temps, op. cit.*, p. 192.

n'arrive qu'aux autres ; mais, nous avons beau observer un cadavre avec ses caractères spécifiques que sont la froideur, l'immobilité, la rigidité, la mort demeure, elle, quelque chose d'incommunicable, d'indicible. La mort est l'abîme du sens : elle est l'anéantissement de notre être-au-monde, mais elle n'est pas pour autant une fiction : elle est bien quelque chose de problématique, un « objet-de-pensée » qui taraude malgré tout toute existence humaine.

Notre responsabilité vis-à-vis du dépli du sens

Comme basculement hors de la vie phénoménale, on ne peut assigner à la mort de signification précise : nous ne pouvons dire ce qu'il en est exactement avec elle, déterminer ce dont il s'agit quand on quitte l'existence, puisqu'elle est pour chacun une « cessation métempirique »[1]. Pourtant, pour assurer la continuité des vivants, le défi est de lui donner du sens. Les rites funéraires permettent d'arracher la mort à l'im-monde, au sentiment d'absurdité qu'elle suscite, pour renouer avec le fil de l'existence : c'est pourquoi pour l'être humain, mourir ne peut se réduire à « crever ». D'où cette hétérotopie que sont les cimetières où les morts font encore partie des vivants. Les institutions symboliques prennent en charge le trauma de la mort en lui donnant un sens cultuel et culturel qui permet de le réintégrer dans notre être-au-monde : ainsi en est-il, en premier lieu du rôle joué par les religions. Le rapport à la mort que ces institutions symboliques rétablissent pour la conscience en fait alors encore quelque chose de notre monde, même quand elles cultivent la croyance en un au-delà. Aussi, chaque culture, voire chaque époque va entretenir une conception

---

1. Sur ce point *cf.* V. Jankélévitch, *La Mort*, Paris, Champs-Flammarion, 1977, p. 6 *sq.*

particulière du rapport à la mort, mais ce problème et celui du respect des défunts sont universels. Les institutions symboliques permettent toujours de parler de la mort, de tenir un discours interprétatif sur elle. Déjà, dans notre vie quotidienne, la mort déclarée devient au sens médico-légal le « décès » qui fait pendant à « l'accès » ménagé aux nouveaux-venus par la naissance et déclarés par l'état civil. Les institutions symboliques visent à euphémiser cet affect qu'est l'âcre saveur du néant auquel la mort comme disparition nous confronte. L'enjeu est bien toujours celui du sens, c'est-à-dire rétablir malgré tout de la continuité. Face à la perte d'un être cher, on dit volontiers que la vie continue ou doit continuer. Mais l'humanité a beau être faite de plus de morts que de vivants, son sort repose, en fin de compte, sur quelques générations de vivants qui co-existent ensemble et sur les épaules de qui repose la responsabilité du legs des significations laissé par tous nos prédécesseurs. Le paradoxe est que, la plupart du temps, chacun l'ignore et ne prend pas conscience que la perpétuation de l'univers des significations est essentielle pour lui. L'humanité a beau, aux temps présents, être constituée d'une somme innombrable d'êtres vivants, la quantité ne fait rien à l'affaire, puisque le sort du sens de l'existence est plutôt tributaire de la qualité éthique de leurs projets et de leur respect du legs hérité des générations précédentes. Car la continuité du sens n'a pas l'assurance de celle qu'accomplit la transmission héréditaire vue d'un point de vue strictement biologique, ni même de celle de la répétition des cycles naturels. Chez les animaux, par exemple, la continuité de l'espèce est garantie par la procréation, mais il ne s'agit pas d'une continuité de sens, puisqu'à la différence de l'être humain, leur vie n'est pas une existence qui, de la naissance à la mort, se détache de la vie biologique pour tisser une histoire individuelle et reconnaissable. Si, dans la nature, cette continuité se fait spontanément, sans réfléchir, il n'en est pas de même pour accueillir et recueillir l'héritage de nos aïeux. La transmission culturelle n'a pas l'innocence de la vie organique. Comme le souligne Gadamer à propos de cette continuité censée faire sens : « Ce n'est en aucune façon une certitude incontestable, mais au contraire une tâche »[1]. Ainsi, le travail des historiens qui consiste moins à transformer les traces de nos prédécesseurs en monuments qu'en documents objectifs se révèle indispensable. Mais cette tâche est aussi l'affaire de chaque être humain qui a à agir, « à faire » son être-au-monde, et qui en le faisant contribue à perpétuer un monde humain. Il n'y a de sens saisissable que pour les vivants ou les survivants. Maintenir une telle continuité dans la durée est donc une tâche pour maintenir l'existence proprement humaine et revient à défier notre condition temporelle d'êtres mortels. Certes, il ne s'agit pas de prétendre viser l'éternité, mais bien de surmonter cet événement disruptif qu'est la mort, en différant cet abîme tragique, en lui résistant, bref en s'immortalisant : « Aptes aux actions immortelles, capables de laisser des traces impérissables, les hommes, en dépit de leur mortalité individuelle, se haussent à une immortalité qui leur est propre »[2]. S'il peut se figurer à tort être éternel à sa place, l'être humain tend néanmoins à s'im-mortaliser par cette opération d'*Entfremdung*, d'extranéation de soi qui lui permet de laisser une trace dans le monde, à travers ses artefacts, ses créations, ses actions accomplies au milieu des autres. S'il y a bien pour l'homme une

1. H. Gadamer, *Langage et vérité*, trad. fr. J.-C. Gens, Paris, Gallimard, 1995, p. 82.

2. H. Arendt, *Condition de l'homme moderne, op. cit.*, p. 75.

tâche existentielle à maintenir le fil du sens, elle ne peut se confondre avec un repli solipsiste sur sa subjectivité, mais réside dans la capacité à déployer durablement son être-au-monde, par ses œuvres qui relèvent à la fois du *legein* et du *teukhein*[1]. Mais encore faut-il alors s'inscrire dans le monde humain et donc implémenter, implanter des significations objectives pour s'y retrouver. C'est ainsi que les sujets humains peuvent se repérer dans un monde commun.

La présupposition fondamentale
pour ajuster notre orientation existentielle

En réalité, la mort comme cessation de notre vie phénoménale n'est qu'un des révélateurs de notre finitude – fût-il le plus ultime et le plus intime dans notre existence. En revanche, nous faisons une expérience constante de cette finitude en raison de notre confrontation indéfectible avec une extériorité revêche, avec une réalité qui nous résiste sans cesse et ne se plie pas à nos projections imaginaires, à nos représentations subjectives. La mort elle-même n'est qu'une des modalités de la manifestation des limites de notre vie phénoménale. De ce point de vue, Leibniz affirme avec pertinence, pour congédier toute conception fataliste et obscurantiste de la mort, que celle-ci a toujours une « cause ». La mort nous plonge dans l'inexistence, mais les causes de la mort font bien partie de l'existence et peuvent être éventuellement objectivement établies. Ces causes rappellent qu'il y a des choses – extrinsèques à la conscience – que nous pouvons ne pas maîtriser, d'autant plus si nous les ignorons, voire les dénions[2]. Dès lors, à

---

1. Cf. *supra*, chap. v, p. 192.
2. *Cf.* G.W. Leibniz, *Essais de Théodicée* I, § 55, Paris, Garnier-Flammarion, 1969, p. 134.

la différence de Heidegger, l'enjeu n'est pas de faire de la mort un « existential » nodal et de le considérer comme un présupposé (*Voraussetzung*) incontournable : ce n'est encore qu'une approche partielle du problème de notre finitude et, somme toute, une approche désespérante, voire nihiliste, polarisée sur le seul souci de cette issue funeste. Heidegger prétend que l'analyse existentiale de la mort doit précéder toute métaphysique de la mort comme tout champ d'investigation délimité tel que la biologie, la psychologie, la démographie, voire la théologie… Cette présupposition de notre être-pour-la-mort relèverait d'abord pour lui d'une onto-phénoménologie primordiale, non régionale[1]. Bien plus, pour Heidegger, l'ontologie du *Dasein* serait elle-même un préliminaire, un préalable à l'ontologie de la vie elle-même – fût-elle considérée non seulement du point de vue organique mais aussi phénoménal. Il s'agirait donc, pour lui, de partir du « proprement mourir » intime comme le pouvoir-être le plus authentique du *Dasein*. Heidegger n'a cessé d'affirmer que le mortel est celui qui fait l'épreuve de la mort *en tant que telle* et que seul l'homme – à la différence de la bête – en serait authentiquement capable. Le souci de notre être-pour-la-mort serait donc le seul privilège insigne pour faire de nous un existant ! Mais la mort n'est qu'une des expériences parmi bien d'autres que nous faisons de notre immersion – vécue comme astreignante – dans l'extériorité, de notre corps-à-corps irréductible avec l'ob-sistance du réel, du fait que nous sommes débordés de toute part par « quelque chose » dont nous ne sommes pas l'auteur. Bref, l'expérience de la finitude ne se résume certainement pas à celle de notre mort. Or, s'il y a bien « quelque chose » qui nous

---

1. *Cf.* M. Heidegger, *Être et Temps*, *op. cit.*, p. 191.

limite et en même temps nous sous-tend, seule la pensée nous permet d'y accéder de manière réfléchie. S'il y a bien une logique de la présupposition (*Voraussetzung*) à prendre en compte, une différence à observer entre ce qui est préalable, pré-ordonné (*vorgeornet*) et ce qui est subordonné (*nachgeordnet*) – selon le vocabulaire de Heidegger lui-même –, seule la pensée réflexive peut en faire son affaire. L'imagination primordiale est tout affairée à projeter ses propres esquisses de monde fantasmé, sans pourtant être capable de prendre la mesure du réel. De même, la conscience a elle-même beaucoup de mal à établir une discrimination entre images et idéalités, à ne pas se laisser fasciner par son narcissisme. Certes, dans notre vie phénoménale nous faisons constamment l'épreuve d'une résistance qui peut discréditer nos vœux, nos souhaits et même contrevenir à nos intentions. Mais la nature de cette résistance n'est encore saisie, la plupart du temps de l'existence vécue, qu'à travers ses effets pathiques. L'imagination elle-même fait l'épreuve de ses limites en se confrontant à cette résistance et notre incapacité à la penser conceptuellement ne peut conduire alors qu'à la nausée. C'est tout au moins la façon dont Sartre nous fait éprouver cette confrontation face à une existence « de trop », qui nous assaille de toutes parts, avec l'épisode d'Antoine Roquentin prostré face à cette « racine de marronnier » illustrant l'opacité de l'existence, sa pâte anté-catégoriale, proto-ontique : « On ne pouvait même se demander d'où ça sortait, tout ça, ni comment il se faisait qu'il existait un monde plutôt que rien… Les mots s'étaient évanouis et, avec eux, la signification des choses, leurs modes d'emploi, les faibles repères que les hommes ont tracés à leur surface. J'étais assis, un peu voûté, la tête basse, seul en face de cette masse noire et noueuse, entièrement brute et qui me faisait peur » [1]. Tant que nous sommes encore dans le régime hallucinatoire de l'existence, nous ne sommes pas capables de prendre la mesure du réel, pour nous en préoccuper. Même si nous sommes cruellement affectés par sa résistance, nous ne pouvons encore comprendre – par la conscience imageante – ce qu'il en est, puisque nous sommes envahis par nos affects. Pourtant, nous sommes capables de le penser objectivement : « As-tu jamais élevé ton esprit jusqu'à considérer l'existence en elle-même et par elle-même, comme simple fait d'exister ? T'es-tu jamais dit, en pesant tes mots, "Cela est", indifférent, à cet instant, à ce que se trouve devant toi un homme ou une fleur ou un grain de sable, – en deux mots, sans se référer à tel ou tel mode ou forme d'existence ? » [2]. Seule la pensée permet de dépasser une approche strictement affective de la résistance du réel pour l'appréhender de manière réflexive comme problème, comme légitime pré-occupation : « Les hommes qui ne pensent pas sont comme des somnambules » [3]. Car nous ne pouvons espérer orienter au mieux notre propre existence qu'en nous situant dans l'existence en général, pour y instaurer notre être-au-monde. S'il n'existait absolument rien, il n'y aurait rien à penser. Nous voilà devant « *la Présupposition* » incontournable vis-à-vis de laquelle nous ne pouvons nous dérober, si nous voulons nous extraire de la tentation du solipsisme et de ses effets pervers : « L'activité même de penser [...] présuppose l'existence » [4]. La pensée abandonne le monde du particulier et le pouvoir de la généralisation lui est

1. J.-P. Sartre, *La Nausée*, Paris, Gallimard, 1938, p. 175-179.
2. S. T. Coleridge, *L'Ami*, cité ici par H. Arendt, *La Vie de l'esprit*, *op. cit.*, p. 167.
3. H. Arendt, *La Vie de l'esprit*, *op. cit.* p. 217.
4. *Ibid.* p. 172.

inhérent : d'où cette réalité qui ne peut encore se présenter pour nous que comme un « quelque chose en général », selon l'expression de Kant. Mais alors cela signifie que l'objectivité du sens est suspendue à un tel présupposé : celui de l'existence d'une réalité irréductible, avec laquelle il faudra composer pour aménager notre existence. En distinguant *penser* et *connaître*, raison spéculative et entendement, Kant avait déjà vu que le besoin urgent de penser est plus que la simple quête ou désir de connaître et qu'il concerne des questions ultimes comme celle du sens de l'existence : pas seulement la nôtre intime, mais aussi celle de l'existence en général et donc de la possibilité d'y instituer notre être-au-monde[1].

Relayer les synthèses de l'imagination par des synthèses conceptuelles

Nous l'avons compris, l'existence humaine ne se conçoit pas sans le dépli du sens. Mais toute la difficulté est d'arriver à garantir l'objectivité de ce dépli. Il n'y aurait pas de sens pour nous sans un pouvoir de synthèse qui noue ensemble des événements discrets qui constamment impactent notre vie. Or, cette puissance de synthèse relève d'abord de l'imagination qui s'enracine au creux de la subjectivité, au pli du physiologique et du psychologique : ce pouvoir de synthèse opère le déploiement inchoatif du sens. Nous sommes sans cesse exposés à de multiples affections – ressenties de manière chaotique – de nature physiologique et qui produisent autant d'affects psychologiques, sous forme d'idées confuses, c'est-à-dire d'images mentales plus ou moins floues. La puissance de

---

1. *Cf.* Kant, *Prolégomènes à toute métaphysique future*, § 60, *op. cit.*, p. 152-154.

l'imagination est de les assembler, de les relier au point de proposer des ébauches de *scenarii*, même si ce n'est encore qu'une sorte de patchwork... Sans être nécessairement arbitraire, ce travail de l'imagination primordiale répond encore à nos besoins impérieux, à nos désirs obsessifs, à nos souhaits prégnants, bref à notre vouloir-vivre, indépendamment de toute prise en charge objective de notre milieu – qu'il soit intérieur ou extérieur. Aussi les pochades que trace l'imagination primordiale ne permettent pas de s'orienter de manière fiable dans l'existence. Bien plus, comme cette imagination taraude la conscience, les ébauches de trame que celle-ci tisse à son tour sont le plus souvent cousues de fil blanc : même tendues vers des objectités mentales, elles reflètent un parti pris résolument subjectif. Le sens sur lequel l'être humain veut s'appuyer pour garantir son orientation dans l'existence ne peut être fiable que s'il gagne en objectivité. Or, un tel souci implique l'élaboration d'autres types de synthèse, qui supposent que la conscience s'extirpe, se mette en retrait du règne des images comme projections de nos désirs, des idées confuses parce qu'investies par nos affects. Ainsi, seul un effort réflexif permet à la conscience d'accéder à cette présupposition fondamentale qui consiste à concéder que quelque chose d'autre qu'elle-même existe, à cette idéalité décisive qui prend la forme d'une présupposition. Il faut prendre cette notion de présupposition au sens fort : elle n'est pas simplement ce qui est supposé du point de vue cognitif, une simple exigence gnoséologique, mais elle présente une dimension ontologique puisqu'elle déplie l'horizon préalable au sein duquel chaque étant sera ensuite expérimentable par des synthèses empiriques, sous la tutelle de l'entendement. Cette présupposition est donc une synthèse originaire, *apriorique*, qui établit un « rapport à … », une relation de dépendance entre deux éléments telle que la présence de l'un est condition nécessaire de la présence de l'autre – la réciprocité n'étant pas vraie – : en l'occurrence ici, la relation entre ce « quelque chose » et la conscience pensante. Ce « quelque chose » est bien posé *(ponere)* à la fois sous *(sub)* et en avant *(prae)* : il constitue donc un transcendantal objectif. Ainsi, il apparaît comme une condition in-déniable pour ajuster notre existence. Certes, ce présupposé porte encore sur quelque chose d'indéterminé, d'« *a-oriste* »[1], mais il accompagne ensuite tacitement toute activité réflexive. Dès lors, il s'agit bien de passer du sens – arrimé objectivement, mais encore marqué du sceau de l'indétermination – à l'établissement de significations, c'est-à-dire d'objets distingués, configurés, déterminés, qui étayent notre être-au-monde. Le déploiement d'objets qui nous font signe n'est possible que par le pouvoir « à l'emporte-pièce » de l'entendement qui les caractérise, les catégorise en synthétisant désormais rationnellement sujet et prédicats pour former des jugements discursifs sensés, favorisant notre orientation dans l'existence. Calés sur le principe de réalité, les jugements apophantiques-prédicatifs permettent de saisir les propriétés des étants de notre monde, les liens de causalité qui les relient objectivement, leur densité ontologique, etc. Mais le dépli du sens se ressource aussi sans cesse grâce aux objets symboliques qui, bien que tributaires de la configuration préalable d'étants-sous-la- main, d'objets dotés d'une existence réique bien définissable, peuvent néanmoins élargir le pouvoir de la pensée hors de cette réalité strictement empirique et ouvrir de nouveaux horizons à notre être-au-monde.

1. Au sens étymologique du terme : qui n'est pas défini, déterminé.

*La puissance transhistorique
de l'activité de la pensée*

Ainsi, nous pouvons comprendre que les synthèses effectuées par l'imagination seule ne peuvent suffire pour garantir le sens de notre existence. Il ne s'agit pas pour autant de prétendre congédier cette puissance de l'imagination qui illustre déjà l'émancipation de notre *conatus mentis*. Mais l'imagination ne devient notre fidèle alliée que lorsqu'elle se met au service de l'entendement pour déterminer une signification à l'étrange singularité du réel ou quand elle libère l'entendement de son labeur pour stimuler le pouvoir de la pensée et réactiver ainsi le dépli du sens. Les synthèses temporelles et temporaires de l'imagination ne peuvent assurer l'objectivité du sens, c'est-à-dire garantir que celui-ci puisse nous donner des repères existentiels fiables, comme le font les objets empiriques familiers et tous ces artefacts symboliques qui nous font signe à leur façon. Mais c'est comprendre alors la primauté à accorder à l'activité de la pensée sur l'imagination, des synthèses conceptuelles sur la synthèse productrice de l'imagination comme synthèse temporalisante propre à la vie phénoménale. Dès lors, c'est comprendre également que si la puissance de la pensée est vouée à « tomber » dans le temps – et, pour nous, elle l'est nécessairement en raison justement de notre irréductible finitude –, nous ne pouvons cependant que souscrire à ce que dit Hegel : en l'occurrence que le concept est bien la puissance du temps[1] et non l'inverse… C'est donc bien le pouvoir de la pensée et non celui de l'imagination temporalisante qui est la condition du sens, de sa fiabilité.

---

1. Hegel, *Encyclopédie des sciences philosophiques*. II. *La philosophie de la nature*, trad. fr. B. Bourgeois, Paris, Vrin, 2004, p. 198.

Aussi, ce n'est pas – comme l'a soutenu Heidegger – l'interprétation du temps qui peut être tenue comme l'horizon de toute compréhension de l'être en général[1]. En prenant le contre-pied de Hegel, Heidegger a prétendu inversement que le temps serait la puissance du concept[2]. Il est clair que la thèse de « l'être-pour-la-mort » de l'existant humain défendue par Heidegger l'a incité à prendre cette position. Mais c'est alors se condamner à ne pouvoir livrer que des interprétations, à entériner une *sémiosis* illimitée et relativiste sur l'existence qui se réduit à ne voir le monde qu'à travers la prétendue authenticité du *Dasein*, à sa prise de conscience intime de cette incise disruptive qu'est la mort, au détriment de toute recherche de vérités objectives dans ce monde qui, corroborées, présentent une valeur transhistorique. C'est alors désespérer de la puissance de la pensée et de la possibilité qu'elle donne de s'épanouir, malgré notre finitude, dans la vie phénoménale, en s'y repérant objectivement. Au bout du compte, ce privilège accordé exclusivement à la mort, par Heidegger, conduit à suggérer que nos préoccupations dans cette vie phénoménale ne pourraient être qu'imaginaires et vaines, que divertissement. En revanche, prendre au sérieux ce qui sous-tend la vie phénoménale implique de mobiliser la puissance du concept pour que celle-ci ne se réduise pas à un jeu d'apparences. Ce n'est que par le biais de la pensée et de l'entendement que nous pouvons accorder au dépli du sens une objectivité qui garantisse notre être-au-monde et qui permette de définir ce que nous pouvons être, dans ce monde d'ici-bas. La question du sens ne peut se poser que pour un être humain qui veut s'orienter au mieux

---

1. M. Heidegger, *Être et Temps*, *op. cit.*, p. 23.
2. *Ibid.*, p. 295.

dans l'existence : si possible, en évitant l'im-monde… Si l'homme peut progresser dans son existence, ce progrès n'avance pas de lui-même, mais seul un procès réflexif peut en être la clé. Même si le pouvoir de l'esprit nous conduit à penser que la vie phénoménale n'épuise pas toute la réalité, que les phénomènes ne sont encore que la forme visible de choses qui demeurent invisibles, la condition de l'homme est d'assumer et d'étayer son existence dans cette vie phénoménale, en différant le moment de sa disparition pour pouvoir éventuellement s'amender, rédimer sa finitude. Si elle s'amorce avec l'imagination temporalisante, notre vie phénoménale ne tient sa consistance qu'en gagnant peu à peu en objectivité grâce à la puissance du concept.

Avec le seul pouvoir de l'imagination, le temps vécu risque de demeurer « hors de ses gonds », et avec lui la vie phénoménale désajustée, alors que la puissance de la pensée et de l'entendement permettent de réajuster notre être-au-monde sur le réel. Tout comme l'espace se déforme en fonction du degré d'intensité de la force d'attraction des corps – qu'ils soient célestes ou non –, le temps lui-même ne présente pas une valeur absolue, surtout s'il s'agit de cette temporalité qui conditionne les synthèses effectuées par l'imagination, mais également quand il s'agit du temps cosmique – fût-il plus objectif[1], voire calculé en années-lumière… Si l'éternité ne peut, par principe, exister dans la vie phénoménale, nous savons aussi que le cours du temps qui fait varier et relativiser toutes choses n'est pas lui-même éternel : le temps est propre à la réalité phénoménale, mais celle-ci n'est pas le tout de la réalité. En revanche, il y a

---

1. Le temps vécu peut gagner en objectivité en s'articulant sur le temps cosmique, grâce à ces connecteurs que sont le calendrier, la suite des générations, les archives, les documents et traces historiques, *cf.* P. Ricœur, *Temps et récit, op. cit.*, t. III, p. 147-183.

bien, chez l'homme, une capacité à reconnaître des vérités et des axiomes éthiques dont la valeur perdure à travers les péripéties du temps historique. Si nous courons toujours le risque d'une brèche tragique dans la transmission des significations – quand l'héritage que nous laissons est délivré sans testament[1] –, il n'empêche que l'objectivité du sens que permet l'activité de la pensée lui assure de demeurer comme un arc-en-ciel au-dessus de la cataracte des événements. La puissance de la pensée contribue à établir des critères existentiels à portée universelle qui permettent aux êtres humains d'ajuster ou de réajuster leur puissance d'agir, pour se montrer à la hauteur de la responsabilité qu'ils ont vis-à-vis de ce monde qu'ils font.

---

1. *Cf.* H. Arendt, *Préface* à *La Crise de la culture, op. cit.*, p. 593-603.

BIBLIOGRAPHIE

ARENDT H., *Condition de l'homme moderne*, trad. fr. G. Fradier, dans *L'Humaine condition*, Paris, Gallimard, 2012.
– *La Vie de l'esprit*, trad. fr. L. Lotringer, « Quadrige », Paris, P.U.F., 2013.
ARISTOTE, *Catégories*, trad. fr. J. Tricot, Paris, Vrin, 1966.
ARMSTRONG D.M., *A World of State Affairs*, Cambridge, Cambridge University Press, 1997.
BACHELARD G., *Études*, Paris, Vrin, 1970.
– *L'Air et les songes, Essai sur l'imagination en mouvement*, Paris, José Corti, 1972.
BENJAMIN W., *L'œuvre d'art à l'ère de sa reproductibilité technique*, dans *Œuvres III*, trad. fr. M. de Gandillac, R. Rochlitz et P. Rusch, Paris, Folio-Gallimard, 2000.
BENOIST J., *Propositions et états de choses*, Paris, Vrin, 1996.
– *Représentations sans objet*, Paris, P.U.F., 2001.
– *L'a priori conceptuel*, Paris, Vrin, 1999.
BINSWANGER L., *Le Rêve et l'existence*, trad. fr. J. Verdreaux, Paris, Desclée de Brouwer, 1954.
– *Introduction à l'analyse existentielle*, trad. fr. J. Verdeaux et R. Kuhn, Paris, Minuit, 1971.
BITBOL M., *Maintenant la finitude. Peut-on penser l'absolu ?*, Paris, Flammarion, 2019.
BRÉHIER E., *La Théorie des incorporels dans l'ancien stoïcisme*, Paris, Vrin, 1989.
BRENTANO F., *Psychologie d'un point de vue empirique*, trad. fr. M. de Gandillac, Paris, Vrin, 2008.

CAMBIER A., *Qu'est-ce que la métaphysique ?*, Paris, Vrin, 2016.
– *Philosophie de la post-vérité*, Paris, Hermann, 2019.
CASSIRER E., *Essai sur l'homme*, trad. fr. N. Massa, Paris, Minuit, 1975.
CASTORIADIS C., *L'Institution imaginaire de la société*, Paris, Seuil, 1975.
CHISHOLM R., *A Realistic Theory of Categories, An Essay in Ontology*, Cambridge, Cambridge University Press, 1997.
DANTO A., *La Transfiguration du banal*, trad. fr. C. Hary-Schaeffer, Paris, Seuil, 1989.
DAVIDSON D., *Actions et événements*, trad. fr. P. Engel, Paris, P.U.F., 1993.
DESCARTES R., *Méditations métaphysiques* dans *Œuvres et Lettres*, « Bibliothèque de la Pléiade », Paris, Gallimard, 1966.
DESCOMBES V., *Les Institutions du sens*, Paris, Minuit, 1996.
DILTHEY W.L., *Leben und Erkennen*, dans *Gesammelte Schrifen*, tome XIX, Göttingen, Vandenhoeck & Ruprecht Verlage, 2006.
DUMMET M., *Thought and Perception : The Views of Two Philosophical Innovators*, Oxford, ed. D. Bell and N. Cooper, 1990.
DUNS SCOT J., *Traité du premier principe*, introduction et trad. fr. F.-X. Putallaz, Paris, Vrin, 2001.
– *Sur la connaissance de Dieu et l'univocité de l'étant*, introduction et trad. fr. O. Boulnois, Paris, P.U.F., 2011.
ECO U., *Les Limites de l'interprétation*, trad. fr. M. Bouhazer, Paris, Grasset, 1994.
ESCOUBAS E., *Imago Mundi. Topologie de l'art.*, Paris, Galilée, 1986.
FOUCAULT M., *Dits et écrits* I, Paris, Gallimard, 1994.
– *Le Courage de la vérité*, Paris, Gallimard-Seuil, 2009.
FREGE G., *Écrits logiques et philosophiques*, trad. fr. C. Imbert, Paris, Points-Seuil, 1994.

– *Les Fondements de l'arithmétique*, trad. fr. C. Imbert, Paris, Seuil, 1969.

– *Écrits posthumes*, trad. fr. P. de Rouilhan et C. Tiercelin, Nîmes, Jacqueline Chambon, 1994.

GADAMER H., *Langage et vérité*, trad. fr. J.-C. Gens, Paris, Gallimard, 1995.

GARDIES J.-L., *Esquisse d'une grammaire pure*, Paris, Vrin, 1975.

GARELLI J., *Rythmes et mondes*, Grenoble, Jérôme Million, 1991.

GOODMAN N., *Langages de l'art*, trad. fr. J. Morizot, Nîmes, Jacqueline Chambon, 1990.

– *Manières de faire des mondes*, trad. fr. M.-D. Popeco, Nîmes, Jacqueline Chambon, 1992.

— et ELGIN C.Z., *Reconceptions en philosophie*, trad. fr. J.-P. Cometti et R. Pouivet, Paris, P.U.F., 1994.

HARMAN G., *L'Objet quadruple*, trad. fr. O. Dubouclez, Paris, P.U.F., 2010.

HEGEL G.W.F., *Foi et savoir*, trad. fr. A. Philonenko et C. Lecouteux, Paris, Vrin, 1988.

– *Phénoménologie de l'esprit*, trad. fr. B. Bourgeois, Paris, Vrin, 1997.

– *Principes de la philosophie du droit*, trad. fr. R. Derathé, Paris, Vrin, 1986.

HEIDEGGER M., *Être et Temps*, trad. fr. E. Martineau, Paris, Authentica, 1985.

– *Interprétation phénoménologique de la « Critique de la raison pure » de Kant*, trad. fr. E. Martineau, Paris, Gallimard, 1982.

– *Traité des catégories et de la signification chez Duns Scot*, trad. fr. F. Gaboriau, Paris, Gallimard, 1970.

– *Kant et le problème de la métaphysique*, trad. fr. A. de Waehlens et W. Biemel, Paris, Tel-Gallimard, 1981.

HEISENBERG W., *La Nature dans la physique contemporaine*, Paris, Gallimard, 1962.

HENRIOT J., *La Condition volontaire, Éléments pour une phénoménologie de la praxis*, Louvain, Béatrice-Nauwelaerts, 1970.

HUSSERL E., *Méditations cartésiennes*, trad. fr. E. Levinas et M. G. Peiffer, Paris, Vrin, 1966.

– *Leçons pour une phénoménologie de la conscience intime du temps*, trad. fr. H. Dussort, Paris, P.U.F., 1994.

– *La Terre ne se meut pas*, trad. fr. D. Franck, D. Pradelle et J.-F. Lavigne, Paris, Minuit, 1989.

– *Recherches logiques*, trad. fr. H. Elie, A. L. Kelkel et R. Schérer, P.U.F., 1994-2002.

– *Sur la théorie de la signification*, trad. fr. J. English, Paris, Vrin, 1995.

– *Idées directrices pour une phénoménologie*, trad. fr. P. Ricœur, paris, Tel-Gallimard, 1995.

HUSSERL G., *Recht und Zeit*, Francfort, Vittorio Klostermann Verlag, 1955.

JUNG C.G., *La Dialectique du Moi et de l'inconscient*, trad. fr. A. Adamov, Paris, Folio-Gallimard, 1986.

KANT E., *Qu'est-ce que s'orienter dans la pensée?*, trad. fr. A. Philonenko, Paris, Vrin, 1967.

– *Critique de la Raison pure*, trad. fr. J.-L. Delamarre et F. Marty, dans *Œuvres Philosophiques*, t. I, « Bibliothèque de la Pléiade », Paris, Gallimard, 1980.

– *Critique de la faculté de juger*, trad. fr. J.-R. Ladmiral, M. B. de Launay, J.-M. Vaysse, dans *Œuvres Philosophiques*, t. III, « Bibliothèque de la Pléiade », Paris, Gallimard, 1985.

– *Anthropologie du point de vue pragmatique*, trad. fr. M. Foucault, Paris, Vrin, 2019.

– *Prolégomènes à toute métaphysique future*, trad. fr. L. Guillermit, Paris, Vrin, 1967.

KEARNEY R., *Poétique du possible*, Paris, Beauchesne, 1984.

LEIBNIZ G. W., *Essais de Théodicée*, Paris, GF-Flammarion, 1969.

LIBERA A. de, *La Référence vide*, Paris, P.U.F., 2002.

LÉVI-STRAUSS C., *Tristes Tropiques*, Paris, Presses Pocket, 1992.

– *Le Cru et le cuit*, Paris, Plon, 1960.

MACHEREY P., *Introduction à l'*Éthique *de Spinoza* III, Paris, P.U.F., 1995.

MAUSS M., *Essai sur le don* dans *Sociologie et anthropologie*, Paris, P.U.F., 1973.

MEILLASSOUX Q., *Après la finitude. Essai sur la nécessité de la contingence*, Paris, Seuil, 2006.

MEINONG A., *Théorie de l'objet et présentation personnelle*, trad. fr. J.-F. Courtine et M. de Launay, Paris, Vrin, 1999.

MERLEAU-PONTY M., *Phénoménologie de la perception*, Paris, Gallimard, 1967.

– *Le Visible et l'invisible*, Paris, Tel-Gallimard, 1964.

MONDZAIN M.-J., *Image, icône, économie. Les sources byzantines de l'imaginaire contemporain*, Paris, Klincksieck, 1990.

MONNOYER J.-M., *La Structure du monde : objets, propriétés, états de choses*, Paris, Vrin, 2004.

MONTESQUIEU C.L.S., *De l'Esprit des lois* dans *Œuvres complètes*, t. II, « Bibliothèque de la Pléiade », Paris, Gallimard, 1994.

NACCACHE L., *Le Cinéma intérieur*, Paris, Odile Jacob, 2020.

NEF F., *L'Objet quelconque*, Paris, Vrin, 1998.

– *Que signifient les propositions ?* dans *Cahiers de philosophie ancienne et du langage* 1, Paris, L'Harmattan, 1994.

PASCAL B., *Pensées* dans *Œuvres complètes*, Paris, Seuil, 1963.

PEIRCE C. S., *Écrits sur le signe*, trad. fr. G. Deledalle, Paris, Seuil, 1978.

– *Textes anticartésiens*, trad. fr. J. Chenu, Paris, Aubier, 1984.

– *The Collected papers*, Cambridge, Harvard University Presss, 1958.

POPPER K., *Logique de la découverte scientifique*, trad. fr. N. Thyssen-Rutten et P. Devaux, Paris, Payot, 1973.

– *La Connaissance objective*, trad. fr. J.-J. Rosat, Paris, Aubier, 1989.

POUIVET R., *L'Ontologie de l'œuvre d'art*, Nîmes, Jacqueline Chambon, 1999.

PUTNAM H., *Raison, Vérité et Histoire*, trad. fr. A. Gerschenfeld, Paris, Minuit, 1984.

– *Le Réalisme à visage humain*, trad. fr. C. Tiercelin, Paris, Seuil, 1994.

QUINE W.V.O., *Relativité de l'ontologie*, trad. fr. J. Largeault, Paris, Aubier, 1976.

– *Le Mot et la chose*, trad. fr. J. Dopp et P. Gauchet, Paris, Champs-Flammarion, 1977.

REINACH A., *Les Fondements* a priori *du droit civil*, trad. fr. R. de Calan, Paris, Vrin, 2004.

RICHIR M., *La Crise du sens et la phénoménologie*, Grenoble, J. Millon, 1990.

RICŒUR P., *Temps et récit*, tomes I, II, III, Paris, Seuil, 1983-1985.

– *Soi-même comme un autre*, Paris, Seuil, 1990.

– *La Métaphore vive*, Paris, Seuil, 1985.

RUSSELL B., *Signification et vérité*, trad. fr. P. Devaux, Paris, Flammarion, 1969.

– *Meinong's Theory of Complexes and Assomptions* dans *Essays in Analysis*, D. Lackey ed., London, Allen & Unwin, 1973.

SIMMEL G., *Lebenschauung* dans *Georg Simmel Gesamtaussgabe* 16, Francfort-sur-le-Main, Suhrkamp Verlag, 1989.

SIMONDON G., *Du mode d'existence des objets techniques*, Paris, Aubier, 1989.

– *L'Individuation à la lumière des notions de forme et d'information*, Grenoble, J. Millon, 2005.

SPINOZA B., *Éthique*, trad. fr. P.-Fr. Moreau, Paris, P.U.F., 2020.

– *Traité de la réforme de l'entendement*, trad. fr. R. Caillois, Paris, Folio-Gallimard, 1995.

TIERCELIN C., *Le Ciment des choses*, Paris, Ithaque, 2011.

TWARDOWSKI K., « *Sur la théorie du contenu et de l'objet des représentations* » dans *Husserl-Twardowski*, trad. fr. J. English, Paris, Vrin, 1993.

WILLIAMS B., *Vérité et véracité*, trad. fr. J. Lelaidier, Paris, Gallimard, 2006.

WITTGENSTEIN L., *Tractatus logico-philosophicus* et *Investigations philosophiques*, trad. fr. P. Klossowski, Paris, Tel-Gallimard, 1986.

WOLLHEIM R., *L'Art et ses objets*, trad. fr. R. Crevier, Paris, Aubier, 1994.

TABLE DES MATIÈRES

Achevé d'imprimer en juillet 2023
La Manufacture - Imprimeur – 52200 Langres – Tél. : (33) 325 845 892
Imprimé en France – N° 230548 – Dépôt légal : juillet 2023